# 사람들은 왜
# 그 병원만 찾을까?

끌리는 병원을 만드는 1%의 비밀

**사람들은 왜 그 병원만 찾을까?**

**초 판 1쇄** 2018년 11월 15일
**초 판 2쇄** 2019년 01월 24일

**지은이** 이미정
**펴낸이** 류종렬

**펴낸곳** 미다스북스
**총 괄** 명상완
**에디터** 이다경

**등록** 2001년 3월 21일 제2001-000040호
**주소** 서울시 마포구 양화로 133 서교타워 711호
**전화** 02) 322-7802~3
**팩스** 02) 6007-1845
**블로그** http://blog.naver.com/midasbooks
**전자주소** midasbooks@hanmail.net
**페이스북** https://www.facebook.com/midasbooks425

© 이미정, 미다스북스 2018, *Printed in Korea*.

ISBN 978-89-6637-621-6 03320

값 15,000원

※ 파본은 본사나 구입하신 서점에서 교환해드립니다.
※ 이 책에 실린 모든 콘텐츠는 미다스북스가 저작권자와의 계약에 따라 발행한 것이므로 인용하시거나 참고하실 경우 반드시 본사의 허락을 받으셔야 합니다.

미다스북스는 다음세대에게 필요한 지혜와 교양을 생각합니다.

# 사람들은
# 왜 그 병원만
# 찾을까?

미다스북스

PROLOGUE

# 사람들은 왜 그 병원에만 갈까?

### ✚ 무엇이 환자의 마음을 붙잡을 수 있을까?

한 달에 한 번씩 한의원 내에 '숨은 조력자'를 찾는다. 직원 1명과 개인적으로 함께 식사하는 기회를 만드는 것이다. 숨은 조력자라는 말이 거창하게 들리겠지만 자발적인 동기부여를 시켜주고자 내가 만들어낸 말이다. 누군가의 지시나 요청이 없어도 병원에 스스로 기여하고 노력하는 문화를 만들어내고 싶었다. 그렇게 1달에 1번씩 찾아낸 숨은 조력자와 둘만의 식사시간을 갖는다.

평소에는 업무적인 대화나 지시에 국한되어 있던 직원들도 병원 밖에서 단둘이 식사를 하다 보면 분위기가 좀 다르다. 개인적인 이야기를 나누면서 더 가까워지고 이해의 폭도 넓어지는 것 같아 좋다. 그런 지가 벌써 1년이 다 되어가고 있다. 점심시간을 이용하기도 하고 가끔씩은 이벤트 삼아 여러 명과 주말에 식사를 하기도 한다. 되도록 한쪽으로 치우치지 않으려 한 명씩 식사할 기회를 만들려고 한다.

내가 이런 시도를 하는 것은 한 가지 목적으로 귀결된다. 바로 좋은 병원을 만들고 싶다는 것이다. 조금은 팍팍할 수 있는 직장생활에 의미를 부여하고 싶었다. 직원들이 오래 근무하고 싶은 병원, 환자들이 치료 받으러 가고 싶은 병원, 직원과 병원이 동반 성장하는 병원을 만들고 싶어서다.

그러기 위해서 해야 할 첫 번째가 환자들이 오고 싶은 병원을 만드는 것이다. 직원이 수시로 바뀌는 병원은 환자를 위한 시스템을 만드는 시도 자체가 어렵다. 유능한 의사가 있는 병원이라도 가기 싫은 병원이 있다. 반면 동네의 작은 병원이라도 가고 싶은 병원이 있다. 다들 한 번쯤은 경험해봤을 것이다. 그 병원을 가고 안 가고는 환자의 주관적인 마음이지만 그 마음을 붙잡을 수 있는 것은 병원의 크기도, 원장의 학벌도, 한 직원의 노력만도 아니라는 걸 알았다.

홍보가 잘되어 신규 환자가 처음 내원했다 하더라도 환자가 접점을 통해 병원에 대한 좋은 느낌을 받지 못한다면 다음번에는 올 이유가 없어진다. 환자의 선택에는 사실 많은 변수들이 작용한다. 그러한 환자의 마음을 서로 공유하고 알아야 한다. 그래야 더 나은 병원을 만들어갈 수 있다고 생각한다.

### ✚ 잘되는 병원은 무엇이 다른가?

한의원에 근무하며 글을 써야겠다는 생각은 4년 전부터 했다. 2년 넘게 써놓은 습작들이 조금씩 늘어나 이렇게 한 권의 책으로 완성되었다. 조금 늦은 나이로 시작한 한의원 생활! 당시 상사는 나와 동갑내기였고 직원 관리에 부족한 부분을 채워 더 나은 한의원으로 거듭나게 하고 싶었다. 이것이 책을 쓰는 동기가 되었다.

그러기 위해서는 많은 것들이 필요하다고 느꼈다. 직원들의 자질 향상과 소통이 필요했다. 환자의 만족도는 치료하는 의사의 능력에서 나오는 것이 기본이다. 하지만 병원을 움직이고 변화시키는 것은 직원들과 함께 할 때만 가능한 일이었다. 생각을 바꾸고 행동을 바꾸어야 했다. 어떤 직원이 입사하더라도 원장님이 가지고 있는 자율적인 운영 방식을 직원들이 잘 이해하고 따라갈 수 있는 한의원을 만들고 싶었다. 혼자만의 노력으로는 병원을 운영하기 힘들다는 것을 알았기 때문이다. 소통이 필요했다. 환자들과 직원이 편하게 대화하며 내원하고 싶은 한의원, 오래 근무하고 싶은 한의원, 뚝심 있는 한의원을 만들고 싶었다.

이 책은 상담, 병원 매출, 직원 관리, 환자 관리 등 병원에서 일어났던 실제 사례를 중심으로 엮었다. 병원코디네이터에 관심을 가지고 있거나 직원 관리와 운영에 관심이 있는 사람뿐만 아니라 병원 개원을 준비하시는 분들이나 관련 종사자 분들, 예비 경영자분들이 이 책을 통해 '잘되는 병원'을 꾸려나가는 데 도움을 받을 수 있기를 바란다.

혼자만 잘하려고 해서 되는 것이 아니라 환자가 치료가 끝나고 돌아갈 때 진정으로 치료를 잘 받고 돌아갈 수 있게 하는 것! 환자들은 대기실, 진료실 입구, 검사실, 상담실, 치료실, 화장실 등 곳곳에서 병원과의 접점이 생기는데 이런 것들을 혼자 힘으로 해결하기는 어렵다. 그렇다고 모든 직원들을 따라다니며 지시하고 알려주는 데는 한계가 있다. 매뉴얼이 있어서 순서대로라도 할 수 있으면 좋을 텐데 말이다. 이해하고 자연스럽게 습득할 수 있는 마인드가 필요했다. 내가 모든 것이 완벽해서 이 책을 출간하는 것은 아니다. 나 또한 부족한 것들이 많아 여전히 알아가며 직원들과 함께하고 있는 중이다. 앞으로도 계속 개선하고 발전해나가기 위해 끊임없이 노력할 것이다.

그동안 나와 함께했던 많은 분들께 감사의 인사를 전하고 싶다. 나에게 사회생활을 알게 해준 인생 멘토 이미선, 박순이 선배님, 근무하면서 변함없이 지켜봐주시고 한의원 업무를 향상시키기 위한 나의 노력에 아낌없는 지원을 해주신 존경하는 당당한의원 울산점 조원녕 원장님, 전향순 원장님, 자질을 향상시킨다는 명목으로 주말을 가리지 않고 뛰어다니는 나에게 힘이 되어주고 나를 최고라고 치켜세워주는 멋쟁이 남편, 지구상에 하나밖에 없는 예쁘고 소중한 내 딸 주영이, 멋진 인생을 살아갈 수 있는 밑바탕을 만들어주신 나의 선한 부모님, 누나를 잘 이해해주는 잉꼬 같은 동생 승재 부부와 귀염둥이 조카 정현이, 마지막으로 울고 웃는 일들을 많이 겪게 해준 막내 동생들 같은 당당한의원 울산점 식구들, 당당한의원 전 지점 원장님들, 네트워크 직원들, 마지막으로 병 · 의원 생활을 하면서 혼자 힘들어하고 어려워하고 있는 우리나라 병 · 의원 관련 종사자 분들 모두에게 이 책을 바치고 싶다.

INDEX

PART 2

## 브랜딩 : 환자를 끌어모으는 병원을 만들어라



PART 3

## 서비스 : 초진, 재진 환자를 2배로 늘리는 법

PART 4

## 영업 : 충성 환자를 만드는 8가지 영업 비밀



PART 5

## 직원 : 행복한 직원이 충성 환자를 만든다

끌리는 병원의 특별한 1%

PART 1

# 사람들은 왜 그 병원을 찾을까?

CHAPTER 01

# 왜 계속 병원 매출이 떨어지고 있을까?

나는 내가 가지지 못한 것을 보고 불행하다고 생각한다.
그러나 다른 사람들은 내가 가진 것을 보고 행복하리라 생각한다.
- 조제프루이 라그랑주(프랑스의 수학자)

## ✚ 치료를 하지 않고 가버린 환자는 뭐가 충족되지 않았을까?

조금 있으면 점심시간이다. 오전 접수를 마감하려는데, 50대 중반쯤으로 보이는 여성이 병원으로 들어왔다. 여성은 자신의 체형이 틀어진 것 같다며 상담을 원했다. 나는 접수를 하고 체형검사를 했다. 환자분은 원장실에서 진료 상담을 마치고 상담실로 들어왔다. 나는 치료 과정과 비용에 대해 꼼꼼하게 설명했다. 환자가 치료를 원한다면 내 점심시간이 줄어드는 것쯤이야 뭐가 중요할까라는 생각이 들었다. 하지만 애쓴 보람도 없이 결국 환자분에게서 돌아온 대답에 나는 힘이 빠져버렸다.

"지금 당장 결정하기는 어렵네요! 생각해보고 연락할게요."

그 말을 들은 나는 애써 미소를 보이며 아무렇지 않은 듯 친절히 문까지 열어 에스코트했다.

"그러셔야죠. 잘 생각해보시고 궁금한 점이 있으면 다시 전화주세요."

나는 환자를 돌려보내고 마음이 복잡해졌다. 치료 동의를 하지 않고 가버린 환자분에게 '무엇이 충족되지 않았을까?'라는 의문이 들었다. 간단한 치료를 제외하고는 대부분 최소한의 치료 기간과 충분한 비용이 필요하다. 때문에 치료 과정에 대해 구체적이고 사실적으로 설명하는 것은 기본이고 때로는 환자를 설득하는 과정이 필요하기도 하다. 사실 환자가 치료를 원치 않으면 그만이다. 하지만 나는 최선을 다해 맡은 일을 하고 싶다. 나의 역할은 원장이 추구하는 치료 시스템을 환자가 잘 이해할 수 있도록 진심을 다해 전달하는 것이다. 치료 후에 효과를 보고 몸이 건강해져서 행복하다는 말을 듣고 싶다. 치료가 원활히 이루어질 수 있게 방향을 잘 이끌어줘야 한다. 환자의 불편함을 파악해서 빨리 개선하는 역할이 필요했던 것이다!

환자들은 치료에 동의하기에 앞서 많은 고민을 하게 된다. '과연 이 치료 시스템이 효과가 있을까? 여기보다 더 합리적인 금액으로 치료할 수 있는 곳은 없을까? 이 치료 기관이 나와 맞을까?' 등 여러 가지가 있을 것이다. 환자의 이런 고민을 같이 나누고 치료를 할 수 있도록 진심으로 도와주는 것이 치료 결정에 주요한 요인이 된다. 그리고 그런 과정이 곧 병원 매출에 직접적인 영향을 준다.

그렇게 환자는 홀연히 가버렸다. 머리를 식히며 휴식을 취하려고 했던 내 점심시간은 그렇게 지나가고 말았다. 혼자 늦은 점심을 먹으며 마음을 다독였다. '그 환자는 치료 받을 의사가 없었던 거야. 아니면 지나가다 잠깐 들린 것뿐이겠지. 아냐, 생각해본다고 했으니 다시 오겠지?'라는 이런저런 생각이 들었다.

오후 진료가 시작되었다. 그러나 뭔가 준비가 안 된 어수선한 직원들의 모습에 나도 모르게 얕은 한숨이 흘러나왔다. 매번 따라다니면서 잔소리 아닌 잔소리를 해야 하나 싶을 정도로 답답할 때가 있다. '그래, 여기가 첫 직장인 직원도 있으니까 모를 수도 있겠지!' 하지만 한번씩은 몰라도 너무 모른다는 생각이 들기도 했다. 오후 진료를 받으러 온 환자들을 필요한 위치에 안내해드리고, 다시 잠깐 자리에 앉았다. 혹시 미내원 환자들은 없었는지, 내가 바빠서 미처 못 챙겨드린 분은 없는지 훑어보고 있었다.

한참 차트를 확인하고 있는데 누군가 상담실로 불쑥 들어왔다. 치료를 받은 지 몇 번 안 된 환자였다. 느낌이 좋지 않았다.

"저기, 할 얘기가 있어서요."

이렇게 말을 시작하는 환자분들 중 대부분 좋은 이야기를 하러 들어오는 경우는 별로 없다. 하지만 난 오히려 더 반가운 표정으로 먼저 말을 꺼냈다.

"요즘 안 오셔서 담당 선생님에게 물어보려던 참이었어요. 많이 바쁘셨어요?"

"좀 바빴지요. 근데, 내가 두 번 치료 받아봤는데 생각했던 것과는 다른 것 같아서 취소를 해야겠어요. 나는 한두 번 치료해보면 이 치료로 나을지 안 나을지 알거든요. 미안하지만 환불 좀 해주세요."

딱 잘라 말하는 모습에 또 한 번 내 마음이 무너졌다. 증상이 심한 분들은 몇 번 만에 호전되기를 바라는 것 자체가 무리다. 이미 많은 통증으로 과거에 이런저런 방법으로 시술을 받은 적이 있다 보니 충분한 시간이 필요한 환자였다. 상담할 때도 분명 몇 번의 치료로 효과를 보겠다는 선 판단을 하지 마시라고 했었다. 그러겠다고 철석같이 말했던 분이다.

그러나 마음이 달라졌던 것이다. 어찌 한두 번의 치료로 마지막 결과를 판단해버릴 수 있는가? 환자의 몸 상태가 어떤지 다시 설명을 들어보았다. 바로 치료될 수 있는 상황은 아닌 것 같았다. 하지만 환자는 짧은 시간에 치료 변화를 기대하고 있었다. 그것이 올바른 치료라고 철석같이 믿고 있었다. 마치 외꺼풀의 눈매를 몇 분간의 간단한 시술로 쌍꺼풀 눈매로 거듭나게 할 수 있는 것처럼 말이다. 어느 정도의 치료 기간이 필요하다고 아무리 설명해도 더 이상은 들으려고 하지 않았다. 어쩔 수 없었다. 이 환자와의 인연은 여기까지였다.

### ✚ 왜 매출이 떨어지기만 할까?

상담실의 이야기가 어떻게 흘러가는지 알 턱이 없는 직원들은 재밌는 가십거리를 찾은 것 같았다. 모니터를 보며 키득키득하는 소리가 상담실 문틈을 파고들었다. 시간은 빠르게 흘러갔다. 퇴근 시간이 되었다. 직원들은 총알같이 빠져나갔지만 나는 마냥 신나게 퇴근할 수가 없었다. 불꺼진 대기실을 한 바퀴 돌아보며 무거운 마음으로 승강기 문을 나섰다.

'왜 병원 매출이 떨어지고 있을까? 나는 열심히 하고 있고, 원장님도 쉴 시간이 없을 정도로 열심히 하고 있다. 다른 직원들도 다들 한다고 하는데 뭘까? 왜 그럴까? 매출이 왜 떨어질까?' 한 달을 주기로 매출 성과는 들쭉날쭉한 그래프를 그린다. 매월 마지막 날은 학교 성적표를 받는 심정이다. 잘될 때는 잘되는 것 같다가도 안될 때는 금방 곤두박질친다. 무엇이 문제일까? 병원은 한 사람이 잘해서 되는 곳이 아니다. 누구든 각자의 자리에서 나름 열심히 맡은 업무를 하고 있다. 어쩌면 나름 열심히 한다는 것이 문제일 수도 있다.

환자가 치료 시스템에 대한 이야기를 듣고 마지막으로 동의해야 할 상황에 결정을 하지 못했다면 왜 결정하기가 어려운가를 파악했어야 한다. 거리가 멀기 때문일 수도 있다. 비용이 예상보다 많이 나온다고 생각했을 수도 있다. 그래서 치료를 못 받겠다고 판단했을 수도 있다. 우리 병원에서 치료를 받으면 나을 수 있으리라는 믿음을 주지 못했을 수도 있다. 옆 병원과 비교했을 때 기대치에 미치지 못한다고 생각했을 수도 있다. 처음 만나는 의료진의 무성의한 행동이나 말투에 감정이 상했을 수도 있다. 상담자와 제대로 공감대 형성이 안 이루어졌을 수도 있다. 무엇 때문에 치료를 원치 않았는지 정확한 마음을 읽어내지 못했다면 그것 또한 점검이 필요했다.

매출이 떨어져 전전긍긍하고 있는데, 어떤 직원들은 매출이나 환자 수에 대해 관심이 없다면 그것 또한 문제다. 병원 내에서 일어나는 일들을 공유하지 못하고 있다는 뜻이다. 함께 관심을 가지고 공유해야 원활한 치료 또한 가능하다.

### ✚ 병원의 매출은 병원 전체의 문제를 반영한다

환자의 치료가 시작되고 마무리되는 과정은 마치 오케스트라 합주단의 연주가 어우러져 만들어내는 하모니와 같다.

지방의 한 한의원은 잘 갖춰진 시스템으로 운영되고 있는 듯했다. 개원한 지 몇 개월 되지 않았지만 동네 한의원치고는 꽤 규모도 크고, 시설도 깨끗했다. 사람들에게 벌써 입소문이 난 듯했다. 넓은 공간과 분야별로 잘 나뉜 진료 형태가 환자에게 신뢰를 주는 한의원 같았다.

하지만 관리에서 문제가 조금씩 드러나기 시작했다. 개원 후 뒤늦게 합류한 실장이 각 파트를 아울러 융합시키기에는 부족했던 것이다. 한의원은 원장, 부원장, 실장, 코디네이터, 침구실, 운동실 등의 분야로 나눠

져 있었다. 코디네이터 파트가 무언가를 침구실에 요청해도 즉각 이루어지지 않았다. 실장이 부원장에게 환자에 대한 코멘트를 하면 무시당했다. 원장은 그 사실을 모르고 진료만 충실히 할 뿐이었다. 실장은 직원들을 어떻게 단합시켜야 할까 혼자 고민했다. 그러나 시간이 지날수록 개선은커녕 갈등의 골은 더욱 깊어만 갔다. 결국 실장은 힘에 부쳐 퇴사를 하고 말았다.

잘 갖추어진 시스템과 진료 프로세스는 좋았으나 직원들의 단합이 안 되는 것이 문제였다. 단합이 안 되면 아무리 좋은 시스템과 진료 프로세스가 있어도 환자들의 치료 효과를 끌어올리기는 힘들다. 파트별로 소통이 안 되기 때문에 빨리 개선되지 못한다. 그 손해는 고스란히 환자에게 돌아가게 된다. 또한 의료진들은 단합이 안 되기 때문에 저마다 목소리가 커진다. 좋은 감정으로 지내기 어렵다. 그러면 직원들의 사기가 떨어지는 것은 불 보듯 훤하다. 불편한 직원들과 보내는 긴 시간은 서로를 힘들게 한다. 결국 일의 능률이 떨어지는 것이다.

나는 병원 매출은 매출 담당 직원이 혼자 만들어내는 것이라고 생각했던 적이 있었다. 실제로 여전히 그 패턴을 고수하는 병원들도 많다. 하지만 매출 담당 직원이 혼자서 만들어가는 매출은 한계가 있다. 만약 병원 내의 문제로 매출이 떨어지는 것이라면 혼자서 고민하고 문제를 풀어내려고 할 것이 아니다. 전 직원이 같이 모여 무엇을 개선해야 하는지 머리를 맞대고 점검해야 한다. 만약 다른 병원의 장점을 보고 똑같은 시스템을 도입했다고 하자. 아무리 좋은 시스템이라도 우리 병원의 사정에 맞지 않으면 무용지물이 된다. 환자의 말에 귀 기울이고 흐름을 잘 읽어 병원 매출이 떨어지는 이유를 찾아내야 한다.

환자가 아파서 치료할 목적으로 인터넷 검색을 했다. 검색 후 가고 싶은 병 · 의원을 찾았다. 그리고 내비게이션에 목적지를 입력한다. 우리 병 · 의원으로 발을 들이는 첫 순간부터 진료가 끝나 되돌아가는 시점까지의 여러 과정들은 마치 악기 연주자들의 연주가 잘 조합되어 만들어내는 오케스트라의 하모니와 같은 것이다. 바이올린 연주자만 음악에 심취해서 열심히 연주하거나 지휘자가 혼자 열정적으로 지휘한다고 훌륭한 합주가 될 수 없다. 각자 맡은 역할을 적재적소에서 조화롭게 이루어갈 때 병원 매출은 자연스럽게 늘어날 수 있는 것이다.

CHAPTER 02

# 진료를 잘해야 환자들이 많이 올까?

누가 그늘 아래 앉아 있다면 반드시 언젠가 누군가 나무를 심었다는 말이다.

- 워런 버핏(미국의 기업인)

### ✚ 환자를 맞이하지 않는 병원은 환자를 투명인간으로 만드는 것이다

한동안 갑상선 기능 항진증과 저하증이 반복되어 힘들었던 적이 있었다. 그래서 한번씩 호르몬 검사를 받으러 다녔다. 예약 시간에 늦지 않으려 아침 일찍 일어나 준비를 서둘렀다. 병원은 시내에 위치한데다 규모도 제법 컸다. 다른 진료는 하지 않았기 때문에 전문병원이라는 믿음이 갔다. 시설도 깨끗했고 의료 기구도 잘 갖춰져 있었다.

접수를 하려고 입구에 들어갔다. 평일 오전이어서 그런지 마침 대기실에는 아무도 없었다. 단지 접수대에 직원 서너 명이 자리를 지키고 있을 뿐이었다. 문을 열고 들어섰는데 아무도 나를 아는 체하지 않았다. 알아차리기를 기다리며 접수대 앞에 잠깐 서 있었다. 살짝 당황했다. 환자가 많아 나를 못 보거나 접수대에 직원이 없었던 것이 아니었다. 투명인간도 아닌데 그런 의외의 무관심함에 나도 모르게 헛웃음이 나왔다. 나는 헛기침을 하며 예약하고 왔다고 말했다. 그제야 핸드폰과 모니터에서 눈을 떼었다. "성함이요?"라고 묻는 질문에는 아무 표정도 감정도 없었다. 그 젊은 직원의 말투에 기분이 썩 좋지는 않았다. 평소대로라면 나는 공공장소에선 나이를 불문하고 존댓말을 사용하는 편이다. 보통이라면 "이미정입니다."라고 대답했을 텐데 이번에는 짧게 대답했다. "이미정!" 대답이 예쁘게 나올 리 만무했다.

"여기 체크된 거 적어주시구요. 체중 재러 이쪽으로 올라오세요."

대기실에 있던 환자는 분명 나 혼자였다. 그 직원이 나에게 해준 것이라고는 접수를 위한 간단한 지시와 무심한 태도가 다였다. 접수를 끝낸 직원들은 조금 전에 보던 핸드폰과 모니터로 각자 눈길을 돌렸다. 그 짧은 시간 동안 자신들의 할 일이 끝났다는 의미처럼 느껴졌다. 나는 본론에 충실한 지시를 받은 뒤 몇 가지 검사를 위해 위층으로 올라갔다. 검사실에서 검사를 하는 직원들은 다들 친절했다. 검사를 받는 동안 내가 불편함은 없는지 수시로 확인해주었고 얼굴을 마주하며 표정과 눈빛으로 대화했다. 같은 병원에서 사뭇 다른 느낌을 받았다.

다시 처음에 접수했던 곳으로 내려가 접수대 직원들과 마주 보고 앉은 채 결과를 기다리고 있었다. 얼마나 지났을까? 이번에는 다른 자리에 앉아 있던 접수실 직원이 내 이름을 부른다. "이미정 님, 이쪽 방으로 들어가세요." 도대체 이쪽에 뭐가 있는지, 뭘 하러 들어가는지 설명도 없이 '이쪽 방'으로 들어가란다. 짐작으로 검사 결과를 들으러 진료실로 간다는 생각을 했을 뿐이다. 사람에게 안내받고 있다는 느낌이 아니라 컴퓨터가 나에게 지시하는 느낌이 들었다. 원장은 자상하고 친절했다. 궁금해하는 질문에 자세히 설명을 해주었다. 검사 결과는 다행히 나쁘지 않았다. 하지만 두 번 다시 그 병원에 가고 싶지 않았다.

원장과 검사 직원들은 친절하고 마음을 편하게 해주었다. 그러나 접수대에 앉아 있는 직원들이 나를 대하는 말투나 행동이 기분을 상하게 했다. 그 직원들이 나에게 해를 끼친 것은 없었다. 단지 나의 마음이 안 열렸던 것뿐이다. 감정과 표정이 없는 대화들이 나를 그렇게 만들었던 것 같다. 컴퓨터의 지시를 받는 느낌이 들었다는 것! 그리고 다시는 그 병원에 가고 싶지 않은 마음이 들었다. 환자의 입장이 되어 병원에 갔던 나의 심리는 과연 어떤 것이었을까? 나는 왜 그 병원에 재방문하지 않겠다는 생각을 했을까?

중국의 고사성어에 '구맹주산(狗猛酒酸)'이라는 말이 있다. 사나운 개가 문 앞을 지키고 있어 만들어놓았던 술이 다 시어버렸다는 뜻이다. 송나라 때 술을 잘 빚기로 소문이 난 사람이 있었다. 그는 친절하고 정직하기까지 하여 처음엔 장사가 잘되었다고 한다.

그런데 언젠가부터 사람들이 점점 술을 사러 오지 않는 것이었다. 이를 이상하게 여긴 장사꾼은 마을 어른을 찾아가 이 사정을 털어놓게 된다. 그는 장사꾼에게 술집 앞에 사나운 개가 있는지 물어본다. 장사꾼은 그렇다고 대답했다. 그 사나운 개 때문에 술심부름을 오는 아이들이 무서워서 오지 않게 되었을 거라는 얘기를 전했다.

그 사실을 알게 된 장사꾼은 어떻게 했겠는가? 그 뒷이야기는 굳이 말하지 않아도 충분히 짐작할 수 있을 것이다. 아무것도 모르는 그 개가 주인의 장사를 방해하고 있었던 것이다.

환자는 병원에 들어왔을 때 제일 먼저 접수대 직원들을 보게 된다. 접수대 직원은 병원의 얼굴과 마찬가지이다. 접수대에 있는 직원들을 보통 '병원코디네이터'라 부른다. 이 병원코디네이터의 역할은 접수를 하거나 진료실, 검사실 등으로 환자들의 움직임을 상황에 맞게 적절하게 배치하는 것이다. 그리고 마지막 단계인 수납까지 전체적인 부분을 처리하고 마무리할 수 있도록 돕는 역할을 맡고 있다. 이것이 코디네이터의 업무 중 가장 일반적이고 기본이 되는 업무다.

이때 이 병원코디네이터들이 얼마나 세련되게 환자를 잘 안내하고, 진료에 대해 의문이 있는 상황에서 적절하게 문제를 해결하는지의 여부에 따라 병원 이미지에 좋은 영향을 줄 수 있고 그렇지 못할 수도 있다. 여기에서 코디네이터들의 자질이 판가름 나게 된다.

이렇듯 병원코디네이터는 병 · 의원의 '처음'부터 '마지막'까지 모든 과정에서 행위나 대화를 통해 이미지를 만들어내는 역할을 하는 데 영향을 주게 된다. 그 이미지는 곧 병원의 분위기가 되어 환자들이 자연스럽게 느끼게 되는 부분이다. 규모가 크고 체계가 잘 잡혀 있는 병 · 의원일수록 코디네이터의 역할은 더욱 중요해진다. 무관심하고 배려 없던 접수실 직원들의 행동과 말투로 인해 다시는 가고 싶지 않은 병원으로 인식되었던 것처럼 말이다.

### ✚ 환자의 마음을 헤아려주고 진심을 담아 케어해줘라

나는 어릴 때부터 체력이 약한 편이었다. 그래서 잔병치레가 잦았다. 아버지 말씀에 의하면 내가 태어났을 때 곧 죽을 것같이 약해 보여서 출생신고를 해야 할지 말아야 할지 고민했을 정도였다고 한다. 그래서 부모님은 어렸을 때부터 나의 건강에 신경을 많이 쓰는 편이었다. 자라면서 크고 작은 병원과 한의원을 누구 못지않게 많이 다녔다. 누구에게나 그렇듯 나에게도 병 · 의원은 늘 두려운 장소였다.

하지만 그때마다 나에게 말을 걸어주고 안심할 수 있도록 도닥거려주는 병원 사람들이 한 명씩은 있었던 것 같다. 청진기를 내 몸에 갖다 대기 전 손바닥으로 청전기가 데워지길 기다리는 의사의 모습부터 주사를 맞으려고 바지를 내릴 때 안 아프게 살살 놓겠다고 하얀 거짓말을 먼저 해주는 간호사의 모습까지 말이다. 그래서 아픈 것을 참으며 치료 받을 수 있었던 것 같다.

어릴 때 다니던 병 · 의원은 요즘처럼 시스템이 잘 갖춰진 곳은 아니었다. 물론 그때도 좋은 시설을 갖춘 곳도 있었겠지만 말이다. 어떤 병원에 만족도가 있었을 때 어머니가 했던 말이 떠오른다.

"그 병원은 진료도 잘 보고, 잘해준다."

어머니의 '잘해준다.'라는 말은 해석해보면 '친절하고 자상하다'였다. 환자가 알아듣게 잘 설명해준다는 의미로 해석되었다. 어린 나이였음에도 병원에 가면 나도 그런 느낌을 받았던 것 같다.

진찰하기 전에 원장은 아이에게 청진기가 차가울 수 있으니 자신의 손이나 팔에 잠시 댔다가 아이에게 대는 모습을 보였다. 어떻게 느껴지는가? 원장의 그런 행동이 행여 보호자에게 보이기 위한 행동이었다고 하더라도 말이다. 주사를 맞기 직전에 아이가 울며 겨자 먹기 식으로 우물쭈물 바지를 내린다. 간호사가 미리 선수를 쳐 주사를 안 아프게 놓을 거라고 말한다. 그 거짓말이 환자나 부모에게 어떤 느낌으로 와닿겠는가 말이다.

반면에 만약 주사실에서 아이가 겁에 질려 있는데 간호사는 아무 말이 없다. 매일 하는 업무이니 새로울 것이 없지 않은가? 주입할 약품만 차질 없이 잘 투여하면 되는 것이다. 차가운 소독솜을 아이 엉덩이에 문지른다. 그리고 몇 번 착착 두드리다 보면 따끔거리는 여운이 남는다. 커튼을 '착' 치며 주사실을 휑하니 빠져나간다. 같은 진료라면 당신은 어떤 병원을 가고 싶겠는가?

사람들은 왜 그 병원을 찾을까? 진료를 잘할까? 진료를 잘하는 병원은 여기에도 있는데 왜 하필 먼 곳까지 가려고 할까? 시설이 좋다? 아픈데 시설이 중요할까? 시설이 좋으면 무조건 가고 싶은 마음이 생길까? 진료를 잘하는 것은 기본이고, 친절하기까지 하다. 앞서 이야기한 것처럼 인간적인 냄새가 나야 한다. 인간적인 냄새는 의사나 간호사, 코디네이터 할 것 없이 모든 의료진이 환자를 치료하는 데 있어 편안함과 세심함이 있어야 한다는 의미다.

요즘 핸드폰들은 하나같이 성능이 뛰어나다. 차이가 나는 부분은 데이터 속도, 해상도, 용량 정도라고 한다. 물론 이런 것들은 계속 개발되고 있지만 예전의 발전 속도만큼은 아닌 셈이다. 핸드폰이 세상에 알려진 초창기 때는 성능과 기능이 급진적으로 발전했고 또 그것이 중요했다. 초창기 디자인에는 투박함이 있었다. 당시에는 획기적인 디자인이었겠지만 말이다. 성능 하나 좋은 것에 엄지 척 할 수 있었던 것이다. 오히려 그런 투박함이 얼리어답터(새로운 제품 정보를 다른 사람보다 먼저 접하고 구매하는 소비자)의 상징처럼 느껴지던 때가 있었으니까 말이다.

이제는 어떤가? 핸드폰의 기본적인 기술과 기능이 개선된 것은 말할 것도 없다. 지금은 그것이 다가 아니다. 이미지, 디자인, 디테일이 우선시되는 것은 너무도 당연하다. 새롭게 출시되고 있는 핸드폰은 기능의 향상도 중요하지만 디테일이 중요해진 것은 더 말할 필요도 없다. 기업이나 제품 홍보 광고가 소비자에게 이미지로 어필하는 것처럼 말이다.

우리나라의 의료 기술은 선진국 수준이라고 한다. 병 · 의원 수가 많지 않았던 시절에는 치료를 받고 치료 효과를 보는 것에 큰 의미를 두었다. 이제는 그렇지 않다. 병원들이 적극적으로 환자를 유치하기 위해 해외로 나가기도 한다. 치료를 받는 과정에서 환자가 편안함과 보살핌을 느끼게 하는 세심함을 필요로 한다. 통증이나 문제가 있어야 진료를 받으러 오던 시대가 있었다. 하지만 이제는 생활과 의식 수준이 높아지면서 예방 차원의 진료와 케어를 받는 느낌의 진료를 원하는 시대로 바뀐 지 이미 오래다.

진료를 잘하고 치료를 잘하는 것은 의료 기관이 갖추어야 할 기본 사항이다. 그러나 치료를 잘하고 시설만 좋으면 되는 것으로 끝나는 것이 아니다. 환자의 마음을 헤아리고, 진심을 담아 케어하는 병 · 의원만이 다시 찾고 싶은 곳으로 기억되지 않을까?

# 01 사소한 칭찬이 환자의 마음을 연다

가족이 함께 치료 받으러 오는 경우가 있다. 엄마는 한가한 낮 시간에 와서 치료를 받고 딸은 직장을 마치고 저녁에 치료를 받으러 오곤 했다. 모녀지간이지만 서로 느낌이 너무 달랐다. 엄마는 명랑하고 쾌활한 성격이고 딸은 내성적이고 목소리도 작아 귀를 기울여 들어야 할 때가 있을 정도였다. 사회생활을 하는 직장인이지만 꾸미지 않는 모습에다 외모에는 영 관심이 없어 보였다.

하루는 직장 다니는 딸이 손톱에 빨간 매니큐어를 바르고 나타났다. 지나가다 반가운 마음에 한마디 덧붙였다.

"어머? 이렇게 꾸미고 온 건 처음 보네요. 이런 종류의 붉은색은 잘 소화시키기 힘든데 ㅇㅇ님에게 잘 어울리는 것 같네요."

그녀는 나에게 미소를 지어 보였다.

며칠 후 딸은 또 내원했다. 나를 보더니 살짝 데리고 상담실로 갔다. 가방에서 작은 봉지를 꺼내며 나에게 뭔가를 전해 주었다. 며칠 전에 내가 매니큐어 색깔이 예쁘다고 해줬던 말이 기억에 남았나 보다. 나에게 어울릴 만한 색깔을 골라봤단다. 붉게 빛나는 여러 개의 매니큐어를 꺼내 보였다. 깜짝 선물에 나도 모르게 미소가 번졌다.

하지만 손톱에 바른 모습을 보여줄 순 없었다. 병원에 어울리는 색깔은 아니었기에. 하지만 환자분이 주신 고마운 선물이라 소심하게 발톱에 종류별로 발라보았다. 그리고는 발레리나 강수진의 발을 찍은 인증샷처럼 내 사진 폴더 속에 지금도 잘 저장되어 있다.

CHAPTER 03

# 불황에도 잘되는 병원은 잘된다

한 번도 실패하지 않는다는 건 새로운 일을 전혀 시도하고 있지 않다는 신호다.

- 우디 앨런(미국의 영화감독)

### ✚ 불황이니 더더욱 잘될 수 있는 병원만의 전략을 찾자

어느 날 아버지의 눈 건강이 나빠졌다는 소식을 들었다. 예전에 무심결에 듣고 흘려버렸던 이야기였다. '연세가 많으시니 노안이라 그렇겠지.'라며 그냥 지나쳤던 것이다. 그런데 얼마 전 안부를 물었더니 눈이 더 악화되어 큰 병원에 치료를 받으러 다닌다는 말씀을 하셨다. 사물을 보면 마치 눈에 물이 고여서 파도가 치는 것처럼 일렁거린다고 했다.

흔한 질병이 아닌지 치료하는 곳이 많지 않아 수소문해 알아봤다고 한다. 전국에 서울과 부산 두 군데가 있다고 했다. 아버지가 부산에 살고 계시니 여간 다행스럽고 반가운 일이 아니었다. 아버지는 부산에 있는 안과병원에서 치료를 받고 계셨다.

그 이야기를 뒤늦게 알고 조금은 송구한 마음이 들었다. 부모님이 연로하여 노환이 오는 것은 당연하겠지만 무심코 지나쳐버린 것이 마음에 걸렸다. 제대로 챙겨드리지 못한 것이 마음에 걸려 부모님과 식사 한 끼라도 하고 와야겠다는 생각을 했다.

부산에 도착한 나는 부모님을 모시고 아버지가 치료를 받는 안과병원으로 갔다. 이번에는 간단한 치료만 하고 온다는 말씀에 차에서 기다리기로 했다. 잠시 후에 아버지가 진료를 마치고 오셨다. 그곳은 서울에 가서 치료를 받기에는 거리가 먼 환자들이 지방에서 올라오기도 한다고 말씀하셨다. 흔하지 않은 병이지만 알고 있는 사람들은 입소문으로 오는 곳이라 했다.

전국에 안과병원이 얼마나 많겠는가? 내가 살고 있는 동네에도 최소한 몇 개씩 있는데 눈을 치료하기 위해 동네 병원을 가지 않고 타 지역 병원까지 가는 이유는 무엇일까? 아버지의 경우처럼 흔하지 않은 질병의 치료라고 했지만 그 병원까지 치료하러 오는 이유가 있지 않을까?

불황이어서 병 · 의원 운영이 어려울 수 있다. 하지만 불황이기에 더 잘될 수 있는 병 · 의원만의 전략을 찾아야 한다. 불황이어서 안과병원 운영도 어려울 수 있다. 하지만 아버지의 질병을 치료할 수 있는 곳은 전국에 두 군데밖에 없다는 희소성이 있었던 것이다. 그래서 먼 거리에 있는 환자들도 찾아가도록 만드는 것이다.

아버지의 진료를 마치고 나니 어느새 점심시간이 다 되었다. 밖에서 식사를 하자는 말에 부모님도 좋다고 하셨다. 도로는 조용하고 한적했다. 거리에는 사람도 별로 없었다. 근처 백화점 건물 내 일식집에 들렀다. 평일인데다 한적할 것이라고 생각했던 나의 예상은 깨지고 말았다.

약간 이른 점심시간에 도착한 우리 가족은 세트 메뉴를 주문하고 음식이 나오기를 기다리고 있었다. 식당 안은 어디서 몰려왔는지 금세 사람들로 북적거렸다. 연신 자리를 채우기 시작하더니 금방 자리가 다 찼다. 곧 사람들이 줄을 서서 기다리는 모습도 보였다. 물론 백화점 내 식당이어서 그럴 수도 있었다. 하지만 평일 낮 시간에 이렇게 다양한 연령층의 사람들이 식사를 하러 왔다고 생각하기엔 무척 사람이 많았다.

어째서 많은 식당 중에서 유독 그곳에 많은 사람들이 붐빌까 궁금증이 들었다. 그들은 점심식사를 위해 적지 않은 비용을 지불하러 온 것이었다. '다른 식당들과는 어떤 차이가 있을까?'라는 의문이 들기 시작했다. 그냥 보면 여느 일식당과 다를 바 없어 보였는데 말이다.

백화점 내 식당가에는 여러 개의 음식점이 있었다. 그런데도 '우연히 들어간 일식집에 사람들이 그렇게 많았던 건 무슨 이유일까?'라는 생각이 계속 맴돌았다. 그 식당의 코스 메뉴는 여러 개로 나누어져 있었다. 보통 일식집은 두세 개 정도의 코스가 대부분이다. 그리고 그 코스 금액은 점심 값으로 가볍게 지불하기에는 부담스러운 금액이다. 그런데 코스에서 부담될 수 있는 메뉴를 여러 종류의 세트 메뉴로 나누어 놓았다는 것이 특징적이었다. 음식의 양은 줄이고 종류를 다양하게 하여 조금씩 맛볼 수 있게 해놓았다는 차별성이 있었던 것이다. 디저트까지 그곳에서 직접 만들어 나왔다.

식사를 마치고 나니 일식집에서 근사한 대접을 받았다는 기분이 들었다. 다양한 메뉴와 수제 디저트까지 제공되는 세심함이 손님에게 좋은 인상을 주었다는 생각이 들었다. 그러니 점심식사비로는 부담이 되었지만 기꺼이 지불할 만한 비용이었던 같다. 중요한 것은 식당가에 음식점들이 즐비했지만 그 일식집에 유독 사람이 붐볐다는 것이다. 그 집만의 전략이 느껴졌고 그것이 손님들의 마음을 사로잡았던 것이다.

### ✚ 주얼리샵 주인의 영업마인드는 무엇이었을까?

나는 매사에 즐겁게 일하려고 하지만 한번씩 스트레스 해소가 필요할 때는 쇼핑을 하는 편이다. 그중에서도 나는 주얼리 구경을 즐겨한다. 보통 매장에 들어가면 주얼리가 질서정연하게 진열장 안에 놓여 있다. 주인이나 점원은 마치 사자가 지나가는 먹잇감을 발견한 듯한 눈빛으로 손님을 쳐다본다. 어떤 스타일을 좋아하는지 찾아내기 위해 탐색하듯이 말이다. 주인이나 점원에게는 당연한 행동일지 몰라도 손님으로 갔을 때의 입장은 또 달라진다. 나는 그런 관심이 부담스러워 어떤 때는 상점에 들어가면서 먼저 “구경만 하고 갈게요.”라고 얘기한다. 그렇게 말하면 그제야 무슨 말인지 눈치채고 주인이나 점원이 더 이상 가까이 오지 않는다. 구경하다가 마음에 드는 것이 있으면 보여달라고 요청한다.

어느 날 시내 모퉁이를 돌다가 주얼리 매장을 지나게 되었다. 여느 상점과 다를 바 없어 보였다. 그런데 매장 안에 사람들이 북적거렸다. 이벤트 행사 때문인 것 같았다. 2~3평 남짓해 보이는 작은 공간에 적어도 7~8명 정도의 사람들이 서로 부딪히지 않으려 조심조심 몸을 피해가며 각자의 스타일을 찾는 데 여념이 없어 보였다.

나는 길을 가다 그 매장에 흥미를 느꼈다. 이런 장면을 그냥 지나칠 수 없었다. 작은 공간을 헤집고 들어가보았다. 매장 안의 광경은 더 재미있었다. 보통 주얼리를 구경하려면 대체적으로 이런 장면이 연출된다. 손님이 착용해보고 싶어 하는 상품이 있으면 주인이나 점원이 직접 꺼내 보여준다. 구경한 뒤에는 주인이나 점원이 다시 제자리로 갖다놓는 경우가 일반적이다. 진열대 밖에 꺼내두면 지저분하기도 하고 분실할 우려가 있기 때문이다. 그래서 손님이 많을수록 주인이나 점원이 더 신경 써서 손님을 관찰하는 모습을 보게 된다. 그건 어느 매장이나 특별히 다를 바 없다.

그런데 이 매장은 손님들이 진열대 유리문을 자유롭게 열 수 있도록 내버려두고 있었다. 구경했던 상품들을 그대로 진열장 위에 놓아도 주인은 신경 쓰지 않는 듯 했다. 내가 여태까지 주얼리 매장에서 보던 모습과는 완전히 다른 광경이 연출되고 있었다. 손님들은 자연스럽게 많은 상품을 이것저것 다양하게 볼 수 있었다. '주인이 손님을 지켜보고 있다'는 부담을 주지 않으려는 마음이 전해졌다. 오히려 "마음껏 착용해보고 아무 데나 놔두세요."라는 말이 웃음을 자아냈다.

제품은 다양했다. 주인은 연령대별로 여성들이 좋아할 만한 취향을 잘 알고 있는 듯했다. 손님들과 합류한 나도 구경이나 한번 해보자는 마음으로 들어갔다. 하지만 주인의 마인드가 궁금하기도 하고 예쁜 상품들이 많아서 생각지도 않게 여러 종류를 구입하게 되었다. 소위 말하는 지름신이 내렸던 것이다.

값을 지불하는 과정에서 주인의 운영 마인드가 궁금했다.

"사장님은 이렇게 많은 물건들을 손님들이 마음껏 볼 수 있게 하시네요. 그러면 잃어버릴까 염려되지 않으세요?"

"훔쳐가려고 하면 내가 아무리 감시해도 훔쳐갈 수밖에 없어요. 그냥 손님들을 믿는 거죠. 만약에 손님이 훔쳐갔다고 한들 내가 어쩌겠어요? 그 사람이 잘 착용하고 지내면 그만이죠. 한 번은 자기도 모르게 제품을 착용하고 그냥 나간 손님이 있었는데 나중에 다시 와서 미안하다면서 놓고 갔어요. 저는 그런 거 신경 안 써요. 그런 거 일일이 신경 쓰면 손님을 잃어요."

물건들을 보면 여성들이 좋아할 다양한 신상품들과 제법 고가인 제품들이 많아 풀어놓기 조심스러울 텐데 말이다. 제품을 보는 안목도 남달랐지만 주인이 그렇게 말하는 포스 또한 남달라 보였다. 근래에 참 보기 드문 분을 만나 한 가지를 배웠다는 생각이 들었다.

기분 전환을 하려고 들어간 주얼리 매장에서 나는 주인의 독특한 영업 마인드를 느꼈다. 그 사람의 운영 방식이 궁금해서 그 후로도 여러 번 찾아갔다. 갈 때마다 주인은 나를 잘 모르는 상태임에도 불구하고 의심의 여지없이 매장에 대해 궁금한 부분을 상세히 설명하고 알려주었다. 보통의 매장 주인들과는 분명 다른 모습이었다. 예상치 못한 지출이 생겼지만 매장 운영에 있어 도움이 되는 이야기를 들을 수 있어서 기분이 좋았다. 생필품이 아닌 주얼리는 사실 구입을 안 해도 그만인 물건이다. 내가 선뜻 구매를 할 수 있었던 것은 주인의 운영 마인드가 특별했기 때문이다. 물건을 산 것이 아니라 주인의 마음을 사왔다는 생각이 들었다.

불황에는 꼭 필요한 물건만을 살 수밖에 없다. 병원에 가는 것도 마찬가지다. 너무 아파 참지 못하면 어쩔 수 없이 가게 되는 곳이 병 · 의원이다. 당장 치료 받지 않아도 되는 상황이라면 굳이 병 · 의원을 찾지 않을 것이다. 하지만 참지 못할 정도로 아파야 가는 곳이 병 · 의원이라면 현재 살아남을 수 있는 병 · 의원은 과연 몇 개나 되겠는가!

여성들이 착용하는 주얼리는 말 그대로 악세사리에 불과하다. 그렇지만 손님을 많이 끌 수 있었던 요인은 과도한 친절과 관심이 아니었다. 자연스럽게 매장에 들어와 구경할 수 있도록 편하게 대했다는 점이다. 생각은 할 수 있지만 주인이라면 그런 시도가 쉽지 않을 수 있다. 그리고 또 하나의 장점은 손님들이 좋아할 만한 취향을 골고루 갖추고 있다는 것이다. 참 단순한 전략인데 말이다. 병 · 의원도 다르지 않다고 본다. 환자가 방문했을 때 편안하게 진료하고 아픈 부분을 치료해주는 것이다. 불황이어도 잘되는 병 · 의원은 분명 있기 마련이다.

## 02 병원의 작은 부분까지 직원들이 함께하라

한의원에서 만드는 한방 쌍화탕을 원내에 홍보하려고 했다. 직원들의 좋은 아이디어를 얻고 동기부여도 해주고 싶었다. 그래서 이벤트 삼아 코디네이터 직원들에게 좋은 아이디어를 떠올려 한 명씩 홍보 문구를 A4용지 1장 정도로 제출해보라고 말했다. 직원들은 근무시간 짬짬이 구상을 하며 좋은 아이디어 만들기에 열중하고 있었다. 드디어 약속된 시간이 지나고 그 결과를 발표할 시간이 되었다. 직원들이 해놓은 제출물을 들고 나는 원장실로 들어갔다. 원장님에게 상황을 설명드리고 가장 잘된 홍보 문구를 선별해달라고 요청했다. 발표는 차트상의 대화창으로 원장님이 직접 실시간 진행 상황을 전달하기로 했다.

운동선수나 오디션 지원자들이 심사위원들에게 자신의 기량을 펼치고 대기실로 돌아온다. 그들이 대기실 모니터를 지켜보며 자신의 점수를 기다리는 것처럼 말이다. 원장실에선 원장님이 각자 작성한 홍보 문구에 대한 심사평을 대화창에 실시간으로 전송했다. 그동안 직원들은 데스크 앞에서 누가 1등이 될지 기대하며 모니터 속의 대화창을 지켜보고 있었다.

"결과에 앞서 1명씩 심사평을 하겠습니다. 음! 참가자 1번의 작품은 이미지

위주로 작성되어 있어 간결하고 깔끔하게 보입니다. 2번은 내용을 재밌게 표현하여 시선을 사로잡습니다. 3번은 설명이 잘되어 있어 친절하게 안내하고 있습니다."

한 명씩 긍정적인 평을 해주셨다. 직원들은 한 줄씩 전송되는 메시지를 읽으며 모니터에 눈이 빨려 들어갈 듯이 집중하는 모습을 보였다. 그 모습들이 어찌나 귀여워 보이던지!

"자! 발표하겠습니다. 두두두두~! 오늘의 1등은 ○○○ 직원입니다!"

결과가 나오자 평소엔 얌전하고 말도 잘 안 하고 표정 변화도 별로 없던 한 직원이 갑자기 환호성을 지르며 폴짝폴짝 뛰었다. 평소에 못 보던 모습을 보니 웃기기도 하고 너무 재미있었다. 부상으로 그 직원에겐 쌍화탕 1박스가 지급되었다. 직원들과 함께한 즐거운 하루였다.

CHAPTER 04

# 당신의 병원은 무엇이 다른가?

다른 사람들이 할 수 있거나 할 일을 하지 말고,
다른 이들이 할 수 없고 하지 않을 일들을 하라.
- 아멜리아 에어하트(미국의 파일럿, 작가)

## ✚ 뭔가 다른 진료 시스템을 구축하라

이른 아침 진료시간에 전화가 울렸다.

"문의 좀 할까 하는데요. 골반이 너무 아파 침을 좀 맞을까 해서요. 예약할 수 있나요?"

"네, 예약 가능하구요. 골반 아픈지는 얼마나 되셨어요?"

"한 달이 넘었는데 나을 기미가 안 보이네요. 요즘은 아파서 제대로 움직일 수가 없어요."

"혹시 미혼이신가요?"

"아뇨, 출산한 지 3개월 됐어요. 결혼 전에는 한 번도 안 아팠던 골반이, 아이 낳고 나니 갑자기 아프네요."

"네, 침 치료하는 것도 통증 치료에 도움이 되지만, 말씀을 들어보니 체형검사가 필요하신 것 같네요. 부딪히거나, 잠깐 통증이 있다가 없어지는 경우라 아니라면 골반이 틀어져서 생기는 경우가 대부분이거든요."

"그래요? 나는 예전에 골반이 아파본 적이 없었는데요. 왜 갑자기 아플까요?"

"물론 진료 상담을 받아봐야 알겠지만, 예전엔 골반이 틀어졌다는 것을 못 느끼고 지냈을 수 있어요. 그러다 출산 전후에는 평소보다 호르몬의 영향을 더 많이 받게 되어서 틀어진 골반 근육의 통증을 다른 신체 부위보다 더 느끼게 되는 것이죠." 당시에는 느끼지 못했던 골반 틀어짐으로 인한 골반의 통증은 출산으로 인해 생길 수 있다. 이 여성은 체형교정을 받은 후 일상생활로 돌아갔다.

체형교정을 하는 곳은 의료 기관이 아니어도 주변에 많이 있다. 흔히 요가, 필라테스, 운동센터 등이 있는데 넓게 보면 교정의 의미가 있기도 하다. 체형이 틀어지면 통증을 느끼고, 교정이 필요하다는 것을 아는 사람들은 운동센터에 준하는 곳을 이용하기도 한다.

하지만 이것 또한 조심해야 할 부분이 있다. 통증이 생기지 않은 상태에서 자신의 체형이 틀어져 있다는 사실을 알고 교정센터에 준하는 기관에서 교정을 받기도 한다. 하지만 통증이 없는 상황에 체형교정만을 목표로 삼고 운동을 하면 오히려 몸을 더 상하게 하는 꼴이 된다. 이럴 때 체형교정도 하고 통증 치료도 병행할 수 있는 시스템을 갖춘 병·의원이 있다면 훨씬 효과가 좋을 것이다.

한쪽 근육을 많이 쓰는 운동을 오랫동안 해온 사람들이 있다. 모든 운동이 자기 몸에 맞으면 좋지만 자신에게 맞지 않는 경우도 있다. 요즘처럼 자기 관리를 한다고 무리해서 운동하거나 취미나 특기로 한 가지 운동을 오랫동안 하다 보면 통증이 생기게 된다. 이런 경우의 통증을 이야기하고자 한다. 이를테면 골프, 테니스, 배드민턴 등은 오른손잡이의 경우 오른쪽 상체의 근육을 상대적으로 왼쪽보다 많이 쓰게 된다. 오른손잡이의 경우에 주로 오른쪽 등, 옆구리 쪽 통증이 많으며 왼쪽보다 오른쪽 어깨가 처진 경우가 많다. 또 책상에 앉아 긴 시간 일하는 사람들은 일자목·거북목 증상이나 두통 또는 어깨 통증을 피해갈 수가 없다. 일자목·거북목 증상을 치료하지 않고 방치하면 목 디스크라는 문제를 일으킬 수 있다. 어쩌면 본인이 디스크 증상이 있다는 사실을 모르고 시간을 보낼 수도 있다. 체형을 검사해보면 옆 중심선에서 어깨보다 목이 앞쪽으로 나가 있는 경우가 대부분이다.

앞에 나왔던 사례의 경우, 그 여성은 미혼이었을 때는 골반 통증이 없었다. 그러나 출산 후에 통증이 생겼다. 여기에선 골반근육에 문제가 있는 경우에 한하겠다. 체형검사 결과에 골반이 틀어진 모습이 보인다는 것은 척추가 안정적이지 않다는 의미이다. 이렇게 체형 불균형으로 생긴 통증을 단순히 침으로만 치료할 게 아니라 근본적인 체형을 교정하면서 통증이 자연스럽게 없어지도록 할 수 있는 것이 체형교정 치료다.

통증이 있어 한의원에 간 적이 있다. 일반적인 침 치료를 받거나 한약을 복용하면 되는 줄 알았다. 그런데 나의 허리 통증이 단순히 담(결림) 때문에 생긴 것이 아니라는 걸 알았고, 근본적인 치료법이 있다는 것을 알았다. 여러분이라면 어떤 치료를 받고 싶은가?

체형이 틀어진 사람이 체형교정 치료를 받고자 내원한다. 그런데 체형교정과 함께 깔창 착용을 권한다. 의외라는 반응을 보인다. 골반이 틀어지거나 어깨가 한쪽으로 치우친 것 같아 내원했다. 허리가 아파서 교정하러 왔는데 왜 신발에 넣고 다니는 깔창을 착용하기를 권하는지 말이다. 깔창은 마트 어딜 가도 쉽게 살 수 있는 거 아니냐며 고개를 갸우뚱한다. 발에 통증이 있거나 발 모양에 변형이 있는 사람들은 깔창을 착용하는 것이 당연하다고 생각한다. 하지만 골격근의 문제로 체형이 틀어지고 골반이 틀어져 있는 사람들이 있다. 그런 사람들에게 깔창 착용을 권하는 것은 의아하게 생각한다. 아니 의아해할 수 있다.

직업이 교사인 50대 남자 환자가 내원을 했다. 허리통증이 심해 진료 접수를 하고 난 후에도 제대로 앉아 있지 못했다. 허리에 손을 얹고 엉거

주춤 대기실을 왔다 갔다 했다. 서서 차례를 기다리는 중이었다. 그는 진료 상담을 받고 상담실로 들어왔다. 현재 체형 상태를 보고 자신의 통증이 체형이 틀어진 탓이라는 사실을 알게 되었다. 그는 체형교정의 필요성을 느끼고 있었다. 체형교정과 더불어 의료적인 목적의 깔창 착용을 권했다.

"여기 체형교정 하는 곳이 아닌가요?"

"예, 맞습니다."

"그런데 깔창은 왜 해야 해요?"

그분은 발의 족궁(아치)이 무너지고 족압(발에 눌려지는 힘)에 균형이 깨져 있었다. 한쪽으로 힘이 쏠린다는 뜻이다. 체형이 틀어진 형태를 더 심화시키고 있었던 것이다. 체형이 더 틀어지지 않도록 붙잡아주는 역할을 깔창이 대신할 수 있다. 병행하면 더 좋은 효과를 볼 수 있기 때문이었다. 시력이 떨어지면 안경을 쓰거나 렌즈를 착용하는 것과 같은 맥락이다. 시력이 떨어졌을 때 안경 쓰는 것을 이상하거나 의아하게 생각하는 사람은 없다. 다른 병원과 다르게 체형교정을 하는데 깔창 착용을 권하면 처음에는 생소하게 여기지만 체형교정에 있어서 분명 차별화된 진료 시스템인 것이다.

체형을 유지하는 것은 척추를 붙잡아주는 골격근이 있어서 가능한 것이다. 우리가 생각하는 체형은 외형적인 몸 자체를 생각하기 쉬운데, 몸을 지탱하기 위한 기본 체형은 골격근에서 나온다. 일반적으로 골격근이 틀어지면(체형이 틀어진다는 뜻) 목, 어깨, 등, 허리, 골반, 무릎에 통증이 발생하고, 디스크 탈출증(보통 디스크라고 부른다)이 생길 확률도 높아진다.

체형을 유지하고 지탱해주는 마지막 신체 부위가 발이다. 그러니 불안정한 발의 균형을 잡아주는 것이 급선무인 것이다. 체형교정 치료에 족부 교정을 병행하게 되면 일반 체형교정보다 훨씬 효과가 좋고 회복도 빠르다는 장점이 있다.

### ✚ 서비스에 차별화를 두라

일반적인 진료 시스템에서 크게 벗어나기 어렵다면 서비스에 차별화를 두는 것도 방법이다.

라섹 시술을 받았던 적이 있었다. 7년 전쯤의 일이다. 인터넷으로 검색해보다가 대전에 있는 한 안과가 시술을 잘한다는 내용을 접했다. 지금처럼 블로그나 SNS 마케팅이 대중화된 시절이 아니었다. 홈페이지와 댓글을 꼼꼼히 읽어보고 내원을 했다. 당시에 시술을 하고 난 뒤 안내받은 서비스는 이랬다.

안과에서 진료 받은 환자가 같은 건물 1층에 있는 안경점을 이용할 경우 비용의 30%를 할인받을 수 있다. 또한 그 건물 다른 층에 있는 카페를 이용하면 음료를 20% 할인받을 수 있다는 내용이었다. 라섹 시술을 받은 후 1주일 정도는 눈이 엄청 아프다고 했다. 시술 직후 집으로 돌아가는 동안에 보호안경의 도움을 받으면 좋다는 얘기를 했다. 생활 안경이 필요하기도 해서 1층 안경점에서 할인을 받고 좋은 안경을 구입할 수 있었다. 또 기다리는 동안 카페에서 할인된 가격으로 음료를 마실 수 있었다. 지금은 물론 안경을 맞추는 동안 안경점 내에 카페가 있어 무료로 카페를 이용할 수 있도록 된 곳도 있다. 하지만 7년 전 그 당시에 병원에서 만든 이벤트는 분명 차별화된 사례였다.

진료 시스템에 변화를 두는 방법은 그 병 · 의원 자체의 차별성이므로 환자들에게 치료의 만족을 줄 수 있다. 처음에 체형교정을 시작할 때 깔창을 같이 착용하는 것이 이상하게 느껴질 수 있다. 하지만 그것을 병행하면서 체형 변화와 일상생활에 도움이 되는 것을 점차 느끼게 된다. 만약 일반적인 진료 시스템에서 크게 벗어나기가 어렵다면 서비스에 차별을 두는 방법도 있다. 지금은 병 · 의원에서도 이벤트를 하는 곳이 많다. 하지만 그 당시에 안과에서 치료 외의 부가적인 서비스를 제공하는 것은 다른 병원과는 분명 다른 부분이었다. 안과 진료를 다 마친 후 일어날 수 있는 움직임을 고려하여 서비스적으로 접근함으로써 안과에 대한 좋은 기억이 남게 한 것이다.

CHAPTER 05

# 환자의 니즈(Needs)와 원트(Want)

어떤 일에 확신을 가지고 있다고 하더라도 행동으로 옮기기 전까지는 아무런 가치도 없다.

- 토머스 칼라일(영국의 평론가, 역사가)

## ✚ 고객에게 관심을 갖는 것은 치료를 잘하는 것만큼 중요하다

토요일이 되면 주로 학생을 데리고 오는 보호자들이 많다. 재진 환자이면서 한의원 가까이에 사는 초중고 학생들은 혼자 내원하기도 한다. 주말에 치료를 받으러 오는 아이들이 마냥 즐거울 리가 있겠는가? 나는 그런 생각을 하며 입구에 아이들이 들어오면 일일이 한 명씩 이름을 다 불러준다.

"시형아? 어서 와! 한 주 잘 보내고 왔니?", "병진아! 이제는 혼자서도 씩씩하게 잘 오네.", "서연아, 오늘 입은 원피스 너무 예뻐!" 등 인사말을 던진다. 그러면 무뚝뚝한 표정으로 들어오던 아이들은 자신의 이름을 듣고 개인적인 관심을 주는 인사에 멋쩍은 듯 얼굴에 미소를 짓는다. 아이들은 부모와 같이 올 때와 다르게 혼자 오면 머쓱해하는 경우가 있다. 그래서 나는 혼자 오는 아이들에게는 되도록 이름을 불러주고 관심을 가지려고 하는 편이다. 자립심을 키워주기 위해 아이를 혼자 보냈을 수도 있다. 아니면 아이를 데리고 올 시간이 없어 혼자 보냈든지 간에 부모는 자식이 어딜 가든 관심받기를 바라는 마음이 있다는 것을 잘 알고 있다.

오늘도 처음 내원한 중학생이 부모와 함께 대기실에서 차례를 기다리고 있었다. 병원이라는 곳 자체가 웃음이 나는 곳은 아니지 않은가! 게다가 통증이 있어 내원을 했는데 표정이 좋을 리가 없었을 것이다. 내가 접수대에서 아이들 이름 부르는 모습을 아이의 부모가 계속 지켜보고 있었던 것 같다. 전체 진료를 마치고 상담실에 마주 앉아 이야기를 나누게 되었다. 부모는 마치 나와 오랫동안 알고 지내던 사이처럼 친숙하고 편하게 대해주었다. 그리고 아이의 표정도 처음 왔을 때와 다르게 긴장한 기색이 하나도 없었다. 그러더니 적지 않은 의료비를 흔쾌히 지불하겠다고 했다. 아이가 먼저 부모에게 치료 받고 싶다는 의사를 표현했다. 부모 또한 치료를 받게 해줄 의향이 있었던 것이다. 물론 부모는 처음부터 아이가 치료를 받게 할 마음으로 내원했을 수도 있겠지만, 병원 이미지나 분위기가 딱딱하거나 아이가 원내 분위기가 어색하여 마음에 들지 않았다면 과연 흔쾌히 결정했을까 하는 의문이 들었다.

나도 마찬가지다. 예전에 갔던 식당이나 가게에 시간이 지나고 다시 갔을 때 주인이 아는 체하고 인사를 건네주면 훨씬 친근함을 느끼게 된다. 어떻게 나를 기억했을까? 그리고 나를 알고 있다는 사실만으로도 말이나 행동이 조심스러워진다. 그래서 나는 웬만하면 내원하는 환자들에게는 내가 바빠서 만나지 못할 때를 빼고는 아는 체하며 인사를 하려고 노력한다. 인사를 받는 환자들도 그냥 지나치려다 인사를 하게 되니 훨씬 정겨운 것이다.

### ✚ 환자는 자신이 원하는 것(Want)이 있는 곳으로 간다

〈메디칼타임즈〉에서 ○○산부인과 박○○ 원장이 쓴 "오지 않는 환자에 서운해하지 말라"라는 제목의 칼럼을 읽은 적이 있다. 이 칼럼은 진료를 잘해도 환자들이 오지 않는 이유에 대해 설명을 잘해놓았다. 박 원장은 21년째 분만 진료를 하고 있다. 분만은 불시에 이루어지는 것이니 이틀에 하루꼴로 당직을 서야 했다. 그래서 아무 데도 못 간단다. 그런데 몇 년 전부터 분만 건수가 한 달에 10건이 채 안되기 시작했단다. 과정은 이랬다.

블로그나 SNS에서 자신의 병원에 대한 글들이 올라왔는데 공교롭게도 좋은 내용들이 아니었단다. '불친절하다.', '실력은 있는 것 같은데 의사가 무뚝뚝하다.' 등의 글들이었다. 그런 내용이 올라와도 박 원장은 스스로 '진료만 잘하면 된다.', '실제로는 자신은 따뜻하고 무뚝뚝하지 않은 사람이다.'라고 생각하며 자신을 다독였고 그런 댓글들을 무시하고 지냈단다. 실력이 없거나 진료를 못한다는 글이 없다는 데 안도하고 평소처럼 최선을 다해 진료를 했다고 한다.

그러던 어느 날 그 산부인과와 가까운 곳에 새 산부인과가 들어섰다. 언젠가부터 분만 수는 점점 줄어들기 시작했다. 당연히 출산 인구가 줄어드는 추세여서 그럴 수도 있었겠지만 원인은 바로 새로 생긴 산부인과였던 것이다. 새 산부인과가 주변 몇 군데 지역구의 분만 환자들을 다 쓸어갔다고 한다. 새 산부인과는 한 달에 180~200건의 분만을 했다고 하니 박 원장이 속상하고도 남을 일이었다. 새 산부인과의 의사는 무뚝뚝한 박 원장과는 달리 초음파 진찰 후에 젤을 직접 닦아주기도 하고 심지어 진료 받으러 온 산모의 신발까지 신겨주었단다. 손을 잡아 일으켜주기도 하고 눈을 마주치면서 따뜻한 말도 건넨다고 했다. 그러던 어느 날, 한 지인이 박 원장에게 그렇게 전략을 바꾸는 것이 어떠냐고 권유했다. 하지만 박 원장은 자신은 그러지 않겠다고 잘라 말했다고 했다.

원장의 입장에서는 자존심 상하는 이야기일 것이다. 분만 진료를 21년째 하고 있는 베테랑 선배 의사로서 이제 개원한 햇병아리 의사가 세운 전략에 밀리고 있다는 사실이 기분이 좋을 리가 없지 않은가! 박 원장은 이런 말을 덧붙였다. 환자는 귀신이다. 자신이 원하는 것을 얻을 수 있는 곳으로 간다. 비용도 문제가 아니다. 박 원장은 정확한 진료와 분만 시의 비용이나 방법의 면에서 양심적으로 최선을 다했는데도 통하지 않았다는 것을 느꼈다는 것이다.

그리고 그녀는 이런 결론을 내렸다. 환자의 수가 줄어든 것은 결국 환자의 니즈를 파악하지 못했기 때문이라는 것. 환자의 니즈에 맞게 행동하지 못하면 시장의 원리에서 도태된다는 것이다. 그녀는 시장의 원리를 이해하고 받아들이기로 결심했다고 한다. 그리고 오지 않는 환자에 대해서 서운해하는 대신 찾아주는 환자들의 니즈를 잘 맞추기로 했다.

### ✚ 환자의 니즈(Needs)를 넘어 원트(Want)에 맞춰 운영하라.

이것이 현재 병 · 의원들의 현실이다. 오래되고 많은 노하우를 가지고 있는 의사라 할지라도 진료만이 다가 아니라는 사실을 여실히 보여주는 대목이다. 환자는 진료가 완벽해도 내원하지 않는다. 비용이 비싸서 진료를 못 받으러 가는 게 아닐까 생각해본다면? 오히려 새로 생긴 산부인과가 더 많은 검사비와 분만 비용을 받는다고 했다. 그럼에도 20배에 가까운 환자가 몰렸다는 것이다. 이로써 박 원장은 젊은 환자의 니즈를 넘어 원트 파악이 필요하다는 것을 알게 된 것이다.

친구가 가게를 열었다고 했다. 다른 지역에 있는 친구라 개업하는 날에 가게엔 가보지 못하고 개업 선물이라도 따로 보내줘야겠다는 생각이 들었다. 그래서 친구에게 필요한 물건을 말해보라고 했더니 서랍장이 필요하다고 했다. 어떤 스타일을 좋아하는지 몰라서 친구에게 인터넷에 검색해보고 마음에 드는 것을 선택하라고 했다. 친구가 고른 서랍장은 내가 봐도 예뻤다. 사진 속 친구네 가게 내부에도 잘 어울릴 것 같아 나도 그 서랍장이 마음에 들었다.

알려준 대로 나는 그 서랍장을 바로 인터넷으로 주문했다. 가구는 동시 주문량이 많지 않아 배송기간이 길어질 수 있다는 것쯤은 알고 있었다. 그리고 직장생활하느라 한동안 주문한 사실을 잊고 지냈다. 10여 일이 지났을쯤 그 생각이 나서 친구에게 도착 여부를 물어보니 아직 제품을 받지 못했다고 했다. 친구도 아무 소식이 없어 나에게 물어볼 참이었다고 했다. 온라인으로 주문내역을 확인했더니 아직 물건이 출고가 안된 걸로 나왔다. 판매자가 직접 배송하는 상품이라 3~5일 후에는 일정 안내 연락이 간다는 문구가 나타났다.

늦은 감이 있었지만 며칠만 더 기다려보기로 했다. 7일이 더 지났다. 아무 연락이 없었다. 그제야 누락되었을 거라는 확신이 들었다. 업체에 전화를 했다. 담당자가 잠시 자리를 비웠으니 30분 안에 담당자가 전화를 하도록 하겠다고 전했다. 그래서 기다렸다. 전화를 주겠다고 했으니까 말이다. 2시간이 넘게 흘렀다. 더 이상 기다릴 수 없어 전화를 걸었다. 담당자가 누구냐고 물었다. 그랬더니 무슨 일인지 또 물어보는 것이다. 전후 상황을 다시 얘기했다. 전화 받는 사람이 당황하는 듯했다. 17

일이 지났는데 아무도 모르는 상태로 제품이 누락되었던 것이다. 만약 이미 출고가 진행되었고 이후 배송에 문제가 있었더라면 중간에 구매자인 나에게 연락이 왔을 텐데 그런 연락이 한 통도 없었기 때문이다.

물건 배송 여부를 확인하기 위해 업체에 전화를 걸었다. 당시에 전화를 받았던 사람은 나의 전후 사정을 알고 30분 안에 연락을 주겠다고 말했지만 감감 무소식이었다. 결국 나는 그들의 상황 대처 방식에 화가 났다. 물건이 누락되었다면 사과를 하고 바로 보내겠다고 했다면 어땠을까? '사람이 하는 일이니 한 번쯤 실수할 수 있지.'라는 생각에 그냥 넘어갈 수도 있었을 것이다. 전화를 하고 배송 여부를 확인하는 과정에서 전화를 받았던 사람이 담당자에게 전달하지 않은 상태로 또 기다리게 했다는 사실에 나는 화가 났다.

이대로라면 주문했던 제품을 취소하고 다른 업체의 서랍장을 주문하고 싶었다. 하지만 친구가 마음에 들어 해서 결정한 제품이었기에 마음을 누그러뜨렸다. 며칠이 더 소요될 수 있다는 전달을 받고 나는 친구에게도 전후 사정을 이야기했다. 며칠 더 기다려야겠다고 말을 해두었다. 뒤늦게 도착한 물건을 보고 친구가 마음에 들어 해서 마무리가 되었다.

이것 또한 병 · 의원에서 일어나는 상황들과 뭐가 크게 다를까 싶었다. 한의원에서도 문의 전화를 받고 나서 담당자에게 제때 연락이 안 되면 환자들이 기다리다가 다시 전화하는 경우가 있다. 그런 경우는 당연히 전화를 끊고 환자는 자신에게 전화가 다시 걸려 오기를 기다리게 된다. 그런데 전화는 오지 않고 감감무소식이다. 환자의 요구에 응대해주지 않고 시간이 지나면 환자는 불쾌할 수밖에 없다.

그래서 나는 누군가로부터 연락을 받으면 최대한 빠른 시간 내에 전화를 하려고 한다. 기다린다는 걸 알기 때문이다. 시간이 길어질 경우에는 환자에게 따로 전화를 건다. 일이 어느 정도 진행되었는지 상황을 이야기하고 예상보다 소요시간이 길어지고 있다고 말이다. 이렇게 중간에 양해를 구한다. 그러면 대부분의 환자는 화내지 않고 더 기다려준다.

제품이 마음에 들었지만 배송 과정에서 직원이 누락을 시켰다. 소비자가 제품의 배송 상황을 알고자 문의했으나 제대로 된 답변은 돌아오지 않았다. 병원에서 의사가 진료를 잘해도 진료를 하는 과정에는 많은 변수들이 있을 수 있다. 직원들이 환자를 대하는 태도나 의료진이 환자의 치료를 위해 메시지를 전달하는 과정에서 제대로 대처가 안 되면 환자의 마음은 떠나는 것이다.

사람의 몸을 고치는 곳이 병 · 의원이지만 아픈 몸을 움직이게 하는 것은 마음이다. 결정적인 순간에 환자의 마음은 돌아서게 된다. 원인을 알아서 병을 잘 고치는 것도 중요하지만 환자가 필요로 하는 것을 세심하게 관찰하여 필요한 부분을 찾아낼 수 있어야 한다. 환자의 니즈(Needs)를 넘어 원트(Want)를 파악했다면 거기에 맞는 적절한 서비스가 진행되어야 한다. 왜? 환자는 진료만 잘한다고 병원에 오지 않기 때문이다.

CHAPTER 06

# 어떻게 하면 환자의 수를 늘릴 수 있을까?

성공은 행복의 열쇠가 아니다. 그러나 행복은 성공의 열쇠다.

- 알버트 슈바이처(프랑스의 의사, 철학자)

## ✚ 우리 병원을 고객들에게 알리는 홍보를 게을리하지 말자

환자의 수가 안정적으로 늘어나야 병 · 의원 경영에 도움이 된다. 환자들이 많이 내원하게 하려면 우리 병원을 알고 있어야 할 것이다. 아플 때 다른 병원이 아니라 우리 병원으로 올 수 있게 하려면 말이다. 그러려면 홍보 및 광고가 필요하다. 광고를 해야 환자들이 우리 병원을 더 빨리 알게 된다. 인터넷, SNS가 발달한 요즘은 이런 것들을 이용하는 전략적인 광고가 필요하다.

먼저 오프라인 광고는 마트, 지하철, 아파트, 대형빌딩 승강기 등 실내에 전시하는 광고뿐만 아니라 버스, 정류장, 주차장 등에 하는 옥외 광고도 있다. 신문, 라디오, TV, 잡지 등 언론 매체를 통해 진료나 치료에 대한 기사를 내는 것도 한 방법이다. 또한 신문이나 잡지, 지하철, 라디오 방송은 자체 광고가 가능하다. 웹 사이트에 광고를 내는 방법도 있다.

온라인 광고는 검색 키워드, 블로그, 홈페이지, 구글 디스플레이, 배너 광고, 이메일 광고, 트위터, 페이스북, 인스타그램, 언론 보도 등이 있다.

그중 홈페이지, 블로그, 카페 운영이 병 · 의원에서는 가장 대중적으로 이용된다. 홈페이지는 병 · 의원의 전체를 한눈에 알아볼 수 있게 만들어놓은 공식적인 자기 이력서 및 소개서라고 할 수 있다. 이력서나 소개서로 사람의 기본적인 인적사항 즉 학력, 가족관계, 사회활동, 자격증 유무 등을 알 수 있다. 나아가 자신의 삶에 대한 가치관, 타인과의 차별성을 알 수 있는 정보가 들어 있다. 이렇듯 홈페이지도 병 · 의원을 운영하는 의료진의 소개, 치료 항목, 다른 병 · 의원과의 차별성, 전문성 등을 잘 버무려 구성해야 한다.

홈페이지가 병 · 의원을 알게 해주는 이력서 및 자기소개서였다면 블로그는 조금 더 형식적인 틀에서 벗어난 느낌이라고 할 수 있다. 치료 받는 과정의 내용을 큰 틀에 얽매이지 않고 구성하기도 하고, 병 · 의원의 일상을 소개할 수도 있다. 대중적인 접근이라고 할까? 그러니 병 · 의원 자체만의 브랜딩이 쉽다. 블로그의 특징은 홈페이지보다 고객이 인터넷 쇼핑하듯이 쉽게 둘러보고 나갈 수 있다는 것이다.

카페 운영은 블로그나 홈페이지와는 달리 회원가입을 해서 관리할 수 있다는 특징이 있다. 카페는 원하는 사람이 자발적으로 회원가입을 하고 서로 병 · 의원 정보를 공유하는 집약된 홍보 형태라 하겠다.

그리고 앞서 잠깐 언급했듯이 매체에 출연하는 방법이 있다. TV나 라디오의 의료 프로그램에 참여하는 방법이다. 미디어 화면에 병 · 의원 원장이 특정 질병, 질환에 대한 전문가로 등장하는 것이다. 자주 미디어 화면에 비치면 원장의 얼굴이 사람들에게 알려지게 된다. 환자가 아파서 어느 병원에 갈까 검색을 했다. TV에서 본 원장의 얼굴이 나타났다면 그 병원에 내원할 확률이 높아질 것이다. 간접 홍보가 된 것이다. 방문객이 많다면 유튜브에서도 그런 효과를 누릴 수 있다.

또 다른 방법은 원장이 가지고 있는 의학지식을 이용해 잡지에 칼럼을 기고하거나 책을 쓰는 것이다. 진료 분야에 대한 전문서나 일반인을 대상으로 하는 대중서를 출간한다면 양질의 홍보라고 할 수 있다. 이런 간접 홍보는 직접적인 노력과 시간이 많이 걸린다는 단점이 있지만 원장의 커리어와 전문적인 이미지를 고수하는 데는 큰 도움이 될 수 있겠다.

이렇게 다양한 방법의 홍보 엔진을 사용하여 환자들이 병 · 의원을 알게 되었다. 그렇게 환자가 내원하게 되었다면 조금 더 환자에게 만족을 줄 수 있는 병 · 의원 자체만의 특색이 필요하다. 일시적인 이벤트나 홍보성 문구로 환자를 유치하는 것이 아니라 원장 및 의료진의 의료 철학이 잘 묻어나는 것이 좋다.

요즘 인터넷에 다양한 음식에 대한 요리법이 등장하지만 눈속임 없이 정직하게 음식을 만드는 식당들은 많은 광고나 홍보 없이도 사람들의 입소문으로 발길을 끌고 있다. 날씨가 더운 여름이 되니 콩국수 생각이 났다. 소문난 맛집에 몇 번 가본 적이 있었지만 체인점보다는 개인이 운영하는 맛집이 궁금했다.

어느 더운 여름, 근무가 없는 날이었다. 아침부터 시원한 콩국수 생각이 났다. 눈을 뜨자마자 검색을 했다. 암암리에 소문이 난 동네 맛집이 주변에 있었다. 70대에 가까운 노부부가 운영하는 가게인데 블로그에 있는 글들을 쭉 훑어봤더니 간단히 소개된 블로그들이 여럿 있었다. 소개된 글에는 비슷한 내용으로 채워져 있었다. 블로그 내용들을 간추려보면 대략 이런 내용이었다. 식당 안에는 테이블이 5개밖에 없다. 그래서 사람들이 밖에서 줄을 서서 기다리기 일쑤다. 오전 11시부터 오후 4시까지 판매하고 문을 닫는다. 콩국수는 여름이 성수기인데 하루에 5시간만 운영한다. 재료를 준비하는 데 한계가 있다는 것이다. 실제로 가보니 출입문에는 대기자가 생기면 순서대로 작성하라고 순번 노트가 붙어 있었다. 알아서 차례대로 기록하고 기다리라는 거다. 그리고 대부분의 글에서 콩국수가 순수한 맛이라고 설명하고 있었다.

오픈시간은 11시부터였지만 그 전에 도착하려는 생각으로 조금 일찍 나갔다. 다행히 이른 시간이어서 그런지 손님이 없었다. 내가 제일 먼저 온 것이었다. 그곳에는 콩국수 외에 다른 메뉴는 없었다. 곧 장사가 시작될 시간이라 바쁘게 준비하고 있었다. 잠시 앉아 있으니 아니나 다를까 어디서 모여들었는지 금방 사람들이 몰려왔다.

콩국수를 주문하니 곧바로 오이고추, 된장, 나박김치가 상차림으로 나왔다. 음식이 빨리 회전되어서 그런지 금방 밭에서 따온 것처럼 신선했다. 드디어 콩국수가 나왔다. 연세가 많아 보이는 남자 주인이 기계로 직접 면을 뽑는 듯했다. 내부에는 '국산 콩 100%'라고 적혀 있었는데 그 맛이 고소했다. 원재료의 맛을 내는 것으로 충분했다.

콩국수가게의 내부는 실로 볼품없었다. 직접적인 광고를 하는 것도 아니고, 위치도 그리 좋지 않은 주택가 골목이었다. 3층짜리 건물 1층에 구멍가게 수준으로 만들어져 있었다. 단지 재료 본연의 맛으로 승부를 냈던 것이다. 그 작은 가게에 많은 사람들이 어떻게 알고 왔겠는가! 맛을 본 사람들이 저마다 블로그에 글을 올렸던 것이다. 가게는 홍보 하나 안 하고도 사람들이 입소문을 듣고 가게를 찾게 만들었다. 사람들이 숨은 가게를 찾아내 개인 블로그에 올려 광고하는 바이럴 마케팅이 저절로 된 것이었다.

물론 첫째는 신선한 재료로 깨끗하게 만들었다는 점에서 시작되었을 것이다. 우연히 찾은 동네, 골목의 작은 콩국수집에서 순수한 맛을 보고 사람들의 입소문이 퍼진 것이다. 아무리 맛있는 음식을 만들어도 손님이 찾지 않으면 아무 소용이 없다. 자연스러운 소비자의 바이럴 마케팅이 큰 몫을 한 셈이다.

### ✚ 치료 효과를 본 환자가 지인에게 우리 병원을 소개하게 하라

진료 상담을 했으나 치료를 결정하지 못하고 돌아간 20대 여성이 있었다. 얼마의 기간이 흐른 뒤 이 여성은 다시 내원했다. 체형교정을 해야 할 필요성을 느꼈고 시간이 지날수록 통증이 더 커지고 있는 것이 이유였다. 퇴근 후 1주일에 두 번 정도 내원했다. 운동과 치료를 병행해가며 진료를 받는 열정적인 모습을 보였다. 옆에서 지켜보는 나도 열심히 치료를 받으러 오는 모습에 더 관심이 생겼다. 치료를 받으러 올 때 피곤해 보이면 옆에서 차 한 잔을 권하기도 했다. 스트레스를 많이 받아서 힘들다고 하는 날에는 '힘내세요!'라는 응원을 보내며 손을 흔들어 보이기도 했다. 치료가 거의 끝나갈 무렵 그 여성은 직장 동료에게 우리 한의원의 치료 시스템을 소개했다고 했다. 두세 명이 조만간 상담을 받으러 올 것이라고 우리에게 미리 알려주었다.

며칠이 지나자 첫 번째 소개 받은 사람이 왔다. 이미 앞서 치료를 받은 적 있는 동료가 소개해주었으니 치료할 마음을 먹고 왔다. 이 분은 체형교정 치료와 해독이 필요한 경우였다. 상담 후에 이 분은 치료를 받게 되었다. 며칠이 지나자 또 소개 받은 두 번째 분이 내원을 했다. 그분은 해독이 필요했다. 나이는 젊지만 워낙 몸이 안 좋은 여성이라 치료를 바로 시작하기로 했다. 그분도 치료 중이다. 또 며칠이 지나자 세 번째로 소개 받은 여성이 내원했다. 그분은 위장 질환이 있었다. 그래서 영양 상태도 좋지 않았다. 한약 처방이 내려졌다. 열심히 먹고 살을 찌우도록 하겠다고 했다. 그래서 이 분도 치료 중이다.

한 사람이 치료를 받아 효과를 보고 동료에게 소개했다. 그리고 그 여성으로 인해 3명의 환자가 내원해 치료비로 수입이 늘어났다. 한 환자에게서 여러 건의 소개가 이루어진 것이다. 이렇게 환자의 수가 늘어났다.

치료가 잘된 환자가 다른 환자를 소개했다. 진료시간, 치료비용, 치료시기 등 여건이 맞으면 자연스럽게 치료를 하게 되는 것이다. 하지만 만약 세 명의 환자들이 소개자에게서 소개를 받지 않았다면 그들은 지금쯤 서로 다른 곳에서 각자 치료를 받고 있을지도 모를 일이다.

환자의 수를 늘리는 것은 인터넷을 통한 광고 즉, 잘 구성된 홈페이지, 블로그, 키워드 광고, 배너 광고, SNS 등 온라인상의 여러 가지 광고가 있다. 그리고 현황판, 플래카드, 실내 화면 광고 등의 오프라인 광고가 있다. TV나 라디오의 의료 프로그램에 참여해 환자의 인식을 높이거나 의사가 직접 글을 써서 출판하는 방법도 있다. 이러한 홍보뿐만 아니라 환자들이 치료의 효과를 보고 주변의 사람에게 소개하는 방법도 환자의 수를 늘리는 방법이다.

CHAPTER 07

# 환자의 사소한 부분까지 기억한다

무시해도 좋을 만큼 사소한 것은 없다.

- 브라이언 트레이시(미국의 사업가, 저술가)

## ✚ 환자의 변화를 알아내는 작은 관심! 잘되는 병원의 시작이다

관절 통증으로 침 치료를 받으러 오시는 60대 여성이 있었다. 딸이 치료를 받는데 구경 왔다가 엄마인 자신이 꾸준히 치료를 받게 된 경우다. 그분은 소녀 같은 외모를 지녔다. 하얀 얼굴에 잡티도 거의 없고 웃을 때는 소녀처럼 해맑은 모습을 보였다. 옷차림도 외모와 걸맞게 환한 분위기의 블라우스와 프릴스커트를 즐겨 입으셨다. 볼 때마다 그 모습이 아름다워 만나면 웃음이 절로 나왔다.

하루는 파마한 모습으로 내원을 하셨다. 그것도 웨이브가 강하게 들어간 꼬불꼬불한 컬에 와인 빛깔의 염색까지 하고 말이다. 하얀 피부와 머리 색깔이 너무 잘 어울려 감탄의 목소리가 절로 나왔다. "○○님! 파마가 너무 잘 어울리세요. 그 파마는 웬만한 사람들에겐 잘 어울리지 않은데 어쩜 그렇게 상큼하게 잘 어울리세요?"라고 이야기했더니 손으로 입을 가리고 부끄러워하셨다.

"컬이 너무 강해서 다시 풀어야 할지 말아야 할지 고민이 되요. 가족들은 머리가 왜 그러냐고 막 웃어요. 그래서 오늘 치료 받으러 와야 할지 말아야 할지 망설이다 왔어요."

어쩔 줄 몰라 하셨지만 내 눈에는 너무 곱고 예뻐 보였다. 계속된 나의 칭찬에 조금씩 자신감을 찾은 듯했다. "이상하지 않아요?"라고 말하며 머리카락을 계속 만지작거렸지만 표정은 예쁘다는 얘기를 계속 듣고 싶은 것처럼 느껴졌다.

누군가 자신의 변화를 알아챈 것이 그분에겐 반가운 일이었다. 거기다가 파마한 모습이 잘 어울린다고 하니 더없이 기분이 좋으셨던 것이다. 예쁜 파마머리의 이 여성은 친언니를 소개해 쌍둥이처럼 같이 치료를 받으러 오시기도 한다. 나의 작은 칭찬 때문에 그녀에게 우리 병원이 다시 오고 싶은 병원이 되지 않았을까 싶다.

어느 날 대기실에 앉아 있는 한 엄마와 고등학생 아들을 보게 되었다.

아들의 이름으로 접수가 되어 있었다. 엄마는 옆으로 앉아 고개를 숙이고 있어서 누군지 긴가민가했다. 지나치려다 혹시나 해서 가까이 다가가 조심히 봤더니 예전에 치료 받았던 적이 있는 여성이었다. 2년 전쯤 자동차 사고로 치료를 받으러 온 맞벌이 부부가 있었는데 몇 개월간 치료를 받았었다. 남편은 회복 속도가 빨리 호전되고 있었다. 상대적으로 몸이 안 좋았던 아내는 치료를 받는 중에도 한동안 힘들어했었다. 그러다 시간이 지나면서 기억 속에서 지워졌다.

그리고 2년의 시간이 흐른 후 처음으로 아들을 데리고 나타났다. 시간이 흘렀으니 자신을 기억하는 사람이 없다고 생각한 것 같다. 아들 이름으로 접수를 하고 대기실 의자에 앉아 고개를 숙이고 핸드폰을 내려다보고 있는 중이었다. 내가 아는 체를 하자 너무 반가워하셨다. 나는 2년 전에 있었던 일을 이야기했다. "그때 한여름일 때 내원하셨잖아요. 교통사고를 당해 치료를 받다가 호전이 안 돼서 여기 오게 되었다고 그러셨어요. 하얀색 바지를 입고 오셨던 날이 있었는데 키가 크셔서 잘 어울린다고 생각했어요. 남편분은 잘 지내세요?", "네, 금방 알아봐주시니 너무 고마워요. 시간이 지나서 저를 몰라볼 거라고 생각했어요. 남편도 잘 지내고 있어요."라고 말했다. 처음 온 사람처럼 서먹하던 모습은 온데간데없고 편한 모습으로 앉아 있었다. 그제야 고개를 돌려 모니터 광고도 보고 책자를 보며 나에게 이것저것 물어보기도 했다.

그때 만약 알아차리지 못했다면 그분은 아들의 진료만 받고 조용히 돌아갔을 것이다. 물론 그렇게 간다고 문제될 건 없겠지만 그런 사소한 것을 기억해주는 사람이 있다는 것에 환자는 감동을 받는 듯했다.

### ✚ 문의 전화만 받아도 누군지 알 정도로 관심을 기울여라

사람들이 문의 전화를 할 땐 대체로 공통된 특징이 있다. 전에 우리 한의원에서 치료를 받았든 안 받았든 말이다. 전화로만 문의를 여러 번 하고 내원하지 않았던 경우에는 대부분 자신들의 신원을 밝히지 않고 상담하는 경우가 많다. 시작은 처음 통화하는 것처럼 대화를 한다. 이번에 걸려 온 문의 전화도 그랬다.

"거기서 아이들 체형교정도 하나요?"

"예, 성장 치료도 하고 있습니다. 아이는 몇 살이에요?"

"중학교 2학년이에요. 그런데 자세도 많이 안 좋고 밤에 너무 늦게 자는 게 성장에 부정적인 영향을 줄 것 같아 신경이 쓰이네요. 한약도 좀 먹일까 싶기도 하고, 체형교정을 어떻게 하는지 궁금해서 전화했어요."

그런데 목소리를 가만히 듣다 보니 예전에 치료하던 학생의 어머니라는 걸 알아차리게 되었다.

"체형 치료는 아이의 체형 검사를 해봐야 설명을 드릴 수 있는데요. 혹시 민영(가명)이 어머니 아니세요?"

"어머? 어떻게 아셨어요? 민영이 엄마 맞아요."

"당연히 여기서 치료를 받은 적이 있으니 알지요. 그때 어머니가 민영이 태우고 운전하다가 교통사고가 났다고 했었잖아요. 며칠 동안 민영이 치료 받으러 못 올 것 같다고 했었지요. 어머니와 몇 번 통화한 적이 있어서 기억이 났어요. 그동안 잘 지내셨어요?"

서로 반갑게 얘기를 하게 되었다. 통화 후 그 날 민영이는 진료를 받게 되었고 지금까지 꾸준히 내원하고 있다.

민영이 어머니는 자신을 밝히지 않고 문의 전화를 했다. 전화를 받았을 때 처음 전화한 사람처럼 통상적인 상담을 했다면 어머니가 아이를 데리고 쉽게 내원하려고 하지는 않았을 것이다. '조금 더 내 아이에게 맞는 병원이 없을까?'라는 생각으로 다른 병 · 의원에 문의를 했을 수도 있다. 하지만 자신이 누구인지 기억하고 아이가 치료를 받은 적이 있으니 아이에 대한 진료 병력은 다시 말하지 않아도 이미 알 수 있었다. 어머니의 입장에서는 빨리 치료를 선택할 수 있게 된 것이다.

### ✚ 환자와의 사이에 '라포'를 형성하라

사회, 심리, 간호, 교육 등 여러 분야에서 사용되는 '라포(rapport)'라는 단어가 있다. 사람 관계에 밀접하게 사용되는 용어인데 여기서는 환자와 의료 기관의 관계에 한정 지어 말하고자 한다. 일반적인 의사소통 과정을 넘어 믿음, 공감이 있는 관계를 말한다. 라포가 형성되면 서로 공감이 잘 이루어지고 치료 효과가 더 잘 나타나기도 한다. 실제로 라포 형성으로 치료의 효과가 있었다는 실험은 어디서나 쉽게 찾아볼 수 있다.

물론 라포 관계를 유지하기 위해 지속적인 노력은 필수다. 이런 분들과는 대화도 쉽게 잘 이루어진다. 환자에게 필요해서 추가로 의료비가 발생되었다 하더라도 '환자를 위한 치료비'라고 이해한다. 치료 효과가 있을 거라는 믿음을 가진다. 어떤 사람들은 의심의 눈빛을 보내며 더 이상의 의료비 지출을 원치 않는다. 물론 여러 가지 여건들이 맞지 않아서 일 수도 있지만 말이다. 환자 본인을 위한 처방인데도 부정적으로 생각하는 경우가 있다. 치료 효과가 있을 거라는 믿음을 갖지 못하는 것이다. 라포 형성이 된 사람들은 엄마와 자식의 관계처럼 서로를 생각하는 마음까지도 생긴다.

환자들이 보내는 무언의 표현들에 반응하자. 다시 오고 싶은 병원으로 거듭날 것이다.

라포 형성이 된 환자분들은 여러 가지 방식으로 자신의 모습을 표현한다. 간식을 사주기도 하고, 상담실에 들어와서 자신이 여행 갔던 사진을 보여주며 자랑하기도 한다. 기념으로 뭘 사왔다고 알려주고 때로는 선물을 주기도 한다. 또는 집안에 있었던 비밀스러운 이야기도 스스럼없이 털어놓기도 한다. 자연스럽게 정을 나누고 관심을 나누는 것이다.

한번씩 환자분들이 간식을 주실 때가 있다. 격려차 아이스크림, 케이크, 과일, 빵, 음료 등의 다양한 먹거리를 주신다. 혼자 먹을 수 있는 양 이상을 주시기 때문에 모든 직원들과 나눠 먹는다. 진료시간에는 다 같이 모여 먹을 만한 시간을 내기 어려울 때가 있다. 그러면 대화창에 메시지를 남긴다. '○○님이 케이크 사오셨어요. 시간 되는 사람 먹고들 가요. 그리고 감사의 인사 말씀 꼭 전해주세요!'라고 말이다. 간식을 주시는 분이 병원에 잘 부탁한다는 의미도 있을 것이다. 인사말을 듣고 싶어 생색내는 것은 아닐 것이다.

간식을 주실 때 다들 하나같이 하시는 말이 있다.

"이거 별거 아닌데 선생님들 같이 나눠 먹어요."

'별거 아니'라고 한다. 사실 여러 명의 사람 수만큼 간식을 챙겨주려면 그만큼 우리 직원들을 생각했다는 것이고 직원을 위한 마음이 있었기에 가능한 것이다. 그 마음을 알기 때문에 우리는 환자에 대해 관심을 가져야 한다. 어디서 난 간식인지 모르고 맛있게 먹었다면 간식을 준 사람의 마음이 전달되지 않는다. 누가 어떻게 준 것인지 사소한 것이라도 우리는 기억할 필요가 있다. 주는 사람이 좋은 마음으로 한 행위는 같이 느끼고 표현을 해줘야겠다.

환자가 지나치듯 얘기하는 것들이나 대수롭지 않을 수 있는 사소한 표현들이 우리에게 보내는 무언의 메시지이다. 이런 메시지를 놓치지 않고 세심하게 받아줄 필요가 있다. 기억하고 표현하면 더없이 좋을 것이다. 별것이 아니더라도 말이다. 별것 아닌 것 같지만 이런 소소한 것들로 환자에게 오고 싶은 병원이 되는 것이다. 이런 마음을 주고받을 수 있는 병·의원이라면 운영은 쉽게 이루어질 수 있으리라 본다.

# 03 환자에게 필요한 것을 센스 있게 캐치하라

상담을 받고 치료의 필요성을 느낀 환자분이 당장 그날부터 치료를 받고 싶어 하셨다. 그날은 상담시간이 애매하게 끝나 점심식사를 하고 다시 와야 하는 상황이 되었다. 집으로 돌아갔다가 다시 돌아오기에는 거리도 멀었다.

"오늘부터 치료를 받고 싶은데요. 가능할까요?"

"음, 그럼 점심시간이 되었으니까 식사하시고 오후 진료시간에 다시 오시겠어요?"

"네, 그렇게 할게요. 그럼 식사 후에 칫솔을 하나 사와야겠네요."

마침 며칠 전에 칫솔을 바꿀까 해서 새로 가지고 온 내 칫솔이 서랍에 있었다.

"괜찮으시다면 제가 가지고 온 걸 드릴게요. 양치질하실 수 있도록 치약도 같이 챙겨드리는 센스~! 잊지 않겠습니다."

"어머! 정말요? 감사합니다."

"그러니 마음 놓고 맛있는 걸로 드시고 오세요."

"네. 이따 뵙겠습니다."

내가 베푼 호의에 환자분은 기분 좋게 맛있는 식사를 하러 가셨다.

PART 2

# 브랜딩 : 환자를 끌어모으는 병원을 만들어라

CHAPTER 01

# 원장의 이름으로 된 스토리를 만들어라

만약 누군가에 대해 알고 싶다면,

그의 마음 가장 깊숙한 곳에 있는 진짜 스토리가 무엇인지 물어보라.

우리 인간은 결국 하나의 스토리이기 때문이다.

- 올리버 색스(미국의 뇌신경학자)

## ✚ 병원의 충성 고객을 만드는 첫 단추! 원장의 이름을 알려라

『육일약국 갑시다』라는 책을 읽어본 적이 있다. 오래 전 일이다. 처음 출간되었을 때 나는 서점에서 책 제목을 보고 이런 생각이 들었다. '약국을 홍보하는 책인가? 큰 기업도 아닌 동네 약국의 이름을 책 제목으로 썼네!'라는 생각이 들며 작가의 생각과 의도가 궁금해졌다. 단순히 요약하면 육일약국과 자신을 알리는 글이었다. 하지만 그 글 속에는 저자가 약국을 운영하면서 열악한 상황을 극복하기 위해 했던 고전적인 마케팅 전략이 고스란히 담겨져 있다. 운영에 도움이 되는 내용이 많았고 더불어 그의 인생관을 느끼고 배울 수 있는 책이었다. 글쓴이는 육일약국의 주인 김성오 약사다.

김성오 약사는 서울대 약대를 졸업하고 집안 형편이 안 좋아 빚을 내어 마산 변두리에 5평도 안 되는 작은 약국을 개업한다. 약국도 결국 판매가 잘되어야 운영과 유지가 가능한 일이라 전국의 유명 약국을 돌아다니며 운영 노하우를 배우기 시작한다. 그리고는 운영을 잘하기 위한 그만의 전략을 발휘하게 된다. 자신의 약국을 그 지역의 랜드마크로 만들기 위해 기발한 시도를 한다. 택시를 타면 무조건 "육일약국으로 갑시다."라고 말했던 것이다. 처음에는 아무것도 모르는 택시기사들은 거기가 어디냐고 묻기 시작했다. 그러기를 3여 년의 시간을 보냈단다.

김성오 약사의 시도는 끊임없이 진행되었다. 처음에 육일약국을 전혀 모르던 택시기사들도 1년 6개월 정도의 시간이 흘렀을 즈음에는 직접 "육일약국 모르면 간첩"이라는 말을 할 정도였다고 한다. 그의 노력이 빛을 발하는 순간이었다. 내 · 외부 조명을 엄청나게 밝게 하여 지나가는 사람뿐만 아니라 먼 거리에서도 밝은 불빛을 보고 약국이 있음을 알게 했다고 한다.

약국을 찾는 손님이 오면 적은 비용의 약을 사러 왔더라도 드링크 한 병을 서비스하며 의자에 앉았다 가도록 했다. 그러는 동안 조금씩 손님들과 친해지게 되었다. 사소한 일부터 가족 이야기나 진학 상담 같은 개인적인 이야기를 들어주고 상담도 해주는 사이가 되었다고 한다. 손님을 늘리기 위한 끊임없는 노력의 결과를 만들어낸 것이다. 순수한 의도로 시작했던 시도와 관심이 약을 사러 오는 사람들에게는 인간적인 면모로 느껴졌을 것이다. 그가 말하는 성공의 비결은 적극적인 자세와 지속적인 실천이었다. 이 방법을 통해 경남권 최대의 기업형 약국을 만들어냈다는 것이다. 책을 출간함으로써 자연스럽게 약국을 알리고 세련되게 홍보하는 결과를 낳았다. 김성오 약사의 경영 마인드를 알게 되었다.

그의 글에는 인생의 스토리가 고스란히 담겨져 있다. 마산, 창원에 사는 사람이라면 한 번쯤 그 약국을 이용해보지 않았겠는가! 또는 그 방면으로 가는 길에 있거나 이러한 내용을 아는 사람이라면 같은 이유로 들러보지 않았을까 싶다. 시간이 많이 흐른 지금은 예전의 모습이 퇴색되었겠지만 약국 경영의 주춧돌이 된 배경은 여기저기 묻어 있을 것이다.

우리나라 서바이벌 음악 오디션의 시초 격인 〈슈퍼스타 K〉라는 프로그램이 있다. 2010년에 한 케이블 방송국에서 시작된 공개 오디션 프로그램이고 그 당시 케이블 방송에서 두 자리 수의 높은 시청률을 자랑했다. 키 작고 볼품없이 생긴 한 남성이 오디션장에 나왔다. 오디션에 출전한 사람들은 나름 외모도 준수하고 음악에 관련된 스펙들을 대부분 가지고 있었다. 그러나 이 남자는 그다지 내세울 만한 것이 없어 보였다. 그는 자기소개를 했다. 중학교를 중퇴한 환풍기 수리공이라고 했다. 심사위원은 큰 기대 없이 준비한 것을 보여달라고 주문을 했다.

잠시 정적이 흐른 후 그가 노래를 시작하자 외모와 다르게 너무나 곱고 아름다운 목소리가 흘러나왔다. 한 번에 청중들의 귀를 사로잡았다. 듣는 순간 소름이 끼칠 정도였다. 맑고 청아한 음색이 심사위원들의 눈빛을 흔들리게 했던 것이다. 여러 단계의 경쟁을 뚫고 결국 이 환풍기 수리공은 마지막 단계에 존 박이라는 미국 노스웨스턴대학 출신의 막강한 경쟁자와 겨루게 되었다. 경쟁자는 잘생기고 공부 잘하고 노래 잘 부르는 일명 엄친아(엄마 친구의 아들)였다. 그런데 그는 이 경쟁자를 누르고 최종의 승자가 되는 영예를 안았다. 134만 : 1의 경쟁률을 뚫고 1등을 하는 순간이었다. 그의 스토리는 곧 전국 방송을 타게 되었고 10년 가까이 탄탄한 가수 생활을 하고 있다. 끊임없이 창법을 발전시켜 나오는 앨범마다 특색이 있다. 그의 이름은 '허각'이다. 가수로 거듭나기 위한 긴 여정의 스토리가 그를 기억하게 하는 효과가 있었다. 더 인간적으로 느껴지고 그를 멋있어 보이게 하는 감동이 있었던 것이다.

가수 허각은 '노래'라는 매개체로 자신의 스토리를 만들어냈다. 세상에 노래 잘 부르는 사람은 너무도 많다. 많고 많은 사람들 중에 자신의 장점을 세상 밖으로 잘 표현한 사례라는 생각이 들었다. 나는 그때 당시 매주 방영되는 이 프로그램을 시청하기 위해 주말이면 밤늦게까지 텔레비전 앞을 떠나지 못했었다. 예선전부터 그 모습을 지켜보았던 나는 그의 노래를 들을 때마다 알 수 없는 전율을 느꼈다.

그의 노래는 사람의 마음을 움직였다. 노래도 잘했지만 그를 더 빛나게 해주었던 요인은 전직 환풍기 수리공이었다는 것, 음악 공부를 제대로 해본 적이 없다는 것, 환풍기 수리를 하면서 짬짬이 노래를 부르며 실력을 다져왔다는 것이었다. 그는 재능을 숨기지 못해 세상 밖으로 나왔다. 자신의 스토리를 가지고 말이다. 그 이후로 저마다의 사연을 가지고 나와 자신의 스토리를 노래로 알리는 비슷한 많은 서바이벌 오디션 프로그램이 우후죽순 생겨났다.

그는 목소리로 자신의 스토리를 만들어냈다. 지금은 잘 알려진 대중가수가 되어 폭넓은 매니아층을 확보하고 있다. 가수가 되어 충성 고객을 만들어낸 것이다.

### ✚ 드러내야 눈에 띄고 알아준다

인스타그램, 페이스북 같은 SNS나 개인 블로그 등에서 자신을 알리는 사람들이 많다. 자기를 드러내는 일을 주저하지 않는다. 잘난 사람이라기보다는 자신을 노출하는 것이 자연스러운 모습들이다. 우리는 모두 자신의 인생에 있어서 주인공이지만 그중 특정한 누군가는 대중에 의해 눈에 띄게 되고 기억에 남는 이미지를 만들게 된다. 그만의 생각이나 스토리를 느낄 수 있게 하는 전달력이 좋은 사람들인 것이다. 자신을 드러내고 소통함으로써 그들의 추종자는 늘어나게 된다.

직업에는 귀천이 없지만 사람의 생명을 다루는 직업은 무엇보다 존엄

한 일이라고 생각한다. 그런 직업을 가진 의사가 자신의 생활을 드러내며 인간적인 모습이 보이고 사람들과 소통을 하게 된다면 어떨까? 그런 모습을 공유함으로써 환자나 일반인에게 더 친근하게 다가갈 수 있을 것이다. 사람에 따라 자신이 공개된다는 것은 매우 조심스럽고 어려운 일이다. 나도 마찬가지였다. 나를 공개한다는 것이 두렵기도 했고 많은 용기가 필요했다.

하지만 병 · 의원 관계자들과 후배들에게 도움이 될 수 있다는 생각으로 하나씩 시작하다 보니 지금까지 올 수 있었던 것 같다. 내 생각에 동의하는 분이 있다면 병원을 위해, 환자를 위해 자신의 스토리를 만들어 보는 것은 어떨까? 『육일약국 갑시다』의 김성오 약사처럼 말이다. 김 약사는 책으로 광고 효과를 냈지만 더 중요한 것은 약사 본인의 직업에 따른 인생스토리를 느끼게 해주었다는 것이다. 김성오 약사는 약국을 배경으로 글을 썼지만 그의 스토리를 통해 경영 철학을 느낄 수 있게 해준 책이었다.

몇 년 전까지만 해도 보통 의사 출신 작가들이 낸 책들은 의료적인 내용에 관한 '건강' 이야기가 주류를 이룬 형태가 많았다고 한다. 하지만 요즘은 경제, 심리, 문화, 예술 등의 여러 방면에서 의사들이 가지고 있는 지식이나 생활에 관한 이야기를 엮어내는 경우가 많다고 한다. 대부분 책으로 말이다. 시골의사로 알려진 외과의사 박경철 씨, 지금은 정치인의 행보를 걷고 있는 서울대 의대 출신인 안철수 씨, 정신과 의사로 알려져 있지만 자신의 취미 생활인 오페라를 주제로 글을 쓴 박종호 씨 등이 모두 의사 출신이다. 모두 그들의 스토리를 책으로 풀어낸 경우라 하겠다.

### ✚ 원장의 이름으로 만들 수 있는 스토리는 다양하다

가까이에서 지켜본 의사들의 생활은 그다지 한가하지 않은 듯하다. 환자들을 진료하느라 하루의 긴 시간을 보낸다. 어느 정도 운영이 안정적이다 싶으면 어김없이 직원들 문제가 생기게 된다. 그것은 직원의 수가 많고 적음에 의해 결정되는 것이라기보다 직원 관리에 있어서 불가피하게 발생되는 문제들이다. 가족이 있는 가장이라면 가정을 돌보기 위해 또 다른 시간을 할애해야 한다. 게다가 직접 경영을 해야 하는 경우라면 시간을 쪼개어 작업을 한다는 것은 여간 어려운 일이 아니다. 더욱더 바쁜 생활의 연속일 것이다.

환자와 소통하고 자신의 병 · 의원 철학을 대중에게 알리는 것을 목적으로 한다면 또한 책 쓰기가 필요하다는 생각이 든다. 그런 의도로 책을 쓴다면 병 · 의원 관계자들과의 관계는 더 좋아질 수 있다는 생각이 든다. 책을 쓰기 위한 과정에서 더 많은 공부를 하게 되고, 또 다른 자신의 모습을 발견하게 된다. 좋은 책을 만들기 위한 관련 서적도 더 많이 읽게 된다. 꼭 책이 아니어도 좋다. 자신만의 스토리를 만드는 것이다.

의사라면 전문서나 건강, 의료지식에 대한 책이 전문 서적으로 좋을 수 있다. 또는 직업은 의사지만 다른 면으로 개인적인 활동을 표현해도 좋을 것 같다. 자신의 취미 생활을 기록한 내용을 책으로 펴낸 박종호 의사처럼 말이다. 어느 치과의사는 낮에는 진료를 하고 밤에는 폴댄스 강사 생활을 하고 있다. 어느 의사는 진료 후 밤에 일식집을 운영하며 주방에서 요리사가 되어 음식을 만들어낼 정도로 요리 솜씨가 좋았다. 어느 한의사는 자동차에 관심이 많아 자동차를 종류별로 모으는 취미를 가진 경우도 있었다.

이러한 자신의 다양한 활동들을 주변 사람들에게 자신의 스토리로 만들어 표현해보자. 내원하는 환자들에게 우리가 알고 있던 진료만 하는 병원 의사라는 조금은 딱딱한 모습에 외에도 더욱 인간적인 면과 매력을 틀림없이 느끼게 될 것이다. 우리 병 · 의원의 충성 환자는 계속해서 늘어나지 않을까 싶다.

# 04 원장님도 설거지할 정도로 돈독히 지내라

우리 한의원에서는 식사를 하루에 2번 한다. 점심시간은 정해져 있지만 저녁시간은 개인적으로 식사하고 난 후 각자 설거지를 한다. 그날은 나와 원장님을 포함해 몇 명이 같이 식사를 하게 되었다. 식사가 다 끝나갈 때쯤 장난기가 발동했다. 다 같이 먹었으니 설거지는 한 사람에게 몰아서 하자고 제안했다. 설거지를 할 술래는 가위바위보로 정하기로 했다. 원장님이 빠지면 재미없으니 같이 하기로 했다. 처음에는 웃으면서 가볍게 시작했던 것 같았다. 막상 가위바위보를 하려고 하니 짧은 시간이지만 긴장감이 흘렀다.

"자! 해봅시다. 안 내면 술래, 가위, 바위, 보!"

모두가 바위를 낸 가운데 단 한 명만이 가위를 냈다. 누가 술래가 되었을 것 같은가? 그렇다. 원장님이 술래가 되었다. 원장님은 조용히 일어나 하얀 가운을 벗고 양손에 핑크색 고무장갑을 나란히 끼웠다. 그리고는 여러 개의 식판을 조용히 싱크대로 가지고 가셨다. 그리곤 헛기침과 함께 묵묵히 설거지를 하시기 시작했다. 그 모습이 웃겨서 설거지하는 원장님의 모습을 담은 사진을 기념으로 찍어두었다.

"원장님 여기 보세요. 찰칵!"

CHAPTER 02

# 우리 병원에 맞는 마케팅은 따로 있다

다리를 움직이지 않고는 아무리 좁은 도랑도 건널 수 없다.
소원과 목적은 있으나 노력이 뒤따르지 않으면 어떤 좋은 환경도 소용이 없다.
- 알랭(프랑스의 시인)

## ✚ 환자에게 맞는 눈높이 마케팅을 시도하라

일본계 이탈리안 셰프가 프랜차이즈로 운영하는 이탈리안 레스토랑을 간 적이 있었다. 샐러드, 피자, 파스타, 리소토 등 다양한 메뉴가 있었다. 대기를 한 후 자리에 앉아 메뉴판을 훑어보았다. 세계피자대회에서 최우수상을 받았다는 피자가 있었다. 식당의 대표 피자인 이 피자를 맛보기로 했다. 반대편에는 파스타 메뉴가 있었다. 해산물 파스타도 맛보고 싶었다. 그런데 주문받는 직원의 말이 파스타에 안초비멸치 소스가 들어간단다. 그리고 먹어본 사람들이 짜다는 이야기를 한다고 했다. 어느 정도를 짜다고 평가하는지 감이 안 와서 짠맛을 조절할 수 있는지 물었다. 조절이 안 된다고 했다. 그리고는 파스타를 주문할 의향이 있는지 다시 물어보는 것이 아닌가? 약간 당황했다. 머뭇거리다 일단 피자만 먼저 주문했다. SNS에 올라온 후기는 대체적으로 짜다는 의견이었다. 하지만 나에게는 적당히 짰고 부드러운 치즈 맛도 좋았다. 그 나라의 특색에 맞게 만들어져 나왔으니 현지의 맛에 따라갈 필요가 있기는 했다.

하지만 식당 이용자들이 계속 짜다고 평가한다면 한국인의 입맛에 맞게 조절할 필요도 있지 않았을까 하는 조심스러운 생각이 들었다. 사람들의 입맛에 따라 맛 평가는 다양할 수밖에 없다. 유명한 셰프의 입장에서 그 맛을 고수하고자 하는 자존심과 자신감은 당연히 있었으리라. 경영할 장소와 맛볼 사람들이 다르다면 현지 사람들(한국인)에게 맞는 눈높이 마케팅이 필요할 수도 있겠다는 생각이 들었다.

요즘 핸드폰을 많이 봐서 그런지 목이 아프다. 병 · 의원을 한번 가봐야겠다는 생각이 들어 어느 병 · 의원을 가야 하나 생각 중이다. 여러분은 병 · 의원을 가기 전 제일 먼저 어떤 행동을 취하는가? 컴퓨터나 모바일로 인터넷 검색을 먼저 한다. 내가 사는 지역을 중심으로 주변을 검색한다. 다음으로는 사람들이 많이 방문할 법한 즉, 인지도가 높을 것이라고 예상되는 곳을 검색하게 된다. 인지도가 높을 것 같다는 것은 치료 형태, 시설, 의료 서비스 등의 여러 가지를 포함한다.

검색해보니 병 · 의원에 대한 여러 개의 자료가 나왔다. 병 · 의원에 관련된 홈페이지나 블로그들이 나열된다. 하나씩 클릭을 해본다. 이럴 때 홍보하는 홈페이지나 블로그의 역할이 환자를 내원하게 만드는 첫 관문이 되겠다. 환자들이 우리 병 · 의원에 오기 전에 인터넷상으로 병 · 의원에 대한 정보, 치료에 대한 정보를 이미 얻고 오기 때문이다. 환자가 검색한 '목 치료'에 대한 검색 결과는 치료가 전문적이고 환자로 하여금 내원하고 싶은 마음이 들도록 해야 한다. 또한 의료진이 인간미까지 갖추고 있다면 더 좋을 것이다. 환자를 위한 의료 철학이라고 할까?

상담을 하다 보면 "이 한의원 홈페이지를 보니 ㅇㅇ내용이 있던데 내가 치료를 받게 되면 똑같은 치료를 하게 되느냐?", "한의원 블로그를 보니 ㅇㅇ치료가 있던데 어떤 환자들에게 적용하는 것이냐?"라는 질문을 종종 듣는다. 이 말은 환자들이 우리 병 · 의원에 대해 먼저 학습을 하고 내원한다는 뜻이다. 홈페이지나 블로그의 내용을 환자가 읽고 이해하기 쉽게 풀어놓아야 하는 것은 기본이다. 또 환자들이 글을 읽고 치료를 받아보고자 하는 마음이 들도록 안내해야 한다. 환자의 눈높이에 맞춰 병 · 의원 마케팅 방안을 세워야 할 것이다.

### ✚ 우리 병원에 접목시킬 수 있는 벤치마킹을 도입하라

삶에는 시대 흐름에 따른 유행이 있기 마련이다. 미용, 의류, 음식, 생활 습관, 교육 등 생활의 모든 것들이 유행을 지니게 된다. 트렌드라고 하는데 의료업계도 마찬가지다. 옛날에는 치료하는 의사가 학벌이 좋고 치료를 잘하면 비록 환자에게 대하는 말투가 차가워도 '의사 말투가 원래 그런가 보다.'라고 생각하고 크게 반감이 없었다. 그때는 그러려니 했다. 내가 어렸을 때 겪었던 경험들도 마찬가지였다. 머릿속에 떠올렸던 의사는 '차갑다, 무섭다, 하지만 잘 치료한다는 소문이 났다.' 이 정도였다. 의사가 존재하는 목적이 치료 개선에 치중되어 있다 보니 부수적으로 따르는 의료 서비스라는 개념이 별로 없던 시절이었다. 나머지 의료진은 기계적이고 업무적인 일 처리에 불과한 느낌이었으니까 말이다.

시간이 흐르고 점차 생활, 의식, 문화 수준이 높아짐에 따라 의료의 전문성은 기본이고 서비스라는 개념이 발달하게 되었다. 병 · 의원 내의 역할이 구체화되고 세분화되기 시작했다. 의사, 간호사, 물리치료사 등의 전문 의료인 외에 서비스 영역이 공존하기 시작했다. 병원의 매니저라고 할 수 있는 '병원코디네이터'라는 직업이 생긴 것도 그 이유이다. 병원을 관리하면서 환자들의 의료 서비스 욕구를 충족시키기 위해 병원에서 해야 할 일을 기획, 관리, 개선하는 업무를 맡는 것이다.

병원코디네이터라는 말은 선진국에서 시작되었다. 미국의 병원 사례를 벤치마킹하여 우리나라에서는 치과에서 제일 먼저 병원코디네이터의 도입이 이루어졌다고 한다. 그러다가 메디컬센터 형태로 병원의 규모가 커지고 기업화되면서 이에 따른 의료 서비스의 인식이 확대되고 있는 것이다. 이후 국내 경제가 나빠지면서 병 · 의원 운영에도 어려움이 생기고 있다. 경쟁력 강화를 위한 차원에서 병 · 의원에서는 병원코디네이터의 역할이 중요시되고 있다. 시대 흐름에 발맞춰 의료 서비스 부분을 마케팅과 접목시켜야 할 것이다.

초밥하면 일본을 떠올리기 마련이다. 일본에서 초밥을 배우고 20년 동안 초밥집을 운영한 사장이 있었다. 초밥집에서 판매되는 메뉴 중 대하장 초밥이 손님들에게 잘 알려져 있었는데 그만의 노하우가 있었다. 싱싱한 대하를 얻기 위해 수산시장에 가서 일일이 대하를 한 마리씩 고른다. 그런데 눈으로만 보는 것이 아니라 손으로 직접 만져보기까지 했다. 그리고는 자신만의 비법으로 대하장을 만들고 초밥이 완성되는 과정을 공개했다.

초밥을 만든다는 것 자체가 자신만의 정교한 기술을 요하는 일이긴 하다. 하지만 만드는 법을 알려줘도 도전해볼 엄두가 쉽게 나지 않았다. 오랜 시간 섬세한 조리법과 끊임없는 정성이 들어가는 과정을 엿볼 수 있었다. 재료 하나도 헛되이 쓰지 않았다. 음식이 완성되어 접시에 담겨 손님의 식탁으로 나가는 마지막 시점까지 아무나 할 수 없는 것이라는 느낌이 들었다. 한 명의 손님에게 최고의 맛을 전달하기 위해 많은 시간과 노력을 들였다. 대하를 담아내고 우려낸 양념장은 미련 없이 버리기도 했다. 대하장 초밥을 먹는 손님의 모습을 보았다. 가히 표정만으로도 그

맛의 깊이를 짐작할 만했다. 식사 후 손님들이 음식의 값을 지불하고 돌아갈 때 사장이 손님에게 "감사하다."라고 하는 것이 아니라 손님이 사장에게 "감사하다."는 말을 남기고 떠나는 모습을 보았다.

마지막 인터뷰에서 사장의 말이 기억에 남았다. 스시를 배울 때는 1세대, 2세대 스승에게서 배워왔단다. 시간이 지나다 보니 스승의 방법이 고전적인 정통성이 있지만 현 시대에는 다른 뭔가가 더 필요하다는 것을 느꼈다고 한다. 계속 연구하여 1, 2세대에서 배운 노하우에 자신만의 노하우를 접목시켜 새로운 음식을 개발시킨다고 했다. 벤치마킹의 전형적인 예라고 할 수 있다. 진정한 프로의 모습을 느꼈다. 정통성을 지켜가며 시대의 흐름에 맞춰진 손님의 입맛을 사로잡는 프로다움이 그의 마케팅 방법이었던 것이다.

○○병원 대표 원장의 이야기다. 정형외과를 운영하고 있는 김 원장은 진료나 수술 일정에 치이면서도 미소 띤 얼굴과 눈웃음으로 환자를 대하기 위해 노력한다고 한다. 환자의 이야기를 끝까지 들어주고 그에 대한 답변과 의학지식을 환자들이 최대한 알기 쉽게 설명해준다. 얼굴과 말투에 짜증이 가득했던 환자나 막무가내의 대화를 하는 환자도 김 원장 앞에서는 마음이 풀린다고 한다. 김 원장은 환자와의 만남은 단순한 진료 행위가 아니라 정서적 교감을 위한 대화라고 했다. 그리고 그가 가진 병

원 운영의 강점을 말했다. 환자의 몸 상태와 사회적 · 경제적 · 심리적 상황을 고려해 필요한 치료만 실시하는 '맞춤 진료'를 한다는 것이다. 수술을 해야 하는 상황이지만 직장생활이나 개인적인 이유로 당장 치료가 어려운 환자라면 주사 치료 등의 보존 치료를 대안으로 제시한다. 대신 치료 시기를 놓치지 않도록 꾸준히 의사소통을 해서 환자의 상태를 예의주시한다고 한다. 경제적 부담이 있을 때는 비용의 부담을 덜 수 있는 차선책을 권하기도 한단다. 그리고 그는 병원 내 구성원이 환자를 따뜻하게 대하기 위한 노력이 필요하다고 말했다. 마지막으로 그는 최고의 마케팅은 '환자가 병원을 신뢰할 수 있게 하는 것'이라고 밝혔다.

김 원장에게서 환자들은 인간미를 느꼈던 것이다. 원장은 환자의 입장에서 환자가 처한 사회적, 경제적, 심리적 상태를 이해하기 위해 노력했다. 그리고 그것이 얼굴 표정으로 자연스럽게 표현되었던 것이다. 자칫 거리감이 생길 수 있는 의사와 환자의 관계에서 환자에게 더욱 다가가려는 노력으로 환자의 입장을 헤아리는 것이 그에게 최고의 마케팅이 되었던 것이다.

우리 병 · 의원을 살펴보자. 우리 병 · 의원이 가지고 있는 진료 항목의 특색을 살려서 환자에게 다가갈 수 있는 방법을 강구해보자. 진정으로 환자에게 다가가기 위한 노력! 우리의 진심을 담아 환자의 눈높이에 맞게 치료한다면 우리 병 · 의원에 맞는 마케팅이 되지 않을까 한다.

# 05 직원들과 호흡하는 법

직원들을 관리하는 스타일은 여러 형태로 나뉘는 것 같다. 나폴레옹처럼 작은 체구를 가지고 있지만 구성원에게 나아갈 방향을 제시하고 마음을 움직이게 하는 카리스마적인 스타일, 우리나라 축구 감독이었던 히딩크처럼 구성원들에게 비전을 제시하고 부하들로 하여금 충성과 신뢰, 존경 등의 감정을 일으켜 태도와 가치관의 변화를 꾀해서 결정적으로 성과를 이끌어내는 변혁형의 스타일, 방송인 유재석처럼 자신을 낮추어 구성원들이 가진 문제를 해결해주고 구성원 각자가 가진 역량을 최대한 이끌어 능력을 갖추게 하는 서번트 스타일이 있다고 한다.

나는 어떤 스타일일까? 조직생활에 있어 규칙과 규율은 필요할 수밖에 없다. 규칙이나 규율은 나 혼자 만들어 지켜나가는 것이 아니다. 우리 전체가 지키는 것이다. 그래서 직원들이 지켜야 할 규칙이나 규율을 각자 적어보기로 했다. 출근 시간 지키기, 쓰고 난 물건은 항상 제자리에 두기, 핸드폰은 점심시간에만 사용하기 등 지켜야 할 것들을 한의원 전체의 규칙과 규율로 삼아 시행하고 있다. 외모나 복장도 마찬가지다. 직원들이 생각하는 부분은 어느 만큼인지 의견을 들어보았다. 그리고 직원들과의 절충안을 마련했다. 코디네이터의 교육이 필요함을 느끼는가 물었다. 나는 필요함을 느끼지만 정작 직원들이 느끼지 못하고 원치 않으면 '쇠귀에 경 읽기' 교육밖에 안 된다. 직원들이 자발적으로 할 의향이 있는지 물었더니 동의했다. 지금은 직원들이 말했던 대로 2주에 한 번씩 교육을 하고 있다.

지금의 리더십은 누군가가 이끌어가는 리더십과 따라오는 팔로우십이 따로 있는 것이 아니다. 같이 생각하고 각자 나름의 해석을 내려 그 속에서 해답을 함께 찾는 것이다. 나는 직원들에게 사회자, 진행자와 같은 역할을 하는 것이다. 원장님이 추구하고자 하는 방향을 직원들이 함께 느낄 수 있어야 한다. 그리고 그 속에 부족한 부분을 찾아 같이 해결해나가는 것이 진정으로 잘되는 병원이라고 생각한다.

CHAPTER 03

# 환자의, 환자를 위한, 환자에 의한 병원이 되라

나는 당신이 자랑스럽습니다.
당신이 할 일들과 이루어야 할 꿈, 그리고 결실을 거둘 그 날을 생각하십시오.
당신은 당신이 생각하는 것보다 훨씬 소중한 사람입니다.
- 귀스타브 플로베르(프랑스의 소설가)

## ✚ 환자가 중심이 되는 병 · 의원은 충성 고객이 될 수 있다

짜인 스케줄에 맞추어 매일매일을 움직이다 보면 정작 내가 아플 때 치료를 받으러 가기가 힘들다. 이번에 나는 치과 치료를 받기 위한 과정에서 몇 번의 불편함을 겪었다.

M치과에 상담을 받으러 갔다. 시내에 위치한 이 치과는 적어도 이 지역에서 유능한 의사가 진료한다고 정평이 나 있었다. 하지만 내가 그 치과의 일정에 맞추기가 어려운 상황이었다. 다행히 여름방학 동안 학생들을 위해 3일 정도 추가 진료일이 있었다. 그 기회를 잡아 며칠 전 예약을 하고 진료 상담을 받으러 갔다. 작은 어금니 안쪽으로 숨어 있는 충치

가 있었다. 작은 어금니 안쪽 치아가 기울어져 있어 충치 치료만으로는 쉽지 않은 상태였다. 충치를 치료하려면 치아교정을 해야 한다는 것이었다.

하지만 마음은 치아교정을 하지 않고 치료를 받고 싶었다. 첫째, 비용도 만만치 않았고 둘째, 교정하는 동안의 불편함을 잘 알고 있었기 때문이다. 치아교정을 하지 않고 충치를 치료할 수 있는 병원을 찾고자 했으나 불가능했다. 그래서 어느 정도 교정은 필요하다는 것을 인식하고 소개받은 M치과를 가게 된 것이다. 오전 10시에 예약이 되어 있었기 때문에 아침 일찍 서둘러 준비했다.

진료 상담을 받고 난 후 다른 일과가 계획되어 있었기에 상담하고 서둘러 나오려고 했다. 원장 상담 후 정밀검사가 필요하다고 했다. 어렵게 시간을 내고 갔으니 간 김에 할 수 있는 것은 당일에 다 하고 올 참이었다. 진료 받기 전에 엑스레이는 벌써 찍은 상태였고 정밀 검사라며 턱관절, 얼굴 안면, 옆면 등 여러 컷의 사진과 함께 치아 본뜨기까지 했다.

이런 검사는 사진을 찍는 사람에게는 신속하고 정확하게 찍는 요령이 필요해 보였다. 그리고 찍히는 사람은 입을 크게 벌리기도 하고 입 안으로 들어오는 둔탁한 기계의 누름 때문에 어느 정도의 불편은 감수해야 했다. 필요한 검사라니 좀 어색하고 불편했지만 지시대로 따랐다. 드디어 검사가 끝났다. 나도 모르게 한숨이 나왔다. 나에겐 검사 과정이 힘들었다. 두 번 검사할 것은 아니라고 생각했다. 결과는 1주일 뒤에 나온다고 말했다. 또 한 주를 기다려야 했다. 당일에 결과를 확인할 수 없다는 아쉬움을 뒤로 한 채 다음 일정을 위해 바쁘게 나왔다.

치과에 내원하던 날 아침 기온은 이미 37도를 웃도는 날씨였다. 치과에서 검사하고 예약 날짜를 정하고 주차장으로 내려왔다. 실내 주차를 해놓았지만 차 안의 온도는 40도를 넘어서고 있었다. 너무 더운 날씨였다. 뉴스에서 연일 폭염주의보를 알리던 때였다. 시내의 도로는 아지랑이가 일렁거리고 있었다. 훅 들어오는 열기 속에 '오늘 같은 날은 자칫하면 사람들이 쉽게 불쾌감을 가질 수 있겠다!'라는 생각을 하며 한참을 걷고 있었다. 병원을 나온 지 20여 분쯤 지났을까? M치과에서 전화가 왔다.

"여보세요?"

"이미정 님이시죠?"

"네!"

"혹시 지금 어디세요? 다시 치과로 오실 수 있어요?"

다짜고짜 무슨 일인지 얘기는 없고, 다시 올 수 있냐고 먼저 물어봤다.

"무슨 일이에요?"

"아! 예, 아까 검사했던 자료가 저장되지 않은 상태에 뒤에 온 환자분을 검사하는 바람에 이미정 님 자료가 다 지워졌어요. 그래서 다시 찍어야 하는데 올 수 있을까요?"

갑자기 숨이 탁 막혔다. 한참 시내를 벗어나 다음 목적지에 거의 다다른 시점이었기에 그 말이 반갑게 들리지는 않았다. 검사 자료가 없으면 다음 주에 상담을 할 수 없다는 생각이 들어 일단 다시 돌아가겠다고는 말했다. 그러나 되돌아가는 동안 불쾌한 마음이 사라지지 않았다. 다음 일정에 차질이 생겼기 때문이다. 복잡한 시내를 겨우 빠져나왔는데 검사 내용이 저장되지 않아 다시 돌아가는 길은 더 덥고 짜증났다.

검사했던 치과로 다시 들어갔다. 아까 검사하던 직원이 아닌 다른 직원이 다시 검사를 했다. 조금 더 노련한 손놀림이 느껴졌다. 아무 말 없이 눈을 감고 그들의 지시에 따랐다. 이 더운 날 가던 길을 돌리고 나를 다시 되돌아오게 했다. 치과에 들어서니 형식적인 미안하다는 말, 그게 다였다. 적어도 나에겐 그렇게 비춰졌다. 뭔가를 바란 것은 아니지만 표정이 없고 감정이 없는 직원의 행동과 말투에 기분이 썩 좋지 않았다. 당연히 그럴 수 있다는 느낌이랄까? 재검사를 받고 나갈 동안 나는 아무 말도 하지 않았다. 내 표정은 굳어 있었다.

평소라면 '그럴 수도 있지!'라는 생각을 했을 수 있다. 하지만 소개받고 간 병원, 명성이 좋다고 알고 간 병원에서 구성원 한 명의 실수가 나의 마음을 닫았다. 결과가 이렇게 되고 나니 치과에서 있었던 일 중에서 별것 아니라고 느꼈던 몇 가지 일들이 새삼 떠올랐다. 처음에는 아랫니를 발치한 적이 없었는데 "발치를 해서 치아가 기울어졌네요."라며 단정적으로 얘기했다.

"아뇨! 발치한 적은 없는데요."

"왜 충치 치료를 안 했어요?"

"그래서 충치 치료하려고 여기에 왔어요. 그 얘기를 하려면 몇 년 전으로 거슬러 올라가야 하는데요…."

이야기를 시작하려니 "그건 중요한 얘기는 아니에요."라고 말하는 것이 아닌가? 나도 모르게 고개를 갸우뚱했다. '상대의 이야기를 잘라버리다니!' 그리고 노트북을 넣은 백팩을 메고 갔는데 그 직원이 내 가방을 옆자리로 옮기려고 들었다가 그만 툭 하고 떨어뜨린 것이다. 그 속에 내 소중한 노트북이 있다는 사실을 모르고 말이다. 가방에 들어 있는 것이 뭔지 모르니 그럴 수 있지만 차라리 옮겨달라고 요청했으면 더 좋았을 거라는 생각이 자꾸만 들었다.

그 치과에서 진료를 받는 동안 환자인 내가 중심이 되지 못하고 그들의 말과 행동에 중심이 되어 이끌려간 느낌이 들었다. 당연히 기분이 좋을 수가 없었다. 환자의 편에 서서 이야기하고 배려해주었다면 환자를 위한 병원이라는 인식이 들었을 텐데 정반대의 느낌을 받고 돌아왔다.

치료가 일회성으로 끝나기도 하고 몇 개월 정도 꾸준히 치료를 해야 하는 경우도 있는데 그럴 때는 예약이 필수다. 그것은 환자에게 약속된 시간에 진료를 하겠다는 확인이다. 또한 병 · 의원에서는 동 시간대에 환자가 몰리지 않아서 효율적인 진료를 할 수 있다는 장점이 있다.

### ✚ 환자의 눈으로, 생각으로, 마음으로 바라보자.

근무하는 한의원에 전화가 울렸다. 진료 예약시간을 변경하길 원하는 어느 환자의 전화였던 것 같다. 직장을 다니는 환자였는데 퇴근 후 멀리서 치료를 받으러 오는 사람이었다. 입사한 지 얼마 안 된 직원이 전화를 받았다. 아마도 환자가 많이 몰리는 시간에 진료 예약을 원했던 것 같았다. 그러더니 직원이 "그 시간은 안 돼요. 자리가 다 찼어요."라고 말했다. 전화 속에서 다른 시간을 물어본 것 같았다. "그 시간도 안 돼요." 라고 조금 전과 똑같이 말했다. 한 번 더 물어보는 것 같더니 마찬가지의 대답을 듣고 결국 예약을 못 하고 끊어버렸다.

통화를 끝낸 직원은 자신이 할 일에 충실했다고 생각하고 하던 일을 마저 하고 있었다. 당연히 예약 자리가 없으니 없다고 대답했는데 뭐가 더 할 말이 있겠는가! 하지만 똑같은 대답이라도 듣는 사람의 입장을 조금이라도 생각했다면 어땠을까? 직원이 이 환자가 멀리서 온다는 사실 하나만 알았더라면 조금은 더 공감하고 안타까운 마음을 표현할 수 있었을까? 이런 경우를 환자가 한 번만 더 겪는다면 그 다음은 불 보듯 훤하다. 제때 치료를 못 받게 되어 환불을 요청하게 될 것이다.

환자의 상황을 조금이라도 알려고 했거나 예약하기가 힘든 상황이라 다른 대안을 제시했다면 분명 환자를 위한 통화가 되었을 것이다. 통화를 하지 않은 내가 들어도 알 것 같았다. 시간이 겨우 되어서 예약을 하고 싶은 의지가 무너져버린 것을 말이다. 참 안타까웠다. 조금 더 환자의, 환자를 위한, 환자에 의한 병원이 되기 위한 노력이 필요할 것이다.

좋은 이미지를 가지고 간 병원도 진료 과정에서 직원이 한 작은 실수가 결국 병원 이미지를 망가뜨리고 환자를 위해 치료한다는 느낌을 갖지 못하게 한다. 몸이 아파서 온 환자가 고민 끝에 비용을 들여 치료를 시작했다. 그런데 시간이 갈수록 처음과 달리 자신이 원하는 시간에 제대로 예약도 못 하는 상황이었다. 과연 누구를 위한 진료인 것인가! 만약 그 환자가 무조건 자신이 원하는 시간에 예약해달라고 떼를 썼으면 분명 잘못된 것이다. 하지만 그 환자는 적어도 병원 상황을 맞추기 위한 시도는 했던 것이다. 과연 이것은 누구의, 누구를 위한, 누구에 의한 치료란 말인가? 조금 더 눈높이를 환자에게 맞춰 그들을 위한 병 · 의원이 되기 위해 노력을 해야 할 것이다.

CHAPTER 04

# 블로그 마케팅으로 병원의 강점을 알려라

적극적인 태도를 취한다고 해서 모든 문제가 해결되는 건 아니지만,

사람들이 문제를 풀기 위해 열심히 노력하도록 만들 수는 있다.

- 험 올브라이트(미국의 작가)

## ✚ 블로그 필수 요소! 직원, 환자들의 일상과 진료 방향!

홈페이지는 공식적으로 병원의 간판 역할을 하는 것이다. 카카오톡, 인스타그램, 페이스북 등에 프로필 사진을 올릴 때 자신을 대표해서 올리는 것처럼 말이다. 홈페이지는 문장이나 사진 선택에 있어서 내용이 점잖고 진지하다. 반면 블로그는 홈페이지보다 훨씬 부드럽게 스토리를 이끌어 갈 수 있는 특징이 있다. 블로그는 병원의 진료 방향을 뒷받침하면서 병원의 주 업무 외에도 정서적인 부분을 녹여낼 수 있는 곳이다. 환자가 내원함으로써 알게 되는 조금 더 친근한 관계를 스토리로 풀어낼 수도 있다.

한의원에서 근무하기 전까지 나는 블로그를 운영한 적이 없었다. 입사한 지 얼마 안 되어 한의원 블로그를 운영하게 되면서 마케팅에 대해 관심을 가지게 되었다. 너 나 할 것 없이 초창기에는 무엇을 어떻게 작성해야 할지 몰라 아무 생각이 떠오르지 않았다. 다만 생활 일기 쓰듯이 쓸 뿐이었다. 미국에서 처음 시작된 블로그는 일기나 칼럼, 기사 등을 형식에 구애받지 않고 웹상에 올리는 글이다.

이런 개인적인 성격을 가지고 있지만 어떤 대형 미디어에 견주어도 될 만큼 인터넷상에서 큰 힘을 발휘하기 때문에 '1인 미디어'라고 불리고 있다. 주변에 개인적으로 블로그를 운영하는 한 여성이 있는데 그녀는 단순히 자신의 블로그 운영만으로 웬만한 직장인의 월급 이상의 수익을 얻고 있었다. 개인 블로그가 마케팅으로 연결되었던 것이다. 처음에 가볍게 일상적인 글을 올리기가 제일 만만한 것이 맛집이고 또 일상이다. 처음에는 그렇게 시작했단다. 조금씩 방문자가 늘어나면서 마케팅을 하게 되었다. 업체의 요구사항을 포함하여 글을 쓰고 사진을 올리기 시작했단다. 그렇게 자유롭게 올리는 글은 개인 블로그로 운영된다. 블로그는 누구나 운영할 수 있지만 기업 운영을 위한 블로그라면 이야기가 달라진다. 병원 마케팅에 맞는 블로그는 형식이 아무리 자유롭다고 해도 병원의 콘셉트나 이미지에서 벗어나게 되면 그 역할을 제대로 못 한다. 병원 이미지, 진료 과목, 진료 풍경 스케치, 병원 직원들의 자유로운 일상을 접목시키는 것이다. 병원에서 운영하고자 하는 진료 방향이 블로그에 녹아 있어야 한다. 그것이 자연스럽게 병원 블로그의 질을 결정한다고 하겠다.

누군가는 블로그 마케팅에 대해서 말하기를 특정 단어를 검색창에 입력했을 때 노출만 잘되면 된다고 말하지만 나는 그게 전부는 아니라고 생각한다. 블로그 마케팅이 시작된 초창기에는 검색창에 검색어를 입력했을 때 검색 결과에 우선적으로 노출되게 하려는 노력이 제일 중요하다. 노출되지 않으면 마케팅이 되지 않아 의미가 없다. 또한 블로그에 글을 올리는 횟수가 조금씩 늘어나다 보면 '내용의 질'이 더 중요하다는 것을 알 수 있다.

검색 결과에 우리 병원이 노출되었다고 하자. 환자가 클릭해서 우리 병원 블로그의 글을 읽다 보면 블로그가 양질(좋은 바탕이나 품질)임을 알 수 있다. 재밌는 사실은 정작 진료를 잘하는 병원임에도 불구하고 블로그 운영을 소홀히 하거나 업데이트가 잘 안되면 오히려 좋지 못한 인상을 준다. 참 재미있는 사실이지 않은가! 그러니 병 · 의원 운영을 위해서 마케팅 관련 자료를 수시로 업데이트해야 한다.

또 내용이 충실하지 않고 노출만 잘 되도록 검색어에만 치중된 블로그라면 다음에 환자들이 더 이상 읽어보고 싶지 않게 된다. 우리 병원에 관심이 없다는 뜻이다. 내원하고자 하는 마음이 안 들게 된다. 블로그를 끊임없이 업데이트하는 노력은 여기서도 필요하다.

### ✚ 좋다고 말하기보단 좋은 것을 보여줘라

또 다른 이야기를 할까 한다. 자신의 가족을 소개할 때 "우리 가족은 화목합니다."라고 말하는 것보다 가족이 정겹게 이야기하는 모습을 보여주거나 서로 도와주는 모습을 통해 '화목'이라는 의미를 대신할 수 있다. 마찬가지로 '우리 병원은 전문화된 시스템을 갖춤과 동시에 환자들이 편히 치료를 받을 수 있는 공간입니다.'라고 글로 쓰는 것보다 병원에 새로 갖춘 의료기기를 환자에게 적용시키는 모습을 보여주는 것이다. 또 의료진과 환자의 유대 관계를 사진으로 나타내거나 병원 내의 에피소드 등을 블로그를 통해 보여준다. 그러면 환자들에게 신뢰의 이미지로 깊이 각인될 수 있다.

실제로 접수할 때 "저희 한의원을 어떻게 아시고 오셨어요?"라고 접수대에서 물어본다. 그러면 대부분 환자들은 "검색하고 왔어요."라고 답한다. 거의 대부분이다. 네이버, 다음, 구글 등 검색 엔진의 활용 순위가 다를 뿐이다. 검색을 하면 당연히 여러 곳의 병 · 의원이 소개되고 그 속에 홈페이지나 블로그, 카페 등이 열거되어 있다. 하나의 병 · 의원을 지정해서 홈페이지를 보고 나면 자연스럽게 그 병 · 의원에 관련된 다른 자료들을 찾게 된다.

그중에서 가장 많이 보는 1순위가 블로그인 것 같다. 블로그를 들여다보면 블로그를 운영하는 사람에 따라 차이가 있겠지만, 병원의 분위기, 시설, 병원장이 이끄는 진료 시스템, 방향 등을 자연스럽게 느낄 수가 있다. 병원과 관련된 블로그 중에는 병원장이 직접 개인 블로그를 운영하는 경우도 있다. 바쁜 스케줄을 빼서 병원장이 직접 운영하는 것이다. 병원에 근무해본 사람들은 알겠지만 병원장은 진료시간 동안 블로그를 할 만큼의 여유가 없다. 이렇게 병원장이 개인 블로그를 운영한다는 것은 따로 시간을 내서 작업을 했다는 뜻이다. 마케팅을 위한 블로그 운영이기보다 정말 개인적으로 블로그의 본질에 맞는 의미를 가지고 운영하는 것이다. 병원장의 개인적인 생활, 환자의 치료에 대한 자신의 견해, 진료 이야기, 병원의 운영 등에 대해 나열해놓은 이야기들을 볼 수 있다. 병원장은 물론 마음 깊은 곳에 자신의 개인 스토리를 통해서 의료 마케팅을 하고자 하는 의도를 가지고 있을 수도 있다. 그것을 읽어본 환자는 개인 블로그를 통해 그 병원에 대한 친밀함을 느끼고 한 번쯤 병원에 내원해 보고 싶은 마음이 들 수도 있는 것이다.

### ✚ 사실을 전달하기보다 스토리를 전달하라

단순한 광고 이야기를 할까 한다. "돈가스 가게 오픈했습니다. 한번 찾아오세요."라고 홍보하는 것보다 "전국의 돈가스를 10년 동안 돌아다니며 먹어본 사람이 자신의 이름으로 돈가스 가게를 오픈했습니다. 10년 맛의 노하우가 담겨 있습니다. 영원히 그 맛을 기억하게 해드리겠습니다."라고 홍보를 했다고 하자.

어떤 돈가스 가게를 가보고 싶은가? 자신의 스토리를 담아 풀어내면 훨씬 사람들에게 각인이 잘 되고 관심을 가지게 된다.

인터넷에서 책을 구매해도 되지만 나는 비용이 좀 더 들더라도 굳이 대형서점에 가서 책을 구매하려고 한다. 내가 읽고 싶은 분야의 책을 비치해놓은 곳에 가면 비슷한 종류, 비슷한 느낌들의 책들을 많이 접할 수 있다. 원하는 제목의 책을 집어 들었을 때 나는 저자의 프로필을 제일 먼저 읽는 편이다. 책을 만든 저자는 어떤 의도로 글을 썼을까 궁금하기 때문이다. 똑같은 부류의 책을 접했을 때 나는 저자의 스토리에 관심이 가는 쪽으로 책을 선택한다. 이런 사람이 나뿐만은 아닐 것이다.

앞에서 얘기한 돈가스 가게 오픈 이야기도 다를 바가 없다. 블로그 마케팅도 마찬가지다. 환자가 내 병원 블로그를 접했을 때 관심을 가질 수 있는 방안을 구상해야 한다. 병원 블로그를 보고 그 병원의 운영 마인드가 잘 녹아나려면 마케팅과 함께 병원 운영에 관한 이야기가 접목되어 나오도록 해야 한다.

환자에게 정성을 다하고 환자의 입장에서 생각하는 병원이라면 그 사실이 블로그에서도 느껴지도록 해보자.

내가 근무하는 곳은 체형교정 전문 한의원이다. 일반적으로 한의원하면 한약, 통증, 침 정도로 생각한다. 허리가 아프거나 무릎이 아프다고 가정하자. 통증 치료를 받기 위해 한약을 복용하기도 하고 침을 맞기도 한다. 침을 맞으면 통증이 완화된다. 하지만 그렇지 않은 경우도 있다. 이럴 때에는 단순한 통증 치료만 할 게 아니라 근본적인 원인을 찾아 치료할 필요가 있다. 그래서 체형에 문제가 없나 들여다봐야 한다. 허리가 아픈 이유는 목뼈부터 꼬리뼈까지 연결되는 척추골격근(힘줄을 통해서 뼈에 붙거나 뼈에 직접 붙어서 뼈의 움직임이나 힘을 만들어내는 근육, 근육은 수축만 할 수 있다. 뼈에 붙는 위치와 사이 관절과의 위치 관계에 따라 다양한 동작이 가능하고 수축하는 정도에 따라 다양한 강도의 힘을 낸다.)의 힘이 대칭적으로 발휘되어야 하는데 잘못된 자세나 습관, 업무 형태들로 인해 서서히 체형이 틀어지는 것이다.

그러면 한쪽으로 쏠리는 골격근들이 더 이상 버티지 못하고 통증을 유발하게 된다. 이것이 침 치료만으로 쉽게 개선된다면 침 치료를 지속해도 무방하겠다. 하지만 체형이 틀어진 상태에서 계속 침 치료만 한다면 호전에 한계가 있다. 그래서 체형교정을 통해 통증을 치료해야 한다. 이러한 내용들을 이야기로 녹여내야 한다.

블로그에 진료과목, 운영시간, 일상만을 서술하는 것이 아니라 환자들이 병원 블로그를 봤을 때 정성을 다하고 환자의 입장에서 생각하는 병원이라는 느낌을 받을 수 있도록 노력해야 한다. 블로그 마케팅을 통해 병원의 강점을 이야기 형식으로 풀어보자.

# 06 마니또 게임으로 직원 간 친목을 도모하라

새 직원이 입사하고, 연말이 되어가서 겸사겸사 마니또 게임을 하기로 했다. 마니또는 비밀친구라는 뜻의 이탈리아어이다. 이 게임은 제비뽑기를 통해 지정된 친구의 수호천사가 되어주는 것이다. A직원의 수호천사가 된 B직원이 A직원 몰래 보살펴주고 관심을 주는 것이다. 간식이나 선물을 A직원 자리에 가져다 놓기도 하고 또는 힘내라는 응원의 편지를 써놓기도 한다. 마니또로 활동하는 기간 동안은 A직원이 눈치 채지 못하도록 하는 것이 규칙이다. 그리고 마니또 게임이 끝나는 회식 날 전체 공개를 해서 마니또의 주인공이 누구인지 알아보기로 했다.

회식 장소에서 한 명씩 자신의 마니또를 공개했다. 누구일지 예상하지 못하고 지내다가 자신의 마니또가 누구였는지 알고 나면 그제야 전에 있었던 일들을 떠올리고 웃으며 즐거워했다. 재밌는 추억을 만들어가는 시간을 가졌던 것이다. 다른 직원에게 관심을 가지는 기회가 되었다. 게임을 하는 동안 동료나 상사에 대해서 생각해보는 계기와 좋은 추억을 만들어가는 뜻 깊은 시간이 되었다.

CHAPTER 05

# 우리 병원만의 강점을 홍보, 마케팅 하라

당신만 느끼지 못할 뿐 당신은 매우 특별한 사람입니다.

- 데스몬드 투투(남아프리카공화국의 대주교)

## ✚ 먼저 우리 병원의 차별화된 강점을 찾아보자

선선한 가을 어느 날 단체 워크샵 장소로 이동하는 차 안이었다. 문득 궁금증이 생겨서 원장님에게 질문을 한 적이 있었다. "원장님은 일반 한의원을 운영하다가 체형교정 전문 한의원을 운영하게 된 계기가 뭔가요?"라고 말이다. 전통 한의원을 운영하던 시절에 통증 환자가 많이 내원했다고 한다. 당시는 인터넷 검색으로 환자들이 오던 시절이 아니었다. 동네 한의원이었지만 소문을 듣고 많은 환자들이 내원을 했었단다. 진료시간 전에 줄을 서서 기다렸다가 진료를 받으러 올 정도로 운영이 잘되었다고 했다.

원장님은 전에 통증 환자를 치료하면서 아무리 최선의 방법으로 치료를 해도 유독 잘 낫지 않는 환자들이 있었다고 했다. '왜 그럴까?' 하는 의문이 들기 시작했단다. 알고 보니 체형이 틀어진 경우에는 통증 치료를 해도 근본적인 원인이 해결되지 않아서 치료에 한계가 있다는 것을 알게 되었다는 것이었다.

지금은 틀어진 체형을 통증의 원인 중 하나로 쉽게 추측하기도 하지만 예전에는 그런 사실을 환자 자신이 확인할 방법도 없었고 정보도 없었다. 그렇게 해서 체형교정 전문 한의원이 생겨나게 된 것이었다. 뜻을 같이한 원장님들이 경남 지역권에 포진되어 있어서 지방에서부터 네트워크 한의원이 운영되기 시작했다.

치료를 할 때 통증이 있는 환자들은 통증이 없는 상태로 돌아가기를 바란다. 체형이 틀어진 사람들은 체형이 틀어지기 전으로 돌아가기를 원한다. 사실 그것이 최고이자 최상의 치료 결과물이다. 그렇게 되기까지는 환자의 생활 습관과 직업에 따른 자세가 치료에 많은 영향을 준다.

예를 들어 사무실에서 오랫동안 앉아 일을 하는 직업군들은 주로 모니터를 보는 일을 많이 한다. 그러면 무의식중에 목을 앞으로 쭉 빼는 행동이 나온다. 물건을 옮기는 일을 많이 하는 사람들은 허리를 많이 쓴다. 서서 일을 오래하는 사람들은 한쪽 다리에 힘을 많이 싣고 서 있는 경우가 많다. 이렇듯 직업에 따라 일정한 행동 패턴들이 나오기 마련이다. 내가 근무하는 곳에서는 일반 한의원에서 하는 기본적인 진료뿐만 아니라 통증의 원인을 파악하여 근본적인 치료에 접근한다는 것이 강점이 된다.

사회가 발달하면서 자연 환경도 빠르게 변화하고 있다. 자연 환경뿐만 아니라 스트레스, 불규칙한 식습관, 생활 습관으로 인해 우리 몸속의 독소는 급격하게 증가하고 있다. 그러면 대개는 몸이 안 좋아져 한약을 먹어볼까 하고 내원한다. 직장생활에 쫓기고 위염 증상이 오랫동안 진행되고 있던 여성 환자는 제때 치료할 기회를 놓치고 있었다. 뒤늦게 건강 상태가 예사롭지 않다는 것을 감지하고 나서야 내원을 했다. 하지만 이런 환자들은 한약을 먹어도 좀처럼 회복이 쉽지 않다.

변비가 오래된 어느 환자는 어렸을 때부터 수십 년을 그렇게 살았다고 했다. 대변은 1주일에 한 번씩 보는 것인 줄 알았다고 할 정도니 말이다. 웃지 못할 이야기다. 그러던 중 변비가 몸속에 독소를 만드는 큰 원인이 된다는 사실을 뒤늦게 알게 되었다. 그 환자의 표현에 의하면 '몸이 견뎌내기가 힘든 느낌'을 받았다고 했다. 더 이상 방치해서는 안 된다는 것을 알고 내원하게 되었다.

과체중으로 스트레스를 받던 환자가 격한 다이어트로 체중이 15킬로그램 이상 줄었다 늘었다 하는 고무줄 체중을 몇 번씩 경험했다. 잦은 요요현상을 겪은 것인데, 이제는 나이가 들고 건강을 위해서 체중을 유지해야 했다. 그러나 체중 감량을 시도해도 쉽게 체중 조절이 안 되는 것이 고민이었다. 독소가 많아지다 보니 몸속 장기들이 제 기능을 할 수 있도록 도와주는 몸속 효소의 양이 줄어들고 있는 것이다. 스스로 회복할 수 있는 능력이 부족하다는 말이다.

이런 경우는 질병 치료를 위한 한약을 먹어도 쉽게 효과를 보기가 어렵다. 그래서 보조 처방과 병행해서 치료한다. 한약만 먹었을 때보다 훨씬 빠른 변화를 볼 수 있다. 이렇게 한약만 먹고 치료하던 형태에서 효소와 같은 보조제를 함께 먹으며 치료를 병행하는 것이 우리 한의원의 강점이 되는 것이다. 요즘은 한의원이라고 해도 각자 전문 분야를 특화시켜 치료하는 병 · 의원이 많다. 양방 의료 기관도 말할 필요가 없다. 치료 효과를 배가시킬 수 있는 장점이 있고 환자들에게 병 · 의원을 인식시키기 좋다.

이런 병 · 의원의 장점을 이용하여 홍보나 마케팅, 상담에 활용하는 것이다. 허리가 아픈 환자가 치료를 받으려고 '허리 치료 잘하는 병 · 의원'이라고 검색했다고 하자. 검색 결과에 나온 우리 병 · 의원의 강점을 잘 풀어낸다면 환자는 내원해보고 싶은 마음이 들 것이다.

1년에 한 번씩 국민건강보험공단에서 국민을 대상으로 의료검진 비용을 지원해주는 사업이 있다. 이 사업은 국가에서 지원해주는 것인 만큼 검사를 받는 수검자뿐 아니라 병 · 의원도 의료비 지원을 받을 수 있으니 서로 윈윈(win-win) 하는 셈이다. 만 40세 이상의 남녀는 암 검진 항목까지 영역이 확대되어 있으니 병 · 의원 운영 면에서 이점이 있다. 병원의 경우에는 의료시설이 거의 갖춰져 있어서 한 병원에서 수검자가 진료 과목별로 지정한 검진을 받기가 편리하다.

하지만 동네 의원이라면 어떤가? 한 가지 또는 두세 가지 정도만 검진할 수 있는 의원들이 많다. 수검자 입장에서는 웬만하면 가까운 의원에서 한꺼번에 검진받고 싶은 마음이 들 것이다. 여기저기 의원을 다니면서 검진을 받는 것은 너무 번거롭기 때문이다. 그런데 그것을 잘 활용한 동네 의원이 있었다. 수검자가 큰 병원에 가서 검진을 받아도 되지만 시설이 갖춰져 있다면 멀리 가지 않고 가까운 동네 의원에서 검진을 받고 싶을 수 있다. 그래서 이 의원은 이렇게 홍보를 하고 있었다. "우리 의원은 당일 예약하고 한 곳에서 모든 건강 검진을 받을 수 있습니다. 가까운 곳에서 검진 받으세요."라고 말이다.

일반 의원은 강점을 나타내기가 쉽지 않다. 동네에서 건강검진을 하고 있던 의원은 내원하는 이동 거리가 짧다는 점, 당일 예약하고 검진 받기가 용이하다는 점, 한 장소에서 검진이 가능하다는 점을 이용해 강점을 홍보했다.

### ✚ 차별화된 강점을 홍보, 마케팅하라

1~2년 전쯤 해외토픽에 난 이야기를 기억하고 있다. 치과 치료를 무서워하는 아이들을 위해 어느 치과에서 생각해낸 것이 있었다. 아이들이

동물을 좋아하는 것에 착안하여 반려동물을 치과 직원으로 채용한 것이다. 채용된 반려동물은 다름 아닌 충직하기로 이름난 '골든 리트리버'라는 견종이다. 마약 탐지견이나 앞을 못 보는 맹인들을 위해 길을 안내해주는 개이다. 이 골든 리트리버는 아이들이 치과에 오면 직접 마중을 간다. 동물이나 개를 좋아하는 아이들도 있지만 물론 개를 무서워하는 아이들도 있다. 처음엔 개를 무서워하던 아이들도 신사적인 개의 행동에 호기심이 생겨 먼저 다가가서 개를 쓰다듬으며 시간을 보낸다.

곧 개 직원과 친해진 아이들은 치료실에 들어갈 때도 같이 온 엄마는 뒷전이고 개와 같이 동행한다. 치료실에 누워 있는 동안은 치과에 온 아이들 같지 않았다. 치료를 받는 동안 개는 마치 주인을 모시는 충직한 집사처럼 옆에 앉아 있었다. 아이의 치료가 끝나면 에스코트해주는 모습이 소개되었다. 개 직원을 채용한 뒤로는 평소에 치과 치료를 좋아하지 않았던 아이들이 예약만 하고 내원하지 않는 노쇼(No Show) 현상이 많이 줄었다는 내용을 접한 적이 있었다. 개 직원이 그 동네의 명물이 되었다.

그 뉴스를 접했을 때는 '외국이니까 가능할 수 있겠지.'라는 생각이 들었다. 요즘은 우리나라에도 반려동물을 키우는 비율이 늘어나고 반려동물 시장이 기하급수적으로 증가하고 있는 추세다. 이대로라면 우리나라에도 이런 병 · 의원이 언젠가 생길 수도 있겠다는 기대를 조심스럽게 해본다.

치과 치료를 무서워하는 아이들을 위한 치과의 자구책, 반려동물의 채용이라는 생각이 획기적이었다. 예약을 취소하는 비율이 낮아졌으니 당연히 치과의 운영이 나아질 수밖에 없었을 것이다. 이 치과의 강점은 환자들의 치료에 대한 두려움을 친근감으로 바꿨다는 것이다. 어린이 환자의 마음을 사로잡아 확실한 브랜딩을 할 수 있었다.

오래된 병 · 의원은 오래되었기 때문에 임상 경험이 많다는 것이 강점이다. 반대로 젊은 의사라면 의사가 젊기 때문에 열정이 있어 치료에 최선을 다한다는 것이 강점이다. 새로 오픈한 치과에 간 적이 있었다. 오래된 의사들은 관록이 있으니 치료에 여유가 있다. 하지만 이 젊은 의사는 그런 관록이나 경험이 많지 않아 치료를 받아야 할까 말아야 할까 고민이 되었다. 하지만 환자의 눈높이에서 최고의 치료 효과를 이끌어내고자 하는 열정이 의사에게서 느껴졌다. 이 치과는 젊은 의사의 열정이 강점인 것이다. 산부인과에 진료를 받으러 오는 환자는 모두가 여성 환자다. 그런데 환자들 중에는 남자 의사가 불편하다고 생각하는 환자들도 있다. 그래서 이번에 오픈한 어떤 산부인과는 여자 의사가 진료를 본다는 점을 홍보하기도 한다.

분명 병 · 의원마다 각자의 특색과 장단점이 있다. 오래된 병 · 의원은 오래된 병원대로, 신설 병 · 의원은 신설 병 · 의원대로, 동네 병 · 의원은 그 동네 특색대로 장점을 살려 맞는 마케팅을 하도록 하자.

CHAPTER 06

# 브랜드가 병원의 미래를 결정한다

꿈은 날짜와 함께 적어놓으면 목표가 되고, 목표를 잘게 나누면 계획이 되며,
그 계획을 실행에 옮기면 꿈은 실현되는 것이다.
- 그레그 S. 레이드(미국의 저술가)

### ✚ 제품을 고를 때 무슨 기준으로 물건을 선택하는가?

물건을 살 때 여러분은 무슨 기준으로 구매를 하는가? 무슨 물건을 살 것인가에 따라 물론 기준은 달라질 수 있겠다. 만약 운동화를 한 켤레 산다고 해보자. 디자인을 우선으로 고르는가? 재질, 색상이 먼저인가? 아님 상표를 첫 번째로 꼽는가? 뭐니 뭐니 해도 가격이 우선인가? 사람들에게 알려진 유명 상표의 제품이 아닌 로드 숍(비 메이커) 제품이라도 내가 좋아하는 디자인이나 색상, 재질, 가격 등이 마음에 들면 구매를 할 수도 있다.

이처럼 브랜드란 특징지어지는 형태나 스타일을 말하는 것이다. 그것을 표기해놓은 마크(mark)라고 생각하면 되겠다. 다른 사람의 것이나 제품을 구분해서 소유 관계를 분명하게 나타내는 것이다. 그 제품만의 독특한 구분을 말한다. 하지만 요즘 시대의 '브랜드'라고 하면 물리적인 제품을 분별하는 것에 그치는 것이 아니라 그 이상으로 확장된 의미를 가지고 있다고 볼 수 있다.

내가 좋아하는 상품의 브랜드를 떠올려보자. 결국 브랜드라고 하면 물리적인 제품의 형태에서 전체적인 이미지가 떠오르게 된다.

탄산음료의 대표적인 상표 코카콜라! 130년이 넘는 역사를 가진 회사다. 코카콜라는 코카 나뭇잎, 콜라 열매를 시럽 등으로 혼합하여 만든 음료를 제조, 판매하여 세계적인 브랜드가 된 제품이다. 미국하면 쉽게 떠올릴 수 있는 문화 브랜드명이고 탄산음료의 대명사가 되었다.

세월이 흐름에 따라 코카콜라는 여러 가지 변천사를 겪었다. 코카콜라 제로, 다이어트 코크, 코카콜라 라이트, 환타, 스프라이트, 주스로는 미닛메이드를 만들어 시장을 넓히고 있다. 이미 많은 사람들이 여러 번 마셔본 음료일 것이다. 글로벌 브랜드컨설팅사인 인터브랜드가 선정한 '글로벌 100대 브랜드'에서 2001년부터 2012년까지 무려 12년 동안 코카콜라가 연속 1위를 차지했을 정도이니 브랜드 가치는 실로 엄청나다 할 수 있겠다.

탄산이 들어 있는 이 설탕 음료를 세계인들은 왜 그토록 오랫동안 마셔왔던 것일까? 텔레비전에서 '브랜드'에 관한 실험을 접한 적이 있다. '사람들이 오직 맛으로만 특정 브랜드를 맞출 수 있을까?'가 주제였다. 두 개의 유리잔에 똑같은 성분의 콜라가 담겨 있다. 내용물은 똑같지만 첫 번째 잔에는 '코카콜라', 두 번째 잔에는 'ㅇㅇ콜라'라고 이름표를 붙였다. 그리고 사람들에게 맛을 보고 어떤 음료가 더 맛있는지 평가해달라고 했다. 사람들은 어떤 잔의 콜라가 맛있다고 했을까? 예상했겠지만 12년 동안 100대 브랜드 가치 1위를 한 첫 번째 잔을 선택했다. 사실 둘 다 똑같은 제품의 탄산음료가 담겨져 있음에도 불구하고 말이다. 이것이 브랜드의 힘이라는 것이다.

사람들은 왜 똑같은 제품의 탄산음료를 서로 다르게 평가했을까? 그만큼 제품을 고를 때 브랜드 가치가 생각을 지배한다는 것이다. 브랜드의 이미지가 강렬하다는 것! 탄산음료하면 '코카콜라'라는 브랜드가 확실한 것이다.

### ✚ 지금은 병원도 브랜드 시대다

세계 4위의 자동차 회사인 현대자동차! 그동안 현대자동차는 국내 · 외적으로 가격 대비 성능이 좋은 자동차로 알려져 있었다고 한다. '가성비가 좋은 차'라는 말이다. 우리나라의 최고 판매 자동차는 현대자동차의

'쏘나타'라고 한다. 우리나라 고유 모델이자 단일 차종이다. 쏘나타는 최장수 브랜드로 중형차의 대중화시대를 연 것으로 평가받고 있다고 한다.

그런데 이 현대자동차가 새로운 브랜드를 출범시켰다. 현대자동차에 관심이 있는 사람이라면 금방 알아차렸을 것이다. 바로 '제네시스'다. 일본의 도요타에서 출시한 렉서스와 같은 사례라고 볼 수 있다. 처음 현대자동차에서 새롭게 제네시스를 출시했을 때 현대자동차라는 브랜드명으로는 어필하지 못했다고 한다. 그래서 현대는 가성비가 좋은 차를 만든다는 대중적인 이미지를 탈피하고자 3년 전부터 본격적으로 럭셔리 브랜드로 출범하게 된 것이다.

외국의 유명 차와 견줄 수 있는 차를 판매하기 위한 위대한 도전에 나선 것이다. 제네시스는 소위 명품 차로 일컫는 메르세데스 벤츠, BMW, 아우디, 렉서스 등과는 다르게 럭셔리한 브랜딩을 이끌어 가기에는 전통과 역사가 짧다. 또 그만큼 축적된 스토리가 많지 않다. 하지만 세계적으로 고가의 대형차 수요가 급증하고 있는 것을 감지해 현대자동차에서 새 브랜드를 런칭한 것이라고 한다.

나는 자동차에 대해 잘 알지 못하는 사람이다. '자동차'란 운전할 때 급발진하거나 멈춰버리는 등의 문제가 생기지 않고 기동성 있게 잘 나가면 그만이라고 생각했다. 때로는 튼튼함을 추구하기보다 독특한 디자인이나 색상에 매료되기도 했다.

어느 날 도로를 달리다가 멋있다고 생각하며 눈여겨본 자동차가 있었다. 그 차가 바로 제네시스였다. 보통은 자동차 뒷면 한쪽에 차의 이름이 있으면 다른 쪽에는 소속된 회사명이 쓰여 있다. 그런데 그 차에는 회사명이 보이지 않았다. 어떤 회사의 자동차인지 궁금했다. 알고 보니 현대자동차에서 제네시스를 브랜드화하고 있던 것이었다. 현대자동차의 대중화된 이미지와는 차별화된 럭셔리한 브랜드를 만들고자 하는 전략이었던 것이다.

현대자동차는 대중화에 업그레이드된 시스템을 시도하고 있다. 우리 병 · 의원들도 마찬가지! 브랜드화가 필요하다. 어떤 브랜드로 방향을 잡을지 고민하고 의료진이 같은 목표를 잡고 앞으로 나아가야겠다. 우리 병 · 의원의 브랜드를 정해야 한다.

### ✚ 우리 병원의 지향점을 브랜드화 시켜라

보석 중에서 최고의 보석이라고 일컫는 것이 무엇일까? 다이아몬드라는 것을 모르는 사람은 아마 없을 것이다. 순수한 탄소 결정체로 자연광물 중 지구상에서 가장 단단한 물질로 구성되어 있다. 학창 시절 지구과학 시간에 광물의 경도에 대해서 배웠다. 최고의 경도를 자랑하는 금강석이 바로 다이아몬드다. 지구에서 제일 단단한 돌덩어리! 많은 여성들은 이 다이아몬드에 매료된다. 이 탄소 덩어리(다이아몬드)가 어떻게 보석 중의 최고의 보석으로 사람들에게 브랜딩되었는지 아는가?

다이아몬드는 처음에 인도 어느 부족의 장신구로 사용되었다고 한다. 바다에 사는 부족들이 조개껍질을 장신구로 사용했던 것처럼 말이다. 어느 날 남아프리카공화국 킴벌리라는 곳에서 대규모의 다이아몬드 광상(유용광물이 국부적으로 집합하여 채굴의 대상이 되는 곳)이 발견되었다. 많은 광산업자들이 다이아몬드를 캐내기 위해 몰려들기 시작했다. 이렇게 해서 다이아몬드는 일반인들에게 알려지기 시작했다.

채광하는 과정에는 많은 물이 필요했다. 처음에 광산업자들에게 물을 팔기 시작한 업체가 있었다. 이 업체는 물을 파는 사업이 잘되어 차츰 광산을 매입하게 되었다. 현재 다이아몬드로 세계적인 명성을 누리고 있는 '드비어스'라는 기업이 전에 물을 팔던 업체이다. 드비어스는 광산을 매입하여 급격하게 성장하게 되었다. 다이아몬드의 채굴, 유통과 판매 등의 모든 과정을 거치는 20세기 최고의 다이아몬드 종합회사가 된 것이다. 그러니 이 회사는 다이아몬드에 관한 거의 모든 것을 책임지고 관할하게 되어 세계 다이아몬드 시장을 독점할 수 있게 된 것이다.

이 값비싼 다이아몬드를 사람들에게 대중화하려는 노력이 시작되었다. 하지만 비싸다 보니 대중화가 어려웠다. '사랑'이라는 상징어를 이용해 다이아몬드를 브랜드화하려고 했다. "A diamond is forever(다이아몬드는 영원하다)!"라는 문구로 홍보하게 되었다. 드비어스는 다이아몬드의 가치를 올리고 대중에게 필요한 보석임을 알리고자 했다. 브랜드화하기 위해 마케팅 전략으로 쓴 것이 바로 이 문구였던 것이다. 이 광고의 문구를 접하자 사람들은 결혼을 하면 다이아몬드 하나쯤 갖는 것은 필수인 것으로 인식하기 시작했던 것이다. 이 문구는 20세기 최고의 광고 슬로건으로 불렸다고 한다.

드비어스는 다이아몬드를 '보석 중의 보석'이라는 상징성으로 브랜드화 시켰다. 지금도 우리의 머릿속에 다이아몬드는 최고의 보석으로 자리매김하고 있다. 끊임없는 연구로 지금은 진짜 다이아몬드라고 해도 손색이 없는 인조 다이아몬드가 개발되었다. 곧 출시될 예정이라고 한다. 저렴하게 다이아몬드를 구입할 수 있게 되겠지만 진짜 다이아몬드가 갖는 브랜드 가치는 사람들에게 쉽게 지워지지 않을 듯하다.

각 병 · 의원에서 추구하는 진료 항목이 있다. 가끔씩 의도치 않았던 치료 항목이 환자들에게 치료 효과를 나타내기도 한다. 여러 가지 진료 항목 중에서 치료 효과가 뛰어난 부분이 분명 있기 마련이다. 그 부분을 브랜드화할 필요가 있다. 허리 통증이 생기면 찾아가고 싶은 병 · 의원, 임플란트 치료라고 하면 떠오르는 치과나 치과 병원, 체형교정이라고 하면 생각나는 병 · 의원, 위장 치료라고 하면 떠오르는 병 · 의원 등의 이미지를 연상할 수 있는 브랜드! 이 브랜드가 병 · 의원의 미래를 결정할 것이다.

## 07 병원의 진료 방향에 직원도 동참하게 하라

운동실 직원들이 들어야 할 세미나 교육을 상담 직원이 꼭 들을 이유는 없을 것이다. 하지만 환자들에게 사실적인 정보를 제공하고 논리적으로 설득해야 할 때는 어느 정도의 공부가 필요하다. 한때는 주말마다 집에서 인체해부학이나 근육학에 대해서 부족하지만 공부도 했다. 환자들이 궁금한 부분을 물어보면 원장님이 설명한 내용을 뒷받침할 수 있는 기본적인 의료상식이 필요하다고 생각했기 때문이다.

어느 날 운동실 직원들을 대상으로 세미나 교육이 있다는 사실을 알게 되었다. 나도 배우고 싶었다. 참석 의사를 원장님에게 말씀드렸더니 조금은 의아해하셨다. 하지만 나는 그 교육을 들을 필요가 있다고 생각했다. 조금이라도 환자에게 치료에 대한 이해도를 높이고 원장님의 치료 방향을 정확히 전달할 필요가 있기 때문이다. 그 계기로 나는 온라인에서 진행하는 해부학 수업도 듣게 되었고 조금씩 치료에 대한 이해도를 높일 수 있었다. 한의원에 있으면서 인간의 몸에 대한 공부를 깊이 할 수 있는 좋은 계기가 된 것 같다.

CHAPTER 07

# 옆 병원이 아닌 환자의 니즈와 경쟁하라

사람이 저지르는 잘못 중에서 가장 큰 잘못은
그 잘못으로부터 아무것도 배우지 못하는 것이다.
- 존 포웰(미국의 신부, 영성 분야 작가)

## ✚ 동네 빵집은 어떻게 프랜차이즈에 맞서는가?

내가 사는 곳 옆 동네에는 빵집이 하나 있다. 기차역을 끼고 있는 동네인데 5일장이 서는 곳이다 보니 시골 같은 분위기가 난다. 기차역이 있는 장소라면 한창 번성할 시절에는 제법 유동인구가 많았겠다 싶다. 하지만 작은 동네 시골 장을 찾아 일부러 오는 사람은 동네 사람 빼고는 거의 없을 것이다. 요즘은 맛집 탐방을 하러 찾아오는 사람들이야 있겠지만 그것이 흔하지는 않은 동네다.

처음 나는 이사 왔을 때 동네를 이리저리 둘러보다가 옆 동네 빵집을 우연히 가게 되었다. 프랜차이즈 빵집이라면 집 밖에 잠깐만 나와도 쉽게 볼 수 있지만 이곳은 동네 마을 빵집이라는 사실만으로도 가보고 싶은 구미가 당겼다.

정확히 기억이 안 나지만 내가 갔던 3년 전쯤만 해도 빵집 간판 위에 무슨 대회에서 빵 만들기 최우수상을 받은 빵이라는 플래카드가 붙어 있었다. 시골 동네 빵집이라기에는 다양한 빵 종류와 유행하고 있는 유럽식 빵들이 가지런하게 진열되어 있었다. 옛날 빵집이라는 수식어를 붙이기가 애매할 정도였다. 물론 다양한 수상 경력을 자랑하는 이름 있는 제빵사들의 럭셔리한 빵집에 비할 바는 아니지만 말이다.

단팥빵, 꽈배기, 소보루빵, 옥수수식빵 등 옛날 입맛에 맞춰진 빵에서부터 천연 발효빵, 리얼 초코 브라우니, 치아바타 등 요즘 유행하는 빵들과 산지에서 나는 특산물을 이용해서 만들었다는 미역빵까지 다양하게 진열되어 있었다. 그리고도 또 새로운 빵을 만들겠다고 구상하는지 방문할 때마다 빵집 유리창엔 뭔가 새로운 빵 이름이 붙어 있었다.

동네 빵집이 이렇게 많은 빵들을 소진시킬 수 있을까 하는 걱정이 들 정도로 많은 양을 진열해놓았다. 손님을 위해 새로운 빵을 만들어내려고 노력하는 모습이 진열한 빵의 종류와 그 양에서 묻어나고 있었다. 빵은 맛있었다. 그 집 빵이 생각날 때마다 방문하게 되면 어김없이 진열대 위에는 새롭게 만들어진 빵들이 소담스럽게 놓여 있었다.

이 동네 빵집이 주변 빵집의 수준으로만 남아 있으려고 했다면 아마 프랜차이즈 빵집의 세력에 벌써 밀려났을 수도 있다. 새로운 시도의 결과로 새로운 빵이 만들어지고 있고 제빵사는 보이지 않는 저쪽 작업대에서 그보다 더 많은 노력을 하고 있을 거라는 생각이 들었다. 지나다가 간간히 빵을 만들고 있는 제빵사를 잠깐 봤을 뿐이다. 빵을 몇 개 집어 들고 나오면서 내가 사는 가까운 곳에 괜찮은 동네 빵집이 명맥을 잘 유지하면 좋겠다는 생각이 들었다.

### ✚ 자리를 옮겨도 다시 찾아오는 병원의 힘

한 곳에서 지속적으로 근무를 하다 보니 한 가지 좋은 점이 있었다. 오래 전에 내원했던 환자가 시간이 한참 지났는데도 한 번쯤 우리 병원을 다시 찾는 경우가 있다. 근무하는 사람으로서 참 반가운 일이다. 내가 근무하는 한의원은 2층에서 6년 동안 진료를 해왔다. 시간이 좀 지나 규모를 확장하기로 했다. 다른 지역으로 새롭게 이전해도 될 상황이었지만 같은 건물 3층으로 확장을 하게 되었다. 한 건물이긴 했지만 이전을 하긴 한 것이다.

보통 이전을 하면 예전 환자들이 새로운 곳으로 찾아오는 데 번거로움이 생기고 익숙지 않아 예전 환자들이 내원하는 비율이 떨어지는 현상이 생길 수 있다. 하지만 이런 형태로 이전하니 오래전에 왔던 환자들이 혹시나 해서 찾아오게 되더라도 한의원을 쉽게 찾게 되고 헛걸음할 일이 없어서 좋다. 지금은 3층으로 이전한 지 만 2년이 넘었다.

오랜만에 온 환자는 분명히 간판을 보고 맞게 들어온 것 같은데 예전과 같은 내부 모습이 아니다보니 고개를 갸우뚱할 때가 있었다. 잘못 들어왔다고 생각했던 것이다. 그러면 나는 금방 알아차리고 말씀드린다.

"그때는 2층에서 진료를 했었는데, 여기 3층으로 이전했어요. 완전 바뀌었죠?"

"아! 그랬군요. 어쩐지 입구가 이렇게 안 되었던 것 같은데 오랜만에 와서 헷갈렸나 싶었네요."

그리고 나에게 여전히 근무하는 것에 대해 반가움을 표시한다.

다른 병 · 의원의 변화에 발맞추어 우리 한의원도 조금씩 변화되어가고 있다. 하지만 이렇게 한자리를 지키고 오래된 환자들이 기억을 더듬어 찾아주는 것이 고맙기만 하다. 이것 또한 계속 근무하며 보람을 느끼는 이유가 되고 있다.

부모는 아이들을 잘 키우고자 하는 욕심이 있기 마련이다. 나 또한 딸아이가 태어났을 때 남다른 아이로 키우고 싶었다. 특별한 면을 보이면 욕심이 생기기도 했다. 아이에게 보이는 가능성을 최대한 많이 끌어내려고 했다. 그러다 어떨 땐 아이의 마음보다 더 앞지르고 있는 내 자신을 발견하기도 했다. 그렇게 해야 하는 줄 알았다. 내가 '아이를 너무 이끌어내려고 하는가?'라는 생각으로 혼란스러울 때에도 다른 엄마들은 이미

잰걸음으로 자신의 아이를 이끌고 있었다.

직장을 다니며 아이를 키운다는 것이 나에겐 힘든 일이었다. 엄마들의 실시간 교육 정보를 따라가며 일도 잘하기에는 많은 에너지가 필요했기 때문이다. 아이가 조금씩 자라면서 자신의 의사가 뚜렷해지기 시작했다. 언젠가부터 아이를 위하는 일이라고 생각하며 했던 내 행동들에 오류가 있다는 것을 느끼기 시작했다. 옆집 엄마의 정보가 아이를 키우는 데에 영향을 미쳐서는 안 된다는 생각이 들기 시작했던 것이다.

아이를 잘 키워내는 것에 방법이 없다는 것은 잘 안다. 자식을 훌륭한 성인으로 잘 키워낸 엄마들을 보면 자녀를 다른 아이와 비교하지 않는다. 말없이 지켜본다. 그러면서 아이의 도움이 필요할 때는 속도에 맞춰 필요한 만큼 도움을 준다는 것을 알았다. 아이가 느리면 느린 대로 기다려주고 빠르면 빠른 대로 지켜본다. 아이가 원할 때 가고자 하는 길을 열어주는 것이다. 어느 한 부분이 느리면 그에 반해 다른 부분은 분명히 빠른 부분이 있다는 것을 알았다. 그걸 찾고 자기 것이 될 때까지 바라봐주는 것이 부모의 길이라는 것을 차츰 알게 되었다.

병 · 의원의 치료도 이와 비슷하다는 생각을 했다. 환자가 필요에 의해 스스로 병 · 의원에 내원한다. 제대로 치료를 할 수 있는 환경이 되었을 때 우리의 좋은 시스템을 접목시켜 치료 효과를 낼 수 있도록 도와주는 것이다. 다른 병 · 의원을 비교해가며 제 살 깎아 먹듯이 환자에게 우리 병 · 의원에 오라고 할 필요가 없다. 환자의 입장에 맞추고 니즈가 필요할 때 바른 치료로 이끌어주는 것이라고 생각하게 되었다.

### ✚ 병 · 의원 시스템과 트렌드는 변한다! 환자의 니즈를 파악하라!

진료를 마친 환자분이 상담실에 왔다. 비용과 진료 시스템이 어떻게 운영되는지 물었다. 나는 환자가 궁금해하는 이야기를 설명해드렸다. 그랬더니 이런 질문을 했다. "○○병원에서는 이런 치료가 없던데요."라고 말이다. 그래서 나는 이렇게 대답했다. "그 병원은 이런 치료가 없을 수도 있겠지요. 원장님들이 추구하는 치료 형태가 다 다르니까요. 저희는 두 가지를 같이 병행하면서 치료 효과를 배가시킬 수 있기 위한 것입니다. 치료를 하려는 목적이 빨리 치료되고자 함이 아닌가요?"라고 말했더니 그 말에 수긍했다.

한약을 복용하며 효소 치료를 하려는 한 환자분은 어디 병원은 가격이 저렴한데 왜 여기는 비싸냐고 물어보기도 한다. 분명 같은 제품이 아니고 구성이 다른데도 불구하고 비용만 보고 그렇게 생각할 때는 일일이 다 설명을 드린다. 반대로 다른 병원에서 하는 치료를 우리 한의원은 왜 안 하느냐고 질문하기도 한다. 그저 궁금해서 물어본 말일 수도 있다. 때로는 다른 병 · 의원과 비교하며 환자가 요구할 때도 있다. 치료 항목을 빼고 비용을 줄여달라고 하기도 한다. 사실 이 경우는 그래도 양심적이다. 더 수준 높은 치료를 요구하면서 비용을 줄여달라는 사람도 있다. 잘 몰라서 그런 것이라 생각하고 다시 설명을 해준다.

체형을 전문으로 하는 병 · 의원 시스템이 변화하고 있다. 운동기구를 도입하고 치료 형태를 바꾸고 트렌드에 발맞춰서 변화해야 할 필요가 있기는 하다. 빠르게 변하는 세상이라 트렌드를 쫓아가는 것만으로도 벅찰 수 있다. 하지만 시대가 시대인 만큼 무조건 트렌드를 쫓고 옆 병원이 추구하는 바를 따른다면 어떻게 될까? 결국 우리 병원의 색깔은 퇴색할 것이다. 원래 원장의 진료 목적을 잃을 수도 있다.

잘되는 병 · 의원은 잘되는 확고한 이유가 있을 것이다. 병 · 의원 운영을 오래하다 보면 분명 이유가 있어 오랫동안 유지가 될 수 있는 것이다. 우리 병 · 의원은 우리 병 · 의원만의 특색과 존재의 이유가 있기 마련이다. 옆 병원이 아닌 환자의 니즈와 경쟁하여 충성 환자를 만들어가도록 해보자.

PART 3

# 서비스 : 초진, 재진 환자를 2배로 늘리는 법

CHAPTER 01

# 초진 환자를 팬으로 만들어라

항상 다른 사람의 좋은 점을 보려 하고 기회가 있을 때마다 칭찬하라.
상대방은 기분이 무척 좋아질 것이고 우리도 그 덕을 볼 수 있을 것이다.
- 앤드루 매슈스(미국의 저술가)

## ✚ 예약하지 않은 초진 환자도 사로잡아라

진료실에서는 대기 환자가 아직 두 명이나 더 있었다. 두 명 다 예약을 안 하고 온 분들이라 대기시간이 길어질 수 있다는 안내를 했다. 첫 번째 대기 환자는 곧 진료실로 들어갈 수 있었다. 두 번째 대기자는 70세가 넘은 여성이었는데 더 기다려야 하는 상황이었다. 그것을 이해하고 있긴 했지만 아파서 온 환자에게 무턱대고 기다리라고 말하고 내버려두기엔 마음에 걸렸다. 앉아 있는 자리로 살짝 가서 "앉아 있기 힘드시면 침구실에 잠깐 누워 계시겠어요? 차례가 되면 다시 모시러 올게요!"라고 말씀을 드렸더니 괜찮다며 기다리겠다고 하셨다. 얼마나 지났을까 70대 여성의 진료 순서가 되었다.

진료를 마치고 드디어 상담실에서 나와 마주 앉게 되었다. 음식을 잘못 먹었는지 얼마 전부터 계속 배탈이 나서 다니기가 불편하다고 했다. 지금도 친구들을 데리고 운전해서 놀러 다닐 정도로 에너지가 넘치고 사회생활에 어려움이 없다고 자부하시는 분이었다. 그런데 배탈이 난 뒤부터는 움직이는 것도, 외출하는 것도 힘들다고 호소하셨다.

치료는 어떻게 진행되는지 물어보셨다. 설명을 해드리는 과정에서 그분은 오히려 나를 아주 깍듯하게 대해주셨다. 나보다 훨씬 연장자이신 그분은 상담이 끝날 때까지 존댓말을 사용했다. 그리고 아파서 내원한 분이었지만 내가 설명을 하는 동안 내내 미소를 보이셨다. 치료약에 대한 필요성과 복용법을 다 설명하고 나니 흔쾌히 치료해보겠다고 하셨다. 복용법을 다시 한 번 더 설명하고 보내드렸다.

약을 잘 챙겨 드신다고 생각했는데 이틀 후 그분이 다시 찾아오셨다. 드렸던 약을 그대로 다시 들고 말이다. 약을 가지고 집으로 갔던 날 자식들이 안부 전화를 했단다. 배탈이 나서 한약을 먹게 되었다는 얘기를 했더니 독일에서 교수로 생활하고 있는 아들이 크게 걱정했단다. 건강하던 어머니가 갑자기 배탈이 났으니 몸에 큰 문제가 생긴 것이 아닐까 염려가 된 것이다. 대학병원에서 종합검사를 받기를 권했다고 했단다. 아들의 간곡한 부탁을 뿌리칠 수 없어서 "그러겠다."고 대답을 했단다.

검사를 받기 전까지는 한약을 먹을 수가 없어서 다시 가지고 오신 거였다. 예약날짜는 한 달 후에나 잡혔으니 당장 한약을 먹을 수 있는 상황이 아니었던 것이다. 검사를 받고 나서 심각한 문제가 아니면 꼭 다시 오겠다고 하시며 미안해했다. 수긍을 하고 보내드렸다.

거의 한 달이 다 지나가는 듯했다. 처음 내원할 때도 예약을 안 하고 오셨던 것처럼 그분은 또 불쑥 찾아오셨다. 그러며 나를 보자마자 봇물 터지듯이 그동안 있었던 이야기를 쏟아내기 시작하셨다. 나 또한 다시 뵙게 되어 반가웠다. 그때 말씀하셨던 대로 검사를 받았고 다행히 큰 문제는 아니라는 결과가 나왔단다.

검사 날짜를 기다리는 동안 그분은 얼굴이 더 수척해졌다고 했다. 그동안 큰 문제는 아닐 거라고 생각은 했다. 혹시나 하는 마음으로 아들의 말에 동의를 하긴 했지만 검사받을 생각만으로도 사람을 초조하고 긴장하게 만들었다고 했다. 그래도 검사 결과 특별한 소견이 나오지 않아서 다행이라고 하시면서 말이다. 그리고 나와 약속을 지키기 위해 다시 내원하신 거라고 했다. 약을 챙겨드리고 잘 드시고 있는지 한 번씩 안부전화를 드리면 먹기가 쉽지 않아도 잘 챙겨 드신다고 했다. 그리고 다른 지인 분들에게도 자랑을 했단다. 가는 곳마다 내 자랑을 하셨단다. 그분에게 내가 좋은 이미지로 남은 모양이다.

처음에 대기실에서 한참을 기다릴 때 '어차피 차례가 되어야 진료실에 들어갈 수 있으니 그대로 기다릴 수밖에 없지.'라는 생각으로 그 환자분을 계속 방치해두었더라면 어땠을까? 예약을 하고 오지 않아서 계속 기다릴 수밖에 없는 상황이었지만 썩 기분이 좋지는 않았을 것이다. 상담할 때도 그분의 상황과 개인적인 이야기를 귀 기울여 들어주며 공감해주었던 부분이 호감을 가지게 했던 것 같다.

위가 안 좋은 50대의 여성분이 내원을 했다. 직업이 도배사라고 했다. 직업 특성상 제대로 된 식사가 힘들고 특히 움직이다 보면 물 마시는 것 또한 잘 안 된다고 했다. 제일 큰 어려움은 메스꺼움이었다. 지속되다 보니 일하는 데 지장을 주고 있었다. 집안에서 가장의 노릇을 해야 하는 상황이라 일을 쉴 수 없는 입장이라 했다. 증상이 오래 지속되니 자다가도 힘들어 응급실에 간 게 여러 번이었다고 했다. 상담실에서 현재 그분이 처해 있는 상황에 대해 듣고 앞으로의 치료 방법과 식사 개선의 필요성을 설명했다. 올바른 치료를 위해 몇 가지의 다짐을 받고 한약을 챙겨드렸다.

약을 먹는 동안 며칠에 한 번씩은 치료를 받으러 내원했다. 그 환자는 조금씩 변하고 있었다. 처음 내원을 했을 때는 피부색이 잿빛에 가까웠다. 속이 안 좋은 분들을 보면 얼굴빛이 안 좋은 경우가 종종 있다. 진한 회색빛의 얼굴이었다. 그런데 조금씩 시간이 지나면서 혈색이 좋아지며 맑아지고 있었다. 메스꺼움도 많이 줄었다고 했다. 조금씩 나아지는 것을 체감하게 되었다. 그리고는 이웃 언니를 소개해주었다. 이웃 언니는 식도 칸디다증식도에 하얀 곰팡이균이 생기는 감염 질환 이 있었고 위염, 역류성 식도염 증상이 오래된 상태였다. 식도 칸디다증은 스트레스, 영양 불균형 등으로 면역이 떨어져 발생하는 경우가 많다고 한다. 위염이 심했고, 칸디다증까지 있는 상태니 영양 상태 또한 좋을 수가 없었다.

진료 상담을 마치고 나서 이분에게도 처방이 내려졌다. 처방된 약의 복용법을 안내해드리고 잘 챙겨 드시도록 2~3일에 한 번씩 연락을 주고받는 중이다. 워낙 몸이 안 좋아서 3일 정도는 크게 반응을 못 느끼다 서서히 몸에서 반응을 일으키고 있으니 다행이었다. 이웃 언니를 소개해준 도배사 분은 자신의 아들도 위가 안 좋으니 조만간 데리고 와야겠다는 말까지 남겼다.

처음에 여러 가지 치료를 받아보고 잘 낫지 않은 환자들은 새로운 병원에 와서도 치료를 하는 게 과연 잘한 선택인지 고민을 하게 된다. 하지만 조금씩 나아지는 자신의 모습을 보며 자신도 모르게 병원을 홍보하게 된다. 내가 치료하고 좋으니 지인에게 소개를 하게 되는 것이다.

### ✚ 때로는 친구처럼, 때로는 언니나 동생처럼 환자를 대한다면…

40대 후반의 한 여성이 한의원에 들어왔다. 아침에 문의 전화를 주셨던 분이었다. 친정어머니가 연로하셔서 몸이 많이 불편하고 힘들어하신다고 했다. 이야기를 들으면서도 딸의 마음이 고스란히 전해졌다. 여성은 어차피 어머니가 일반적인 치료로 개선되기는 힘들다는 사실을 알고 있었다. 마음이라도 편하게 해드리고 싶어 치료를 원하는 것이었다. 막상 문을 열고 들어선 그녀의 어머니는 거동이 힘들고 운동할 기력은 더 없어 보였다. 그녀는 조금씩 통증 치료를 하면서 '치료라도 받는 느낌'이 들고 작은 위안을 드리고 싶은 마음이었던 것이다. 진료 상담 후 어떻게 치료가 진행될 것이며 어머님의 증상이나 체형에 대해 전체적인 부분까지 점검을 해드렸다. 그래서 여성이 바라는 대로 치료를 진행하기로 했다.

어머니를 모시고 온 김에 그녀도 진료 상담을 받아보고 싶다고 했다. 바쁜 일상에 자신의 건강도 많이 놓아버렸다고 했다. 체형 점검도 했다. 전체적인 상담을 하는 동안에도 내 눈을 빤히 쳐다보며 마치 언니가 얘기를 들어주듯 고개를 끄덕이며 미소 짓기도 했다. 마치 오래전부터 알던 사이처럼 얘기가 잘 통했다. "얘기를 들으니까 어머니 치료 결정은 잘한 것 같네요. 상담을 들으니 나도 치료를 받고 싶은데…."

온화하고 인상 좋은 생김새와는 달리 그녀는 건강 상태가 좋은 편이 아니었다. 요추가 기형이라 출산을 하고 나서 제대로 일어나서 걸어 다니지를 못했었단다. 혈압 조절을 위해 약을 먹은 지 벌써 오래였다. 몸이 예민해서 감정 기복이 좀 있는 날에는 한 번씩 쓰러지기도 하고, 3년 전에는 안면신경 마비까지 왔었단다. 몸은 수시로 잘 붓는 편이었다. 좋은 인상과 건강한 웃음 뒤로 아픈 곳이 한두 군데가 아니었다. 무기력해서 아침에 일어나는 것도 너무 힘들고, 자꾸 붓고, 발목이나 허리, 팔꿈치 등 관절은 안 아픈 데가 없다고 했다.

그녀는 힘든 삶을 살고 있었다. 그녀 어머니가 치료를 받는 동안 나는 그분에게서 많은 이야기를 듣게 되었다. 긴 시간을 공감하며 고개를 끄덕였다. 그녀는 직장을 다니며 바쁜 삶을 살고 있었다. 가장으로서 그녀는 가족의 생계를 책임져야 했다. 또 어머니를 돌봐야 하는 상황이었다. 쉴 틈 없이 바쁜 생활의 연속이었다. 한참 동안 얘기를 듣고 있자니 이런 생각이 들었다. '그동안 이 분의 이야기를 들어줄 사람이 없을 정도로 바쁘게 지내셨구나!'라고. 조금이라도 해소해드리고 싶은 마음이 들었다. 얼마쯤 대화를 했을까? 한참을 얘기하다 마치 타임머신을 타고 현실로 돌아온 듯 말하셨다.

"참! 아까 전화 상담에서도 참 좋은 느낌이었어요. 오늘 우리 처음 만났잖아요. 내가 이렇게 개인사를 주절주절 얘기하게 만드는 거 보니까, 대단한데요?"

더 이상 미뤄서는 안 되겠다며 자신도 치료를 받겠다고 했다. 한 번씩 이런 분을 만나면 참 기분이 좋고 보람을 느끼게 된다. 흔치 않지만 나의 말에 믿음을 못 가지는 분들도 있다. "그래서 비용이 얼마나 들어요? 100% 다 낫지 않으면 당신이 책임질 건가요? 어떻게 할 거예요?"라는 식으로 말이다. 장사를 하는 것도 아닌데 거래하듯이 얘기를 하는 분들을 보면 안타까울 때가 있다. 물론 치료의 좋은 결과를 목표로 하지만 개인에 따라 결과가 다 다르게 나타나기 때문에 환자를 위해서 책임질 수 없는 말은 할 수가 없다.

환자가 진료할 때 매끄럽게 진행할 수 있도록 도와주기, 심리적으로 어려움을 겪는 환자들은 이야기를 들어주며 같이 공감해주기 등이 필요하다. 미술 · 아동심리에 대해 공부해본 적이 있는 나는 사람과 대화할 때나 무의식중에 나타나는 표정에 예민한 편이다. 그래서 환자분들이 종종 개인적인 일로 상담을 요청하는 경우가 있다. 또한 환자들과 좋은 감정을 유지하면서 치료 효과가 잘 나타날 수 있게 도와주는 것이 내 역할이다.

이런 여성들은 자신을 잊고 바쁘게 살다가 몸이 많이 안 좋아져야 병원 문을 두드린다. 그런 분들은 쉽게 털어내지 못하는 과거 이야기가 많다. 자연스럽게 얘기가 나오면 충분히 들어준다. 그러고 나면 울기도 하고 후련해하면서 마음의 응어리를 조금은 덜어내는 표정이다. 마음이 치유가 되는 듯했다. 한편으로는 속을 다 드러낸 것 같아 민망해한다. 하지만 그런 것들은 나, 그리고 더 나아가 우리 한의원과 가까워지는 계기가 된다. 이렇게 마음의 치유가 된 상태에서 치료를 하게 되면 다른 상황일 때보다 더 좋은 효과를 볼 수 있고 치료에 적극적으로 응할 수 있게 된다. 이미 치료에 대한 믿음이 생겼다고나 할까?

그분이 한의원과 인연이 맺은 지 1년이 넘었다. 내원해서 좋은 에너지를 받고 열심히 치료 받고 가면서 모습이 조금씩 변하기 시작했다. 그녀는 씩씩해졌다. 그리고 몸과 마음이 좋아지기 시작했다. 이게 먼저였는지도 모르겠다. 주저하고 있던 자신의 일을 시작할 용기를 얻었다. 오랜 기간 동안 꾸준한 치료 끝에 그분은 "다시 태어난 것 같다."고 했다. 꾸준한 치료를 통해 의료진과의 관계가 점점 좋아진 결과였다. 이번에 창업했다는 소식도 알려주셨다. 여전히 그분은 바쁜 삶을 살고 있지만 꾸준히 연락하며 지내고 있다.

상담을 하다 보면 다양한 연령대의 환자분들에겐 다양한 고민들이 있다. 시간이 허락한다면 그분들을 나는 따로 상담실에 모신다. 들어줄 필요가 있기 때문이다. 얘기를 듣다 보면 한 번씩 내 머리가 복잡할 때도 있다. 같이 속상해하고 같이 웃고 같이 슬퍼한다. 마치 내가 그 사람의 과거 속에 있다가 온 사람처럼 말이다. 처음엔 어두운 표정으로 이야기를 시작했지만 시간이 지나면 울기도 하고 웃기도 하며 카타르시스를 함께 느끼게 된다. 형식적인 치료가 아니라 마음을 나누고 몸과 마음이 같이 치료되는 것 같아서 좋다. 초진 환자와 좋은 인연이 되어 치료가 잘되면 그 환자는 해당 병 · 의원의 팬이 되는 것이다.

# 08 환자를 엄마처럼, 딸처럼 생각하라

환자분들과 오랫동안 지내다 보면 가족 같은 느낌이 들기도 한다. 가끔은 나를 딸처럼 대해주시는 환자분도 있다. 무더운 여름이 지나고 기온이 조금씩 내려가며 가을이 완연해질 즈음이었다. 직접 나무에서 따오셨다며 싱싱하고 왕방울만 한 생대추를 바구니에 소담스럽게 담아 가지고 오셨다. 그것도 씻어서 말이다. 바로 먹을 수 있게 준비를 하셨던 것이다. 그 마음이 너무 고마웠다.

가지고 오신 환자분의 성의를 생각해서 보시는 앞에서 아작아작 씹어 먹으며 맛있다고 엄지손가락을 치켜들었다. 환자분은 그 모습을 보며 흐뭇해하셨다. 그분은 내원하면 내가 어디에 있는지 찾아보고 마치 엄마가 아이를 찾듯 찾아다니신다. 나도 마찬가지다. 그런 마음을 아니까 그분이 오시면 바쁘더라도 나는 인사를 하러 꼭 찾아다닌다. 마치 엄마와 딸이 숨바꼭질하듯이 말이다.

CHAPTER 02

# 차별화된 의료 서비스가 경쟁력이다

세상을 보는 데는 두 가지 방법이 있다.
한 가지는 모든 만남을 우연으로 보는 것이고,
다른 한 가지는 모든 만남을 기적으로 보는 것이다.
- 알버트 아인슈타인(독일의 물리학자)

## ✚ 병 · 의원은 이제 의료 '서비스' 기관으로 탈바꿈할 때!

마트나 편의점에서 물을 사 먹게 될 날이 올 거라는 것을 상상하기 어려웠던 시절이 있었다. 지금은 물뿐만 아니라 공기도 사서 쓰는 시대가 되었다. 자연에서 주어지는 모든 것들은 무한할 줄 알았다. 지금은 미세먼지를 피하기 위해 우리는 마스크를 쓰고 다닌다. 미세먼지 농도가 약하거나 없을 때 외출을 하고자 한다. 미세먼지 오염도가 높은 날 아이가 있는 부모들은 되도록 집 밖으로 나가지 않도록 한다. 미세먼지뿐만 아니라 오존층이 조금씩 파괴되면서 피부에 닿는 자외선 양도 점점 많아지고 있다. 건강을 해치는 것들이 많아지고 있는 것이다. 현대인들은 여유를 즐기기도 어렵고 바쁘게 살아가고 있다. 이런 삶을 살지만 오늘 일하지 않으면 내일 미래가 없기에 대부분 사람들은 아파도 참고 지나간다. 또는 더 바쁜 삶을 살아야 한다. 차별화된 삶을 말이다.

식사를 하러 어느 식당에 들렀다. 실내 인테리어가 세련되고 전망이 좋았다. 잠시 후 보기에도 먹음직스러운 음식이 멋지게 차려져 나왔다고 해보자. 내부 시설에 시각적인 만족이 되었고 음식 맛도 일품이다. 미각이 충족되니 기분이 좋았다. 마지막으로 나온 디저트까지 정성을 기울인 느낌이 들었다. 너무 맛있고 특별했다. 식사를 위해 식당을 이용했을 뿐인데 오감 만족을 느끼고 나왔다면 식당 선택에 있어서 이것보다 더 좋은 결과가 어디 있겠는가! 이럴 때는 비싼 비용을 지불한다는 것이 결코 걸림돌이 되지 않을 것이다.

식당을 방문한 고객이 맛있는 음식을 먹고 더불어 차별화된 서비스를 느끼고 왔다면 고객은 그 식당을 재방문할 의사가 있을까? 재방문을 하고도 또 지인에게 소개시켜줄 의향도 있을 것이다. 병 · 의원에도 진료는 기본이고 차별화된 의료 서비스나 시스템이 있다면 충분히 경쟁에서 앞서 나갈 수 있을 것이다.

아이의 체형이 틀어져 고민하는 부모가 있었다. 부모는 맞벌이를 하고 있어 시간을 내기가 쉽지 않은 상황이었다. 아이, 아빠, 엄마의 스케줄이 서로 다 달랐으니 몇 달을 미루다 겨우 예약을 하고 한의원에 오게 되었다고 했다. 체형이 고민이 되었지만 아이의 속 건강도 궁금해했다. 부모는 어떤 병 · 의원을 가야 좋을지 계속 고민했다고 했다. 아이는 잦은 배탈 때문에 학교를 가면 조퇴를 자주 했다고 했다.

할머니는 손자의 건강 상태가 염려되어 어떻게든 고쳐보려고 여기저기 병 · 의원을 다녔다. 하지만 마땅한 원인을 찾지 못하고 엄한 곳만 계속 데리고 다니는 상황이었다. 하루는 아이의 아빠가 더 이상 미뤄서는 안 되겠다고 생각하고 아이와 함께 내원했다. 아이의 엄마는 그날도 직장 일로 같이 오지 못했다. 아이의 체형 검사와 함께 속 건강까지 같이 진료를 받았다. 마땅히 믿고 맡길 의료 기관이 없어 어떻게 할지 막막하던 차에 체형뿐만 아니라 속 건강 체크까지 받아서 다행이라고 했다.

검사 결과 아이는 평발이 많이 진행되고 발목은 불안정한 상태였다. 수시로 발목을 삔다고 했다. 체형 검사 결과 골반은 오른쪽으로 빠져 있었고, 양쪽 어깨의 높낮이도 차이가 많이 나 있었다. 한참 노는 걸 좋아할 초등학교 2학년 아이가 학교를 갔다가 오면 어디 다른 데를 다니지 않고 기대어 누워 있는 것을 좋아한다고 했다. 좀 의아했다. 성장과 영양 상태도 확인했다. 할머니, 할아버지가 부모가 없는 시간에 아이를 짬짬이 챙겨주고는 있었다. 하지만 또래보다 키가 훨씬 큰 상태에 과체중이었고 단백질, 무기질 등의 중요 영양은 부족한 상태로 나타났다.

아이에게 처방이 내려졌다. 체형이 틀어져 있으니 체형교정을 받는 것은 당연지사였다. 틀어진 체형과 무너진 발의 균형을 잡아주는 역할을 하는 족부교정기 착용이 필요했다. 불균형적인 영양 상태를 점검해본 결과 아이는 배탈이 자주 나고 장간막염증이 있었다. 이 치료를 위해 한약 처방이 내려졌다. 부모는 체형교정과 족부 교정기, 그리고 속을 다스릴 수 있는 한약까지 한곳에서 다 처방받을 수 있었다.

학교에서 돌아온 아이가 몸에서 열이 나면 할머니는 아이를 소아과에 데리고 가서 진료를 받았다. 또 어디선가 소문을 듣고 '몸을 잘 만져주는 곳'이 있다는 것을 알아냈다. 정식으로 운영되지 않는 곳에다 아이를 맡기는 위험을 무릅쓰고 있었던 것이다. 아이의 치료를 위한 할머니만의 노력이었다. 할머니는 그것이 아이를 위한 최선의 길이라고 여겼던 것이다. 그러다 안 되겠다 싶으면 또 내과에 데리고 갔다고 했다. 여러 병·의원을 전전긍긍하며 다니기를 몇 번, 지칠 만도 했다. 나중에 할머니는 지쳐서 힘들다고 나에게 털어놓았다.

이렇게 바쁜 삶을 살아가는 현대인들에게 여러 가지 치료를 맞춤식으로 해줄 수 있는 곳이 있다는 것이 얼마나 좋은가? 아이의 부모와 조부모는 그동안 여기저기 다니면서 제대로 치료 받지 못해 지쳐 있었는데 이제는 한 곳에서 편하게 받을 수 있어서 좋다고 하셨다. 아이의 치료를 한 곳에서 토탈 케어를 받을 수 있는 차별화된 의료 서비스가 환자의 만족도를 이끌었던 것이다.

위염으로 고생을 하는 중년의 여성이 있었다. 위염을 치료 받고자 한의원에 내원했다. 소화가 안 되고 위가 움직이지 않는 것 같다고 했다. 메스꺼움과 어지럼증도 느끼고 있었다. 이대로 지내면 안 될 것 같아 한약을 먹어야겠다고 마음을 먹었단다. 위장 상태가 이러니 대장 상태도 좋을 리 없었다. 이 여성은 한약만으로 쉽게 위장이 좋아질 환자가 아니었다. 이런 환자들은 한약을 한두 번 먹는 걸로 효과를 보기는 힘들다. 한의학에서 말하는 식적(먹은 음식물이 위장에 정체되어 쌓인 듯한 느낌이 드는 현상, 담적이라고도 함)이 오랫동안 진행되어왔기 때문이다.

몸속에 독소가 많이 쌓여서 해독을 병행하며 위장 치료를 해야 했다. 위가 나빠지게 된 것도 위를 혹사시켜 많이 사용하게 된 결과였다. 우리가 근육을 많이 쓰면 근육통이 생기는 것과 같은 이치라고 보면 된다. 위장으로 음식이 많이 들어가니 소화시켜야 할 양이 많아진다. 소화를 시키기 위해 위는 말할 것도 없고 간, 소장, 대장 등을 관할하는 여러 종류의 많은 소화 효소들을 너무 많이 소진시켜 열악한 환경에 처하게 된다.

그래서 이 여성은 해독이 절대적으로 필요했다. 그렇지 않아도 나이가 드니 해독의 필요성도 느끼고 있었다고 했다. 해독과 위장 치료를 병행하니 몸이 회복되는 것을 빨리 느낄 수 있었고, 위장 개선은 물론이고 힘들었던 배변활동까지 좋아지니 일석이조의 효과가 나왔던 것이다.

이 중년의 여성은 위가 안 좋아 한약을 먹을까 하고 한의원에 내원한 경우였다. 가볍게 치료를 받을 수 있는 시점이 아니라는 것을 본인이 느꼈다. 나이가 들면서 기초대사량(활동을 하지 않고 깨어 있는 상태에 생명을 유지하는 데 필요한 최소한 에너지)이 떨어졌다. 먹는 양은 줄어들었는데 위장의 개선이 없음을 깨닫고 해독과정을 병행하게 되었다. 다행히 만족도 높은 결과를 얻었다.

### ✚ 환자에게 차별화된 서비스는 경쟁력이 된다

어느 날 유튜브를 보다가 우연히 40~60대를 위한 화장법을 알려주는 동영상을 접하게 되었다. 미용이나 화장기법은 대부분이 젊은 20~30대를 위한 것들이 일반적이라고 생각하고 있었다. 60대 분들도 어색하지 않게 요즘 유행하는 자연스러워 보이는 화장법을 알려주겠다며 출연한 52세의 메이크업 아티스트가 있었다. 흔히 볼 수 없는 장면이라는 생각이 들어 신선하게 다가왔다. 그때부터 그녀의 이야기가 궁금해지기 시작했다.

그녀에겐 옷가게가 있었다. 옷가게는 그다지 사람들 눈에 잘 띌 만한 장소는 아니었고 가게가 크거나 화려하지도 않았다고 유튜브 속 그녀의 지인이 말했다. 그런데 옷가게를 오픈한 지 6개월 만에 매출이 급상승하게 되었단다. 비결은 바로 이것이었다. 오래 메이크업 아티스트 생활을 하다 보니 화장법뿐만 아니라 화장법에 맞는 의상 연출까지 보는 안목이 생긴 것이었다. 그래서 자신의 가게에 찾아오는 손님을 유심히 관찰하면서 손님이 관심을 가지는 옷을 살펴보고 그들에게 어울릴 만한 것들을 코디해주었단다.

예를 들면 손님이 매장 안의 바지를 보고 있으면 그냥 지나치지 않고 바지에 맞는 스타일의 윗옷을 입어보게 하고 거기에 어울리는 액세서리나 색감까지 알려주었다고 했다. 미용이나 의상 쪽으로 감각이 무딘 사람들은 화장품을 사거나 옷을 사고 어떻게 맞춰 입을지 결정하는 것이 쉽지 않다. 미용과 의상의 코디에 감각이 있던 그녀는 손님이 거울 앞에서 옷을 대보면서 무슨 고민을 하는지 쉽게 알아차릴 수가 있었던 것이다.

손님의 생각을 공유하면서 위아래 옷을 맞춰주니 손님의 취향을 알 수가 있었던 것이다. 그래서 심지어 그녀의 옷가게에는 머리끝부터 발끝까지 풀장착할 수 있는 액세서리까지 모두 구비하고 있다고 했다. 처음에는 옷을 파는 것으로 시작했다. 손님은 바지가 필요해 가게에 왔지만 바지에 맞춰 입을 윗옷이 필요했다. 그리고 옷차림에 맞는 신발을 정하는 것이 고민이 되었던 것이다. 그런 니즈를 알고 세련되게 코디를 맞춰준 것이다. 맞춤 조언을 듣고 화장법이나 벨트, 신발, 귀걸이 등을 추가로 사니 옷을 파는 수익보다 그 외 수익이 훨씬 많아졌다고 했다. 손님의 만족도가 높아진 것은 말할 필요도 없고 말이다.

기본적인 진료는 모든 병 · 의원에서 다 할 수 있다. 이가 아프면 치과를 가고 배가 아프면 내과를 가고 한약이 필요하면 한의원에 간다. 이러한 기본적인 치료는 해당 병 · 의원에서 다 하는 진료들이다. 환자들이 검색을 통해 내 병원에 와서 치료를 받고자 하는 생각이 있다고 하더라도 결정적으로 의료 서비스의 품질이 좋아야 한다. 진료는 기본이고 차별화된 진료 시스템이 경쟁력이 된다는 사실을 잊지 말아야 할 것이다.

CHAPTER 03

# 환자는 서비스로 병원을 판단한다

인간은 관심이 없으면 아무것도 창조해내지 못하고 풍부해지지도 못한다.

- 시어도어 루빈(미국의 정신분석가)

## ✚ 환자가 병원을 평가할 때, 인간성과 능력을 본다

사람은 상대방을 평가할 때 능력 차원과 인간성 차원으로 구분한다고 한다. 결국 우리는 누군가를 판단할 때 그가 얼마나 유능한 사람인지의 여부와 인간적으로 얼마나 따뜻한 사람인지, 이 두 가지 차원에서 판단을 하게 되는 것이다. 신입사원 면접을 보거나 소개팅을 하는 자리에서 누구를 만난다면 우리는 그 상대방에 대해 무엇을 알고 싶은가? 인간성일까? 외모일까? 재력일까?

연구자들이 사람들에게 모르는 누군가를 만나게 될 때 그 사람에 대해 알고 싶은 것이 무엇인지 물었다고 한다. 그 결과는 성실성, 솔직성, 쾌

활함, 포용성, 충직성, 이타심, 신뢰성, 친절성, 지성, 능력으로 나타났다고 한다. 총 10개의 항목 중에서 앞쪽의 8개가 따뜻함의 요인(인간성 차원)이었고, 뒤에 있는 2개는 유능함의 요인(능력 차원)이었던 것이다. 결국 호감을 주는 사람은 능력이 있으며 동시에 따뜻함을 가진 사람이라는 것이다.

이 글을 읽는 독자는 '환자가 병 · 의원에 와서 치료를 받는데 평가를 왜 한다는 건가?'라는 의문을 제기할지도 모르겠다. '아픈 환자가 병 · 의원에 오면 아픈 데를 고치고 치료만 제대로 받고 가면 그만이지 병 · 의원의 관계자에 대해 왜 평가한다는 걸까?'라는 생각을 할 수 있으리라. 하지만 기계나 로봇과 사람의 관계가 아닌 사람과 사람의 관계로 일하는 업무 체계에는 감성과 이성이 공존할 수밖에 없다.

비교 대상이 있으면 평가가 가능해진다. 의료 기관이 세상에 하나밖에 없다면 비교할 대상이 없기 때문에 평가를 한다는 것 자체가 무의미하다. 그러나 여러 개이기 때문에 비교를 할 수 있고 평가가 생겨나는 것이다. 이런 비교와 평가의 기준이 바로 인간 대 인간 즉, 사람을 만났을 때인 것이다.

중요한 것은 평가에 적용되는 것이 인간성 차원과 능력 차원이라는 것을 기억하자. 환자는 당연히 친절한 병 · 의원을 선호한다. 하지만 친절하기만 한 의료진으로는 환자의 만족도를 결코 높일 수 없다. 환자가 원하는 것을 적극적으로 안내하고 설명해도 인간성 차원의 따뜻함과 능력 차원의 유능함이 잘 어우러져 있을 때에만 환자의 만족도가 높아진다는 말이다.

환자들은 처음엔 '의사의 의료 능력이 어떨까?' 반신반의하며 병 · 의원에 내원하게 된다. 환자가 진료 상담을 했을 때 아무리 능력과 실력 있는 의사라 하더라도 따뜻한 인간성의 요인을 갖추지 못하면 환자는 더 높은 만족도를 느낄 수 없다. 이런 경우 진료는 잘할지 모르겠으나 진료를 받고 나서 대접받지 못한다는 느낌이 들어서 안 가고 싶어진다. 나 또한 그런 경험이 있었다. 의사의 실력은 인정했지만 그 외의 부분에 실망을 느낀 나는 결국 치료 받기를 포기했다.

또 다른 예로 진료를 마치고 나온 환자가 병원 직원들과 대화를 하는 과정에서 직원들이 친절하게 응대해주었다고 가정하자. 하지만 답변 과정에서 전문적으로 응대하지 못하면 병 · 의원의 수준이 그 정도밖에 안 된다는 평가를 받게 될 것이다. 만족도는 떨어질 수밖에 없다. 전문적인 응대라는 말을 누군가는 '세련'이라는 말로 표현하기도 한다. '세련되다'는 것은 사전적 의미로 '서투르거나 어색한 데 없이 능숙하게 잘 다듬어졌다.'라는 의미이다.

세련됨은 저절로 생기는 것이 아니다. 학습이 필요하다. '한국말로 질문하고 한국말로 설명하고 대답하면 됐지 뭐가 필요한가?'라고 되물어볼지 모르겠다. 하지만 그것은 그냥 일차적인 대화를 하는 것이지 '세련'이라는 단어와는 거리가 멀다. 다듬어지지 않은 말은 전문적이지 않다.

상담을 할 때도 다르지 않다. 상담실에서 환자에게 전체적인 과정에 대해 설명한다고 해도 인간적인 따뜻함과 전문적인 상담이 갖춰지지 않으면 환자는 좋은 상담을 받았다는 느낌을 받기 어렵다는 것이다. 행여 환자가 치료를 하겠다는 동의 의사를 밝혔다고 하더라도 말이다. 상담 업무를 10년 넘게 해온 나는 상담을 받으러 온 환자들의 직업을 아는 것이 중요하다고 생각한다.

환자의 직업으로 어느 정도 생각이나 의식 수준을 가늠할 수 있기 때문이다. 환자의 의식 수준을 가늠하게 되면 눈높이에 맞는 설명과 인간적인 상담을 하는 것이 쉬워진다. 설명을 어려워하는 환자에게는 비유를 하거나 쉬운 단어를 써서 이야기하고 더 천천히 말할 필요가 있다. 반대의 경우도 마찬가지다. 의식 수준이 높은 환자에게는 쉬운 단어를 쓰거나 천천히 말할 필요가 없다. 답답하다고 느끼고 상담의 가치가 떨어지게 된다. 고급 단어로 바꾸어 말하고 조금 더 세련된 표현을 구사할 필요가 있다.

진실로 친절한 서비스는 병원 전체의 구성원 모두가 힘써야 할 것이며, 냉철한 머리와 따뜻한 마음을 겸비하여 환자를 대하는 것임을 잊지 말아야 할 것이다.

### ✚ 마음을 진심으로 읽어주는 병원은 다시 찾고 싶어진다

며칠 전에 성장 문의를 하러 온 중년의 여성이 있었다. 정작 학생은 오지 않았고 그의 어머니가 혼자 온 상황이었다. 그래서 접수를 하지 않은 상태에서 상담실에서 대략적인 상담을 하게 되었다. 그 여성의 이야기는 이랬다. 고등학생인 아들이 있는데 키가 이제 더 자라지 않을 것이라고 예상하고 있었다. 학생의 어머니와 아버지 즉 그 중년 여성 부부의 키가 평균보다 작았기 때문에 아들의 작은 키가 더 자랄 거라는 기대는 거의 하지 않는다고 했다.

그 여성에겐 고등학생인 아들 위로 누나인 딸이 둘 있었다. 두 딸은 어릴 때부터 키 성장에 좋다는 성장 관련 치료를 똑같이 해왔단다. 아이러니하게도 성인이 된 지금 두 딸 중 큰 딸은 키가 여전히 작고, 작은 딸은 큰 딸에 비해 4~5cm 정도가 더 크게 자랐다고 한다. 그래서 그녀가 내린 결론은 '여러 방면으로 신경을 써줘도 클 아이는 계속 자라고 크지 않을 아이는 더 이상 자라지 않는구나!'라는 생각에 도달했단다. 그래서 막내인 아들은 그러한 노력을 들일 필요가 없지 않을까라는 생각을 하며 지내왔단다.

그런데 고등학생이 되었음에도 불구하고 계속 자라지 않고 있으니 마음이 급해진 것이다. 이제는 뭐라도 해줘야 후회가 없겠다는 생각이 들었던 것이다. 그래서 아들에게 성장 치료를 해보자고 권했다고 했다. 처음에 아들은 원치 않았지만 그녀가 설득하니 내원할 마음이 있다고 했단다. 그러니 부탁하건대, 아들을 데리고 왔을 때 원장이 상담하면서 치료할 수 없다는 등의 부정적인 말을 하지 않았으면 한다는 것이었다. 이토록 키 작은 자녀를 둔 부모들은 아이들의 성장을 간절히 바란다. 살아가는 데 있어서 키가 삶에 많은 영향을 미친다고 생각한다. 전혀 틀린 말은 아니겠지만 그 부모들이 어릴 때부터 성장하며 느꼈던 콤플렉스가 있었기 때문이리라. 그러니 자식의 성장을 충분히 시켜주지 못했다는 죄책감 같은 것이라고 할까?

"우리 아이가 클 가능성이 있을까요?"

"어머님이 아시다시피 학생의 성장이 거의 끝난 시점이라 학생이 더 클지 안 클지는 장담할 수 없어요. 하지만 만약 키가 1cm라도 더 크게 된다면 1cm보다 조금 더 클 수 있는 환경을 만들어주는 것이 현재 우리가 해줄 수 있는 최선이 아닐까요?"

물론 기대하며 던진 질문이 아니라는 걸 알지만 나는 이렇게 말했다. 어머니는 내 말에 동의했고, 후회하지 않으려면 지금이라도 시도하고 싶다며 고개를 끄덕였다.

며칠이 지난 후 나는 그 학생을 만날 수 있었다. 어머니가 미리 와서 나에게 했던 부탁을 잊지 않고 접수를 할 때 어머니의 부탁사항을 차트에 기록해두었다. 당연히 원장님은 그 사실을 알게 되었고, 아이에게 키 성장에 대한 부정적인 얘기를 하지 않았다.

아이는 원장실에서 진료를 받고 상담실에 와서 나와 얼굴을 마주했다. 어두운 표정과 내성적인 면이 보였다. 보통 혼자 문학 서적을 많이 읽는 편이고 혼자 있기를 좋아한다고 했다. 상담실에서는 학생과 공감하기 위한 노력을 시도했다. 의외로 씩씩하고 늠름한 모습을 갖추고 있었다. 이미 어머니의 애틋한 마음을 알았기 때문에 학생의 마음을 북돋워주고 싶었다. 다행히 학생에게 성장 치료를 받고 싶다는 자발적인 마음이 생겼고, 적극적으로 치료할 의사를 보였다. 지금은 매주 토요일마다 내원을 하고 있다.

친절을 가장해 환자의 말을 가로채거나 어떤 질문을 할지 알아차리고 환자의 말을 끝까지 안 듣고 대답하는 경우가 있다. 매번 똑같거나 비슷한 질문을 받기 때문에 무슨 질문을 할지 알기 때문이리라. 사실 같은 질문을 여러 번 듣는 것이 쉬운 일은 아니다. 하지만 환자들에게는 병 · 의원이라는 낯선 장소에서 일어나는 일이며 처음 하는 질문들이 된다. 답변만 잘한다고 친절하다고 할 수 없다. 조금 서툴거나 미숙하더라도 진정성이 느껴지는 친절이라면 그것은 진짜 친절일 것이다. 내가 환자(소비자)의 입장이라고 생각하고 진정성 있는 마음으로 응대한다면 환자의 만족도는 저절로 높아질 것이다.

## 09 환자 입장에서 문제를 생각하고 세심하게 배려하라

20대 여성이 안면비대칭으로 한의원에 내원했다. 턱관절의 틀어짐으로 생긴 안면비대칭은 목, 어깨의 통증을 유발할 뿐만 아니라 경추가 불안정하다는 증거이기도 하다. 개선이 꼭 필요한 부분이다. 요즘은 사람들이 셀프카메라를 많이 찍다보니 자신의 얼굴이 비대칭이라는 사실을 알게 되는 경우가 많다. 그래서 외모의 개선을 목적으로 내원하는 사례가 종종 있다.

그날도 안면비대칭이 고민인 여성이 어머니와 진료를 마치고 상담실에 들어왔다. 상담실에서 "안면비대칭으로 오셨네요."라고 하며 여성과 말문을 텄다. 이 한마디에 여성은 얼굴이 빨개지며 눈물을 흘렸다. 가족으로서 오랫동안 지켜봤을 어머니도 딸이 연신 눈물을 흘리는 모습을 보며 같이 우셨다. 내가 보기에는 크게 문제될 것 같지 않았지만 정작 본인의 입장에서는 그게 아니었던 것 같다. 오랫동안 고민이었던 얼굴 비대칭이 콤플렉스가 되어 사람들을 만나는 것도 꺼려지기 시작했다고 한다. 심리적인 부분에까지 영향을 주고 있었던 것이다.

상대방이 봤을 때 대수롭지 않게 느낄 수 있는 부분도 환자 자신의 입장에서는 스스로의 문제를 크게 생각하고 심각하게 느낄 수 있다. 특히나 병 · 의원은 환자가 불편하거나 아파서 오는 곳이다. 내가 보기에 작은 불편함이 들 수 있겠다는 생각이 들더라도 환자 입장에서 생각하는 세심함을 보여야겠다.

CHAPTER 04

# 환자의 눈높이에서 피드백하고 설명하라

싫어하는 일을 매일 두 가지씩 하는 것도 자신의 영혼에 도움을 준다.

- 서머싯 몸(영국의 소설가)

## ✚ 환자가 고개를 끄덕여도 다 이해했다고 짐작하지 마라

몇 개월씩 장기간의 치료가 필요한 환자가 있다. 그런 경우는 불가피하게 치료동의서를 작성하게 된다. 몇 개월의 기간 동안 변동사항 없이 치료를 잘하자는 의미다. 병원 경영의 손실을 최소화하기 위한 자구책이기도 하다. 하지만 결정적인 것은 치료가 끝까지 진행되지 못하면 환자에게도 손실이 크다는 점이다. 환자의 입장에서는 제대로 치료를 못 받게 되니 그만큼 시간 낭비와 비용 손실이 있다. 병원의 입장에서는 그로 인해 환자의 치료 효과가 떨어지게 된다. 환자의 만족도를 이끌어낼 수 없는 것이다. 양쪽에 다 손해가 간다.

치료동의서는 치료하기 전에 앞으로의 치료 과정에 대한 설명을 끝내고 충분히 사실이 전달된 후 치료 의사를 밝혔을 때 작성한다. 치료를 장기간으로 진행하게 되는 환자에겐 조금 더 혜택을 준다. 하지만 중간에 치료를 멈추면 장기간 치료의 혜택이 사라지게 된다. 만약의 경우 이런 부분까지 다 설명을 하는데도 중간에 치료를 중지하는 상황이 되었을 때 환자는 그런 얘기를 들은 적 없다고 말할 때가 있다. 참 난감한 상황이 연출되는 순간이다. 그때 작성했던 치료동의서 내용을 보여주면 그제야 기억을 떠올리기도 한다.

이런 일이 있었다. 치료가 시작되면 어떤 형태의 치료가 진행된다고 환자에게 알려주었다. 그리고 침 치료도 하게 되는데 그때는 별도의 침 값이 발생됨을 분명히 얘기했다. 하지만 첫 치료를 끝내고 돌아갈 때가 되었을 때쯤 접수대에서 의문을 제시했다. "모든 치료에 침 값이 포함되어 있다."고 하지 않았느냐는 것이었다. 처음 상담할 때 종이에 적어가며 설명을 해드렸음을 다시 얘기해도 정작 그것을 제대로 이해하지 못하고 넘어간 것이다. 그분은 이렇게 얘기했다. 분명 '다 포함된 금액'이라고 말했다며 재차 말했다. 참 난감한 상황이 아닐 수 없었다.

#### ✚ 피드백은 환자가 이해했는지 확인하는 과정이다

전달자가 환자에게 분명히 말했다면 환자가 그 사실을 이해했는지 확인하는 과정이 필요하다. 전달자인 내가 아무리 설명을 잘해도 듣는 사람이 이해를 못 하고 잘못된 정보로 받아들였다면 그것은 전달자의 잘못이다. 송신자(정보 주는 자)가 정보(메시지)를 수신자(정보 받는 자)에 정확하게 전달했더라도 수신자에게 제대로 전달되었는지 피드백을 받는 것이 중요하다. 피드백은 전달받은 내용을 환자가 이해했는지 물어보고 알려준 사실이 제대로 전달되었음을 확인하는 과정이다.

진료를 받고 한약 처방을 받은 환자에게 복용법을 안내해드렸다. 아침에 한 팩, 저녁에 한 팩을 식사 후 20~30분쯤 뒤에 드시라고 말하고 약을 전달했다. 피해야 할 음식 몇 가지를 알려주면서 말이다. 한참 뒤에 전화가 온다.

"한약은 하루에 몇 번 먹어야 하나요?"

그래서 한약을 챙겨드릴 때는 복용법을 넣어서 드리는 것이 일반적이다. 간단히 설명하더라도 환자는 복용법을 알아야 한다. 환자에게 약을 전달하면서 설명했더라도 환자가 이해했는지 물어보는 과정이 필요하다.

"어떻게 드시는지 아시겠어요?"

"제 설명 이해하시겠어요?"

또는 이해가 잘 안 된 느낌이 드는 경우에는 "저에게 설명해보실 수 있겠어요?" 하는 등 완곡한 표현으로 말씀드리면 "식후에 아침, 저녁으로 먹으라는 말이죠?"라고 다시 확인할 수 있다. 이것이 피드백이다. 쉽게 알아듣는 분에게는 굳이 이런 피드백이 필요하지 않다. 처음 듣는 경우나 이해가 어려운 분들에게 필요한 과정이다.

피드백은 한쪽에서 일방적으로 말하고 다른 한쪽은 듣기만 하는 일방통행이 아니다. 상대방과 생각하는 바가 같은지를 확인할 수 있다. 이것은 환자들에게만 국한되는 것이 아니다. 요즘은 소비자를 직접적으로 응대하는 업무 즉, 기업형 A/S센터의 전화 서비스, 대형마트 계산대, 맥도날드나 버거킹, 패밀리 레스토랑 같은 글로벌 외식 사업을 운영하는 외국 기업들이 소비자와 소통할 때 나누는 대화법이라고 보면 된다.

아이들을 가르칠 때도 선생님이 가르치기만 하지 않고 제대로 알고 있는지 확인하기 위해 퀴즈를 내거나 게임을 한다. 알고 있는 것을 확인하는 과정이 피드백 과정이다.

### ✚ 설명하고 되묻고 다시 듣기를 반복하라

마찬가지로 나는 직원들에게도 수시로 피드백을 하고 있다. 간단한 메시지를 확인하는 과정이라든지 단체로 업무적인 요구를 하게 될 때도 개인적으로 피드백 과정을 꼭 거치도록 한다. 그런 형태가 잘 진행되면 업무적인 부분에도 차질이 생기지 않고 소통이 잘되어 일의 능률이 오른다. 이런 일도 있었다. 며칠 전 월요일 진료를 예약했던 환자가 병원으로 다시 전화를 했다. 예약 날짜를 수요일로 변경하겠다고 말이다. 접수대 직원은 그 전화를 받고 담당 직원에게 알려주겠다고 했다. 전화를 끊고 다른 전화를 받는 동안 담당 직원에게 예약 변경 사실을 알리지 못하고 시간이 흘렀다. 바뀐 사실을 담당 직원은 모르고 있었던 것이다. 피드백이 안 된 결과였다.

이처럼 진료 중에 환자에게 설명해도 늘 모른다고 하는 것은 흔한 일이다. 그러니 환자의 눈높이에서 이해가 되었는지 서로 대화 내용을 확인하는 과정을 거쳐 오해가 생기지 않길 바란다.

해독이 필요한 분들을 위해서 효소를 권할 때가 있다. 첫 번째 효소는 따뜻한 물에 우려서 먹는 것이고, 두 번째 효소는 과립으로 되어 있으니 물을 마실 때 입에다 톡 털어 넣고 삼키라고 얘기해주었다. 세 번째 효소는 머그컵에 물을 붓고 미숫가루를 타 먹듯이 드시라고 알려드렸다. 그런데 며칠이 지나 연락이 왔다. 두 번째 효소와 세 번째 효소를 같이 섞어서 먹었더니 맛이 이상한데 원래 그런 거냐고 말이다.

나도 모르게 웃음이 나왔다. 처음에는 말로 정확히 설명을 한다고 한다. 여러 종류를 설명해주다 보면 환자들이 집에 가서 막상 먹으려고 할 때 기억이 나지 않는 경우가 있다. 그래서 환자에게 줄 때는 직접 꺼내어 먹는 시늉까지 하며 설명을 한다. 그리고 피드백을 한다. 여기까지 설명한 내용을 서로 확인했다면 크게 문제없이 진행된 것이다. 하지만 더 정확하게 하려면 제품 상자에 적어주기도 하고, 내용을 적어둔 메모를 동봉하면 좋다.

피드백에 관련된 상황은 누구에게든, 어디서든지 다양하게 연출된다. 이런 상황도 있었다. 더운 여름이었다. 시원한 실내에서 시간을 보내기 위해 카페에 갔다. 다들 차가운 음료를 주문했다. 나는 찬 음료는 별로 좋아하지 않아 따뜻한 아메리카노를 주문했다. 나는 당연히 '아이스'라는 말을 안 붙였기에 따뜻한 커피가 나올 줄 알았다. 그리고 잠시 후 "주문하신 아메리카노 나왔습니다."라고 말하며 점원이 들고 있는 커피는 아이스 아메리카노였다. 피드백이 제대로 안 된 결과였다.

내가 따뜻한 아메리카노라고 전달을 안 한 것도 잘못이었고(나는 항상 따뜻하게 먹기 때문에) 주문을 받은 사람도 한 번 더 확인을 하지 않은 결과였다. "따뜻한 아메리카노 주세요."라고 얘기했다면 "따뜻한 아메리카노 말씀인가요?"라고 손님이 했던 말을 다시 되물어보고 대답해주는 것이 피드백의 과정이다.

나는 같은 내용을 반복적으로 설명하기 때문에 다 얘기했다고 할 수 있지만 환자들은 단 한 번을 들었을 뿐이다. 그러니 제대로 알아듣고 이해를 했는지 환자와의 대화 중에서 수시로 피드백하고 소통을 하는 것이 환자와의 대화와 치료를 무리 없이 이끌어갈 수 있게 한다. 이런 과정의 대화는 치료 과정에 있어서 불필요한 상황을 미연에 제거할 수 있고 환자의 만족도를 높일 수 있게 한다.

CHAPTER 05

# 환자의 욕구를 찾아서 해결해줘라

가장 중요한 사실은 당신이 할 수 있다는 것을 아는 것이다.

- 로버트 알렌(미국의 영화배우)

## ✚ 환자가 궁금해하는 것을 미리 캐치하라

의류 매장에 바지를 사러 간 적이 있었다. 인터넷 쇼핑으로도 구매를 하지만 그날은 매장을 둘러보며 내게 맞는 옷을 사고 싶었다. 매장에는 내가 원하는 스타일의 옷들이 몇 가지 있었다. 나는 몸에 맞는 치수와 색을 골라 입어보았다. 한 직원이 거울에 비친 내 모습을 보고 지나가며 한마디했다.

"지금 입고 계신 바지와 제가 들고 있는 이 티셔츠가 카탈로그에 나와 있어요. 고객님은 이 티셔츠와 같이 입으시면 잘 어울리겠는데요. 색감도 그렇고 몸에 잘 맞을 것 같네요."

만약 지나치게 옆에서 "이건 어떠냐? 저건 어떠냐?" 하며 물어보는 상황이었더라면 부담이 되었을 것이다. 하지만 지나면서 고객에게 정보가 될 만한 부분을 설명해주니 오히려 도움을 받고 있다는 느낌이 들었다. 상황에 따라 차이가 있을 수 있겠지만 말이다.

바지를 사게 되면 당연히 윗옷으로 뭘 걸치면 좋을지 생각하게 된다. 나의 마음을 알았던 것일까? 어렴풋이 나는 '바지를 사게 되면 윗옷도 하나쯤은 사야겠지?'라고 생각했었다. 직원의 말에 공감했고 그 제안에 응했다. 말하자면 직원이 던진 한마디에 티셔츠와 바지까지 구입을 하게 된 것이다. 이후로 그 옷은 내가 즐겨 입는 옷 중에 하나가 되었다. 직원은 내가 뭘 필요로 하는지 욕구를 알아차렸던 것이다.

한의원으로 문의 전화가 왔다. "여보세요? 체형교정하는 데 비용이 얼마나 들어요?" 이런 문의를 자주 받는다. 그러면 직원이 "00원입니다."라고 바로 말하는 경우가 있다. 이것이 과연 올바른 답일지 한번 생각해보자. 전화를 받는 사람 입장에서는 문의를 한 사람이 일반적인 체형을 가지고 있는 사람인지 아니면 틀어진 체형으로 인해 디스크 수술을 한 사람인지 전혀 가늠하기 어렵다. 그렇다면 단순히 얼마라고 답해준 것이 제대로 된 답변일까?

문의자는 체형교정 받기를 가정하고 물어본 것일 수 있다. 막상 한의원에 와서 검사하고 진료를 받으면 체형교정이 아니라 다른 치료를 받는 것이 더 나을 수도 있다. 또는 문의자 자신이 교정을 받으려는 것이 아니라 누군가를 대신해 문의했을 수도 있다. 지금 상황은 문의자에 대한 정보가 전혀 없다. 문의자가 내원할 기회를 놓칠 수 있는 부분이다.

문의자는 언제 다시 전화를 하게 될지도 모른다. '내원할 마음이 없을 수도 있지 않느냐?'고 반문할 수도 있겠다. 그런 경우라고 하더라도 문의자의 상황에 맞춰서 응대를 해보자. 최소한 비용만 이야기하고 끊는 것보다 훨씬 나을 것이다.

위와 같은 상황이었을 때 독자 여러분이 전화를 받았다면 어떻게 응대하면 더 좋을까? 문의자의 현재 건강 상태를 물어보는 것은 어떨까? 교정을 했던 경험이 있는 사람인지, 경험을 했더라면 어디가 안 좋아서 하게 되었는지, 어느 정도 효과를 보았는지 등 문의자에 관한 직접적인 이야기로 맞춤 상담을 해보자. 대화가 훨씬 유연해지고 우리는 문의자에 대한 정보를 얻을 수 있게 된다.

그렇게 되면 주제는 비용 이야기에만 초점이 맞춰지지 않는다. 비용이 비싸면 비싼 만큼 뭔가 있다는 것을 예상할 수 있다. 문의자 또한 어느 정도 상황을 알게 된다. 반대로 저렴하다고 무조건 내원을 하는 것도 아니라는 것을 이미 알고 있지 않는가!

문의자의 입장에 맞춰 설명을 하면 더 많은 것들이 궁금해진다. 또 '내원을 해서 내 몸의 상태를 알아보는 것이 우선이구나. 그래야 어느 정도의 비용이 발생하겠구나.'라는 것을 인식하게 된다. 사실이 그렇다. 개인적인 비용은 다들 저마다 다르다. 개인의 상황과 여건이 다르기 때문이다. 그러나 문의자에게 아무리 설명을 잘해도 비용 정보만을 듣고는 내원할 의지가 잘 생기지 않는다. 이미 금액을 알고 있기 때문에 비용적인 부분만을 생각하게 된다.

### ✚ 환자는 내가 별것 아니라는 생각에도 마음이 상할 수 있다

체형교정 치료를 받기로 결정했던 중년의 남성 환자가 있었다. 가족과 함께 내원해서 한의원 분위기나 치료 시스템에 대한 설명을 꼼꼼하게 들었다. 그리고는 몇 개월 정도 꾸준히 치료를 받겠다는 결정을 내렸다. 상담실에서는 앞으로 진행하게 될 치료 과정에 대해 이야기하고 매회 침 치료비가 별도로 발생됨을 설명했다. 그런데 그때 내가 침 치료비용을 잘못 알려드린 것이다.

정식으로 치료 과정을 다 끝내고 치료비를 계산하려고 접수대 앞에 섰다. 처음 상담 때 들었던 비용보다 몇 백 원이 더 나왔다. 그 얘기에 환자는 기분이 상했다. 분명히 들었던 얘기는 예상 비용보다 몇 백 원이 더 적은 금액이었는데 왜 더 많이 나왔냐고 접수대 직원에게 이야기하고 있었다. 그 바람에 원장님도 지나가시다 듣게 되었다. 환자는 원장님에게 자초지종을 설명하고 있는 중이었다.

환자 입장에서는 비록 적은 금액이지만 처음의 얘기와 다른 상황에 기분이 나빴던 것이다. 뒤늦게 그 사실을 알고 달려갔던 나는 난처한 상황이 되었다. 자칫 환자 입장에서는 기분이 나쁘니 치료를 받지 않겠다고 말할 수 있는 상황이었다. 불과 얼마 안 되는 금액 때문에 말이다. 첫 치료를 시작한 것이어서 환자 입장에서 취소하기는 어려운 일은 아니었다. 하지만 치료하기로 어렵게 결정을 내렸던 분이었다. 비록 작은 금액이지만 잘못된 설명으로 기분이 나빠 취소를 하게 된다면 정작 본인도 치료를 못 하고 또한 한의원 이미지도 나빠질 수 있었던 것이다.

치료를 시작한 환자들을 치료가 끝날 때까지 잘 이끌어주는 것이 의료관계자의 의무이자 책임이다. 나는 먼저 나의 잘못을 시인했다. 착각해 잘못된 금액을 알려드려 죄송하다고 말이다. 하지만 그분의 마음은 풀어지지 않는 듯했다. 그래서 금액의 차액 부분에 대해 한약이라도 챙겨드리자고 원장님이 말씀하셨다. 실수를 보상해드리자는 것이었다. 가실 때 조용히 쥐어드리며 아침, 저녁으로 잘 챙겨 드시라고 말씀드렸다. 좋은 약이니 빠트리지 말고 드시라고 하면서 말이다. 그제야 흥분했던 낯빛이 본래대로 돌아오는 것을 느낄 수 있었다.

이 환자의 마음은 어떤 것이었을까? 처음에 알려준 금액과 얘기가 다르다보니 추가 비용을 지불하고 싶지 않은 마음이 들었을 것이다. 물론 일부러 그랬던 것은 아니었겠지만 환자는 작은 부분에도 일방적으로 당하고 있다는 느낌이 들었을 거란 생각이 들었다. 사람이 실수하는 것은 당연하다고 생각하고 쉽게 넘어갈 수도 있겠지만 말이다. 그런 경우라면 정중히 잘못을 말씀드리고 사과를 드리면 해결될 수 있다. 하지만 작은 것이라도 전후의 말이 달라지면 신뢰가 깨질 수 있다. 치료를 본격적으로 해보지도 않은 환자라면 더욱 그렇다.

처음부터 환자에게 틀린 정보를 주어서는 안 되는 것이었다. 불가피하게 그런 일이 발생되었을 때는 환자의 불만족을 적절히 채워줄 필요가 있다. 요구하기 전에 내가 먼저 챙겨주는 것이 더 좋겠다. 환자가 불쾌한 마음으로 치료를 받으러 다니는 것은 서로에게 좋지 않기 때문이다. 잘못된 금액을 알려줘서 환자는 기분이 나빴지만 그에 따른 보상을 하고 난 후 오히려 더 관계가 좋아졌다. 환자의 욕구를 만족시켰기 때문이다.

만약 내가 환자 혹은 소비자의 입장으로 병·의원이나 매장을 방문했더라도 마찬가지였을 것이다. 부당하고 불만족스러운 부분이 있다는 생각이 들면 당연히 의사를 표현하게 된다. 저마다 욕구 정도가 서로 다를 뿐이지 입장을 바꾸어 생각하면 이해할 수 있는 부분이다. 병원에서 어렵지 않게 해결할 수 있는 부분이라면 환자가 말하기 전에 먼저 그들의 불만을 나서서 해결하도록 하자.

그 후로 나는 비용을 설명할 때 더 주의해야겠다는 생각을 하게 되었다. 환자는 잘못된 정보를 제공받은 것에 대한 보상심리가 있었다. 다행히 그것을 알아차리고 제때 그에 상응한 보상을 해서 문제를 해결할 수 있었다. 과도한 요구가 아니라면 불만을 적절하게 해소하여 치료를 계속 받을 수 있도록 하는 것이 바람직하다.

매슬로우(미국의 심리학자)의 '인간의 욕구 5단계'라는 것이 있다. 매슬로우는 인간이 가지게 되는 욕구를 5단계로 나누었는데 첫 번째 단계는 생리적 욕구다. 생명과 직결되는 부분, 배고플 때 먹을 수 있고 잠자고 싶을 때 잘 수 있는 생존을 위한 욕구다. 두 번째 단계는 안전의 욕구다. 생리적인 욕구가 해결되면 생활할 수 있는 환경을 찾게 된다. 신체적, 심리적으로 안정적이기를 원하는 욕구다. 세 번째 욕구는 소속감과 애정의 욕구다. 생리적이고 안정적인 부분을 보장받았다면 어딘가에 소속되기를 원한다. 동료들과의 교제, 이성, 사랑을 느끼고자 하는 단계다. 네 번째 단계는 존경의 욕구다. 어딘가에 소속이 되었다면 존경을 받고자 하는 욕구가 생기는 것이다. 다섯 번째 단계는 자아실현의 욕구다. 존경의 단계를 지나 삶 그 자체로써 자아실현을 느끼고자 하는 욕구가 생긴다는 것이다.

사람에게는 단계적이고 다양한 욕구가 있다. 이번 사례는 부정적인 불만 욕구에 대한 것이지만 환자들이 병 · 의원에 머무는 동안 갖게 되는 욕구는 언제 어디서든 나타날 수 있다. 문제가 발생되지 않도록 관심을 가지고 지켜보는 것이 우선이다. 문제가 발생되어 불만이 생기더라도 그 불만을 해결하기 위한 노력을 해보자. 환자와의 관계가 더 좋아질 수 있을 것이다.

CHAPTER 06

# 환자의 마음을 공감하고 이해하라

나에게는 특별한 재능이 없다. 단지 모든 것에 열심히 호기심을 가질 뿐이다.

- 알버트 아인슈타인(독일 태생의 물리학자)

## ✚ 환자에게 관심을 가지고 그들을 알기 위해 노력하라

나는 상담할 때 환자와 공감과 소통을 중요시한다. 인간관계에서 공감과 소통은 절대적인 부분이다. 처음 내원하는 환자에게도 눈을 맞추며 따뜻하게 환대하고 진실한 마음을 전하려고 노력하는 편이다. 오랜 기간 동안 상담을 하면서 느낀 것이 있다. 사람과의 관계는 상대방의 정서와 눈높이에 맞게 대화하는 것이 중요하다는 것을 말이다. 그런데 그런 나의 깨달음에 찬물을 끼얹는 일이 생기고 말았다.

며칠 전 20대의 남자 환자가 내원을 했다. 그는 턱관절 진료에 대한 상담을 받으러 왔었다. 처음 상담실로 문을 열고 들어서는 남자의 표정은 무뚝뚝했다. 환자들이 병원에 오면서 이유 없이 웃으며 들어오는 사람은 없다. 그래서 상담실에 들어오는 환자들의 안색도 살피고 긴장을 풀 수 있게 편하게 대하려고 노력하는 편이다. 처음 상담 받으러 온 자리지만 나와 마주해 이야기하다 보면 얘기가 잘 통해 웃는 상황까지 연출될 때가 종종 있다.

그런데 이 환자는 내가 긴장을 풀어주고 편하게 상담하지 못하고 굳은 표정을 그냥 지나쳐버렸다. 내가 대수롭지 않게 생각했던 것이다. 왜 그랬는지 잘 모르겠다. 일이 그렇게 되려고 했던 것 같다. 내가 치료 과정에 대해 한참을 설명하고 있는데 환자는 뭔가 기분이 좋지 않았던 것 같다. 갑자기 일어서려고 했다. 그냥 보내면 치료도 못 받고 갈 것 같아 치료라도 잠깐 하고 가길 권했다. 턱이 아파 턱에 손을 대는 모습을 중간중간 보았기에 잠시라도 치료를 받고 갔으면 하는 마음이 있었다. 그런데 뭐가 불쾌했는지 급하게 가방을 챙기더니 주섬주섬 나가버렸다. 나머지 시간 동안 다른 상담을 하며 일과를 끝내게 되었다. 나는 그렇게 퇴근을 했다.

여기서부터는 다음 날 아침에 다른 직원에게서 들은 내용이다. 그날 그렇게 환자를 보내고 몇 시간이 흐른 후 접수대 전화가 울렸다고 한다. 아까 '상담했던 사람'을 바꿔달라는 전화였다. 나는 다른 환자와 상담 중이어서 바로 받을 수 없는 상황이었고 원장님이 전화를 대신해서 받았다고 했다. 접수대에 있던 직원이 대처하기에 전화 속 목소리는 꽤 격앙되어 있었다고 했다. 그렇게 원장님과의 통화로 이야기는 마무리되는 듯했다. 다음날 아침 미팅이 끝난 후에 원장님은 나를 찾으셨다.

"어제 그 환자가 컴플레인을 했어요. 통화를 하는데 얘기가 끝나기도 전에 끊어버렸어요. 다시 전화 한번 해봐요."

전화 속 주인공은 나와 통화하기를 원했다. 나에게 단단히 화가 난 듯했다. 그 이야기를 전해 듣고 나니, 내가 마무리를 해야겠다는 생각이 들었다. 그런데 알고 보니 정작 화가 나서 통화를 시도했던 전화 속 주인공은 어제 나와 상담했던 남자 환자가 아니라 같이 왔던 여자 친구였다. 여자 친구는 대기실에서 기다리고 있었고 남자는 상담실로 와서 나와 상담을 했다.

'뭐가 잘못되었던 것일까?' 생각해보았다. 평소와 다를 것 없이 상담을 했었던 것 같은데…. 단지 마음에 걸리는 게 있다면 환자가 기분이 좋지 않은 상태에서 상담실로 들어온 것이었다. 그는 상담 중에 뭔가 언짢았던 내용을 여자 친구에게 전달했던 것 같다. 여자 친구는 그를 대신해 나에게 화를 냈다. 뭐, 그럴 수 있다고 생각했다. 일이 꼬이려면 꼬이기 마련이니까 말이다.

마음을 가다듬고 전화를 걸었다. 부재중이었다. 연락을 기다리고 있을지도 모른다는 생각에 메시지를 남겼다. 사과하는 마음을 담아서 말이다. 조금 있으니 여러 개의 메시지가 동시에 들어왔다. 당시 화가 난 상황을 이야기하며 불쾌한 마음을 드러냈다. 사실 의아한 내용이 있었지만 내 의도와는 상관없이 상대가 불쾌하고 기분 나빴다면 공감하지 못한 내 잘못이다. 최대한 이해와 양해를 바라는 마음으로 사과를 했다. 그리고 그들의 마음을 이해하려고 했다. 다행히 나의 진심을 느꼈는지 사과는 받아들여졌고 문제없이 마무리되었다. 다른 상담 직원이었다면 나보다 훨씬 지혜롭게 대처했을 수도 있겠다.

남자 환자는 나의 단순한 말 한마디에 그는 화가 났던 것 같다. 아니 나에게 화가 나지 않았을 수도 있다. 상담하기 전에 대기실에 있던 여자 친구와 다투었을 수도 있다. 상담실에 들어올 때 이미 얼굴 표정이 굳어 있었으니까…. 하지만 표정이 그렇게 굳어 있었더라면 자연스럽게 마음이 열리도록 분위기를 전환하고 대화를 이끌어낼 수도 있었을 것이다. 하지만 나는 시도하지 않았다. 내가 그와 공감하는 타이밍을 놓쳐버렸기 때문이다. 소통을 유도하고 공감하기 위한 시도를 했더라면 이런 문제는 안 생겼을 텐데 말이다.

### ✚ 내가 환자의 입장이라면 어떤 느낌이 들지 생각해보라

역지사지라고 했던가? 내가 그 사람의 입장이 되어보고 상대방도 내 입장이 되어본다면 조금이라도 이해할 수 있는 아량이 생기지 않을까 하는 생각이 들었다. 나에게 불만을 표출했던 전화 속 주인공은 마지막엔 나의 사과를 받아들였다. 자신은 장사를 하는 사람인데 진상으로 비춰진 것에 대한 미안함을 표현했다. 우선적으로 서로의 상황을 이해하고 받아들이기 위해 노력했다면 환자가 우리 한의원에서 치료를 받지 않더라도 이렇게 나쁜 기억으로 남지 않았을 것이라는 아쉬움이 남았다.

토요일 진료가 밀리고 있는 상황이었다. 50대 중반의 여성 환자분이었다. 예약을 해야 하는지 모르고 몸이 안 좋아 무작정 소문을 듣고 찾아오신 분이었다. 그녀는 위장병이 있었다. 속이 꽉 막혀서 음식을 제대로 먹지 못하고 소화도 안 되었다. 위가 안 좋고 배변활동도 잘 안 되는 불편까지 있었던 것이다. 예약이 안 되어 있다 보니 예약을 하고 온 환자들에게 계속 차례가 밀리고 있었다.

상담을 하느라 나는 줄곧 상담실에 있었다. 그녀의 차례는 자꾸 밀리고 있었다. 계속 기다리는 상황에 다른 환자 상담을 하면서도 나는 계속 그녀가 신경이 쓰였다. 혹시 지쳐서 돌아가는 건 아닐까 하는 마음이 들었다. 드디어 그녀의 차례가 되어 상담실로 들어왔다. 그녀에게 내려진 처방에 대해 설명했다. 다행히 그녀는 꾸준히 치료 받기로 결정을 내렸다. 그런데 '어쩌면 그렇게 오랜 시간을 기다리며 불평 한마디를 하지 않았을까?' 하는 의문이 들었다.

그 시간 동안 불평하지 않고 차례를 기다리고 있는 그녀의 모습에 나는 감동을 받았다. 예약하고 오지 않는 초진 환자라도 시간이 지체되면 지치거나 불평을 한 번쯤 할 수도 있을 텐데 말이다. 나는 그녀의 마음에 공감할 수 있었기에 더 정성스럽게 대했다. 진료 상담과 약에 대한 설명도 더 자세히 해드렸다. 긴 시간 동안 불평 한마디 없이 기다려준 마음이 너무나 감사했기 때문이다. 그리고 다음에 오게 되었을 때는 기다리지 않고 바로 치료 받을 수 있도록 해드렸다.

환자의 마음을 이해하고 그 입장에서 생각하면 공감하기가 쉽다. 지금 문을 열고 우리 병·의원에 진료 받으러 온 환자가 시간에 맞추기 위해 중요한 일을 멈추고 왔을 수도 있다. 그 사실을 우리가 알았더라면 조금이라도 서둘러 접수해주려고 하지 않겠는가? 지금 대기실에서 자신의 차례를 기다리는 사람이 너무 아파서 말하기도 힘들어하는 상황일 수도 있다. 그 사실을 진작 알았더라면 진료실로 최대한 빨리 갈 수 있도록 시도하지 않겠는가?

환자의 입장에서 공감하고 이해하려고 노력하자. 내가 할 수 있는 것들이 더 많이 생긴다. 서로 공감하면 초진 환자는 자연스레 재진 환자로 인연을 이어가게 될 것이다.

# 10 마음까지 치유하는 대화를 하라

하루는 직업이 소방관인 분이 내원을 했다. 위장이 안 좋아 상담을 받으러 오셨다. 직업 특성상 긴장의 연속인 업무에 불규칙적인 식사 패턴으로 스트레스 수치는 최고에 달하는 상태였다. 직업을 그만두지 않으면 고치기 힘들 정도로 위장 장애가 심한 상태였다.

"소방관이라는 직업이 힘들지 않으세요?"

"많이 힘들어요. 하루는 퇴근하고 집에 가서 오랜만에 좀 쉬려고 누웠어요. 잠이 들려는 찰나에 비상 연락이 온 거예요. 그 바람에 다시 옷 갈아입고 나가 한숨도 못 자고 3박 4일 동안 화재를 진압했답니다."

이런 얘기를 들으니 참 안타까웠다. 힘든 일을 하시니 그분이 치료가 잘되어 효과를 보셨으면 하는 마음이 절로 생겼다.

"그만두고 싶다는 생각을 해보신 적은 없으세요?"

"여러 번 있었지요. 하지만 생사를 견뎌내고 동료들과 협심해서 사람을 구조해냅니다. 일이 잘 해결되면 말할 수 없는 희열을 느껴요. 이건 말로 표현할 수가 없어요. 그래서 지금까지 그만두지 못하고 있지요. 아마 힘닿는 데까지 해야 될 것 같네요."

치료하러 와서 이렇게 자신의 직업에 대해 진지하게 얘기해본 적은 없었다고 했다. 나와 얘기를 나누니 마음이 따뜻해진다며 고맙다고 말씀하셨다.

"꼭 건강 잘 챙기시고 좋은 일 많이 해주세요."

CHAPTER 07

# 환자가 말하는 증상을 잘 해석하라

우리가 지금 당장 의견의 차이를 해소시킬 수는 없다고 하더라도
이 세상이 다양성을 누리도록 함께 노력할 수는 있을 것이다.
- 존 F. 케네디(미국의 제35대 대통령)

## ✚ 아는 만큼 보이고 아는 만큼 들리는 대화의 수단! 언어!

우리나라의 한글과 말의 표현은 참으로 다양한 것 같다. 날씨가 좋을 때 하는 표현은 뭐가 있을까? 사전을 찾아보았다. '날씨가 맑다, 쾌청하다, 화창하다, 청명하다, 상쾌하다, 청화하다, 온화하다, 카랑카랑하다' 등의 표현들이 있었다. 날씨가 나쁠 때 하는 표현으로는 '날씨가 흐리다, 찌뿌둥하다, 흐리멍텅하다, 꾸무럭하다, 시펄뚱하다, 꾸질꾸질하다' 등 재밌고 다양한 표현들이 많다. 환자들은 아플 때 자신만의 표현으로 아픈 증상을 나타내곤 한다. 이런 경우에는 환자의 이야기를 듣고 제대로 해석할 필요가 있다. 원활한 진료를 위해서이다.

살이 쪄서 고민인 한 여성이 진료 후 상담실로 들어왔다. 두 아이의 출산으로 전업주부생활을 하게 된 그녀! 조금씩 늘어나기 시작한 체중은 10여 년 동안 꾸준히 진행되고 있었다. 먼저 식사량은 얼마나 되는지 점검했다. 그녀는 첫마디에 "별로 많이 먹지 않는다."고 짧게 대답했다. 별로 많이 먹지 않는다면 어느 정도를 말하는 것일까? 구체적으로 시간별 하루 일과와 먹는 양을 체크해보았다.

그녀는 아이가 학교에 가고 나면 간단히 커피와 토스트 한 조각을 먹고 집안일을 시작한다고 했다. 어느 정도 하고 나면 10시쯤 된다. 그러면 피곤하니 한숨 잔다. 그리고 다시 일어나 집에서 밥과 반찬을 대충 먹는 둥 마는 둥 간단히 먹는다고 했다. 아이 학교에 일이 있으면 일을 보고 장을 본 후 집으로 돌아온다. 또한 그녀는 밖에 나가는 것을 별로 좋아하지 않는다고 했다. 오후쯤 되면 과자나 빵 같은 남은 간식을 대충 먹는다. 그것도 조금만. 아이가 학교에서 돌아오면 아이가 좋아하는 치킨이나 피자, 과일 등의 간식을 챙겨주는데 그때 아이와 같이 간식을 1~2개 정도만 집어 먹는다.

그리고 늦은 저녁에 남편이 돌아오면 남편과 식사를 한다. 그제야 정식으로 식사를 하는 것이다. 식사를 하고 1주일에 2~3번 정도는 남편과 술을 마신다. 남편이 좋아하는 매콤한 안주와 함께 말이다. 그러다 늦은 시간에 잠이 든다.

그녀의 일상은 거의 매일 이런 식이라고 했다. 아침에 아이를 학교에 보낼 때 일어난 후 집안일을 하면서 소비하는 에너지보다 많은 열량의 음식을 먹고 있었던 것이다. 전업주부이다 보니 식사를 하고 나서 남은 반찬은 버리기 애매해 자신이 먹는 경우가 많다고 했다. 그러니 하루에 정식으로는 한 번의 식사를 하지만 전체 섭취 열량을 계산해보면 많은 열량을 섭취하고 있었다. 그녀는 이 점검을 통해 자신이 필요 이상의 열량을 섭취하고 있다는 것을 비로소 알게 되었다. 그녀가 했던 표현들 '별로 많이 먹지 않는다', '대충 먹는다', '간단히 먹고'라는 말은 정식으로 세 끼를 먹지 않는다는 것이지 하루 섭취 열량이 적은 것은 결코 아니었던 것이다.

치료를 받으며 효소와 같은 보조제를 먹게 되는 환자들이 있다. 해독이 필요해서다. 효소나 보조제를 먹으면 환자들에게 나타나는 반응들이 있는데 이를 호전 반응이나 명현 반응이라고 한다. 사전에는 한의학상의 현상으로 복약이나 음용 후 일시적으로 나타나는 예기치 못한 반응이라고 나타나 있다. 보조제를 먹는 동안에는 몸이 아픈 증상이 더 두드러지게 나타나기도 한다. 그래서 환자들이 놀랄 때가 종종 있다. 당연히 '치료를 받는 동안은 안 아파야지 왜 아프지?'라는 의문이 생길 것이다. 이렇게 보조제를 먹는 동안에는 몸이 개선되기 위해 아픈 증상들이 드러나면서 안 아프기 위해(낫기 위한) 치료가 되는 과정이 불시에 나타나게 된다. 오랫동안 겪고 있는 증세, 효소나 보조제를 먹는 기간, 식습관, 생활습관, 컨디션 등의 요소들이 명현 반응에 영향을 많이 미치게 된다. 그래서 이것들을 먹음으로써 특별히 겪게 되는 반응에 대해 자세히 설명해 전달해야 한다.

### ✚ '설명했는가'가 아니라 '이해했는가'가 중요하다

어느 날 어머니가 성인인 아들을 데리고 내원을 했다. 몸이 깡마르고 허약한 체질에 이유 없이 아픈 데가 많은 젊은이였다. 어머니는 아들 고민이 이만저만이 아니었다. 내성적인데다 사회생활을 시작한 지 얼마 되지 않아 스트레스를 많이 받고 있는 듯 했다. 어머니는 아들이 학창 시절에 친구들에게 따돌림을 당한 적이 있었다고 말했다. 학교 다닐 때 아이들이 한 번쯤 겪는 과정이 아니냐고 가볍게 얘기하고 넘어가려 했다. 하지만 정작 아들의 모습은 가볍게 지나간 것처럼 보이지 않았다. 그 얘기를 꺼낸 것이 자존심 상해서 그랬을 수도 있겠다 싶었다. 직장생활이 원활한 것 같지는 않다고 조심스럽게 속내를 비췄다. 어머니는 생각에 잠겼다. 학창 시절에 아들이 또래 친구들과의 관계에서 있었던 문제로 트라우마가 생겼을 수도 있겠다고 말했다. 회사에 입사한 지 몇 개월이 안 되었는데 현재 병가를 내고 치료를 해보려는 마음으로 내원을 했단다. 마음의 치료도 필요한 것 같았지만 그 부분은 내가 도와줄 수 없는 문제였다.

아들은 식사는 거의 하지 않고 매일 탄산음료만 먹고 지낸다고 했다. 밥맛이 없다고 했다. 영양 상태가 좋을 리가 없었다. 식사는 어머니가 차려주고 먹기를 종용해야 겨우 조금 먹는 정도라고 하니 어머니의 고심이 느껴졌다. 아들은 한약과 효소를 같이 먹게 되었다. 아들이 치료를 받고 있는 동안 어머니는 자신과 아들, 딸 이야기 등을 두루두루 했다. 어머니의 이야기를 들어주고 효소 치료의 필요성과 명현 반응에 대해 설명했다. 그리고 혹시 두드러지게 명현 반응이 나타날 수 있는 여지에 대해서도 설명을 했다. 충분한 시간이 필요했다. 이야기 중간에 이해한 표정으로 "예, 예."라고 대답했다. 어머니는 설명을 다 들었다고 생각했는지 갑자기 시계를 쳐다보더니 바쁘다며 빨리 집으로 가야 한다고 했다. 그러면서 가방을 들고 주섬주섬 일어섰다. 설명을 충분히 해드리지 못해서 조금 아쉬웠다. 하지만 이해했을 거라는 생각에 설명서를 가방에 넣어주었다. 그리고 명현 반응은 어떻게 나타날지 모르니 집에서 꼭 읽어보시라고 말했다.

몇 시간이 흐른 뒤 한의원으로 전화가 왔다. 왜 명현 반응에 대해 말하지 않았느냐고 말이다. 내가 해드렸던 이야기는 뭐였던가? 상담실에 있을 때 분명히 설명했던 부분이고 정작 이야기하려고 할 때는 바쁘다고 일어나서 가려고 했던 터라 집에서 읽어보시라고 설명서를 넣어드리지 않았느냐고 했다. 바쁘다 보니 내 말을 제대로 이해하지 못하고 간 것 같았다. 하지만 상대방의 입장에선 그럴 수 있다는 생각에 전화상으로 내 마음을 다시 전하고 이해를 구했다.

그러고는 며칠이 지났다. 한의원으로 전화가 걸려왔다. 아들이 주말 내내 아파서 밤에 잘 때 미친 듯이 아프다고 소리를 질렀다고 했다. 한의원을 다녀간 이튿날부터 그랬다고 했다. 어머니는 뭔가 문제가 있다고 생각했던 것이다. 여러 차례 전화를 하면서 치료에 대해 의문을 제기하기 시작했다. 아들이 아파서 전화를 했는데 자신들의 입장에 대해서는 이해를 안 해주고 한의원 입장에서만 이야기한다고 불만을 늘어놓았다. 물론 여기서 치료를 받고 나서 아들의 증상이 두드러졌으니 어머니 입장에선 그렇게 생각할 수 있는 부분이긴 했다.

나는 최대한 어머니의 입장에서 설명을 하고 신속히 대처하기 위해 어머니에게 아들의 현재 증상을 물어보았다. 그리고 원장님에게 보고했다. 증상을 듣고 정황을 확인하는 과정이었음에도 불구하고 어머니는 환자의 입장에서 생각하지 않는다는 말을 계속 되풀이하고 있었다. 어머니 또한 속상할 수 있는 부분이었다. 이해할 수 있었다. 하지만 아들의 증상의 원인을 찾아 문제를 해결하려고 하는데도 어머니는 우리의 잘못인 것으로 몰아붙이는 것이 안타까웠다.

아들은 효소를 먹으며 명현 반응을 겪기 시작했다. 앞에서도 말했지만 처음에 아프던 증상이 효소를 먹음으로써 더 두드러지게 나타나고 있었던 것이다. 효소 반응은 워낙 다양하게 나타나니 먹는 동안 꾸준한 관리가 필요하다. 결국 효소 반응이었다는 사실을 알고 일단락이 되었지만 어머니를 이해시키는 과정은 쉽지 않았다. 다행히 아들은 지금도 효소를 계속 먹고 있고 어머니 또한 효과를 보고 있는 중이다.

### ✚ 환자의 상황과 이해도는 저마다 다른 차이가 있다

환자가 충분히 이해했을 거라는 것은 나만의 착각이었다. 나는 다 설명했으니 환자나 보호자가 이해했을 거라고 생각했다. 하지만 나중에 다시 대화를 해보면 환자나 보호자는 알고 있었던 부분만큼만 이야기하게 된다. 그래서 나는 환자의 치료를 위해 최대한 자세히 설명하고 예를 들어준다. 궁금한 부분이 있으면 언제든지 얘기하게끔 한다. 하지만 환자의 상황과 이해도는 저마다 차이가 있다. 이해하는 것과 아는 것은 다르다는 말이 있지 않은가! 그중에서도 환자가 스스로 판단하고 결정해버리는 환자의 언어 속에서 오해의 소지가 생길 때가 있다.

환자도 치료를 받게 되면 나아질 거라는 기대치를 가지고 시작하고, 의료진도 환자의 몸 상태가 치료를 통해 좋아졌으면 하는 마음으로 치료를 진행한다. 개인차가 나기는 하지만 말이다. 하지만 치료 도중 나타나는 돌발적인 상황에 환자가 환자의 입장에서만 말을 하게 되면 난감한 상황이 된다. 환자에게 환자의 언어로 이해를 시키고 환자나 보호자의 입장을 이해하려고 해도 말이다.

어르신들이 김이 무럭무럭 나는 뜨거운 욕탕에 한참 동안 머물다가 나올 때 하시는 말이 있다. “아이고 시원하다!” 우리는 어르신이 시원하다고 하는 그 말을 어떻게 해석하는가? 절대로 언어 그대로 듣지는 않는다. 그 의미를 알고 있기 때문이다. 사람들은 저마다 경험이나 상황을 말로 표현할 때 자신만이 알고 있거나 자신이 아는 만큼 표현하는 언어를 사용한다. 상대방이 들을 때는 나름대로 해석이 필요한 부분이 있다. 환자들도 마찬가지다. 환자가 증상이나 치료 중의 경험을 이야기할 때 환자가 가지고 있는 표현 언어로만 받아들이지 말고 처음부터 끝까지 듣고 잘 이해해서 올바르게 해석할 필요가 있다. 그래야 오해가 생기지 않고 바르게 전달할 수 있을 것이다.

# 11 투자 제의를 받을 만큼 가까운 사이가 되라

치료를 하러 오는 중년의 여성이 있었다. 그런데 그분은 치료 받으러 올 때마다 치료 경과가 더디다고 계속 투덜거렸다. 치료 경과가 더딘 환자가 있으면 나 또한 신경이 쓰여 컨디션을 살피곤 했다. 사실 그분은 너무 바빠서 치료 받으러 자주 오시지를 못했다. 보통은 1주일에 2~3회 정도 내원하기를 권해드리는데 그분은 1~2주에 한 번 올까 말까 하셨다. 그때마다 바빠서 못 온다는 말을 되풀이하셨다. 내원할 시간이 없을 만큼 바쁘다니 나는 그 불평 섞인 얘기를 들어줄 수밖에 없다. 자주 오시지 않아도 올 때마다 상담실에 들러서 이런저런 불평을 늘어놓고 가셨다. 그날도 어김없이 치료를 받고 나서 상담실로 곧장 직진해서 들어오셨다. '오늘은 또 무슨 불평을 하실런지….'라는 생각을 하며 마주 보고 앉았다. 그분은 자리에 앉으시더니 대뜸 말씀하셨다.

"실장님은 돈 많이 벌죠?"

"네? 월급 받는 사람이 무슨 돈을 많이 벌어요?"

"한의원에서 오랫동안 일하고 이렇게 열심히 하는데 많이 안 벌어요?"

"무슨 말씀을 하시려고 그러세요? 무슨 얘기예요?"

나는 웃으면서 물었다. 그랬더니 그분이 하시는 말씀이, 나더러 제주도에 좋은 땅이 있다고 땅 투자를 한번 해보라고 권하시는 거였다. 조금 있으면 몇 배로 땅값이 오를 거라 이익이 날 수 있는 땅이란다. 너무 좋은 기회가 생겨서 다른 사람에게 알려주기는 아깝고 나에게 살짝 귀띔해주는 거라나 뭐라나….

'감사하기는 한데 왜 정작 ○○님은 투자를 안 하셨는지 궁금하네요….'

CHAPTER 08

# 환자의 대면 시간을 늘려라

훌륭한 사람을 만났을 때는 자신도 훌륭한 덕을 가지고 있는가 생각해보고,
나쁜 사람을 만났을 때는 그 나쁜 점이 자신에게도 있지 않은지 뒤돌아보라.
- 미겔 데 세르반테스(에스파냐의 소설가)

## ✚ 환자는 대면 시간이 길수록 좋아한다

은행에 가면 간단히 끝낼 수 있는 일이라도 대기자가 있으면 순번을 기다려야 한다. 대기자가 여러 명이거나 월말에 은행이라도 가게 되면 기다리는 순서가 제법 길어진다. 만일 내가 VIP고객이라면 바로 서비스를 받을 수도 있겠지만…. 시간적인 여유가 있다면 천천히 차례를 기다리면 된다. 하지만 시간이 부족한 상황이라면 더 답답하게 느껴진다. 상황을 지켜보다가 창구로 가서 간단한 조치를 부탁해볼 수도 있지만 그것도 순서를 기다려야 하긴 매한가지다.

그럴 때 간단히 도와줄 수 있는 업무는 굳이 순번을 기다리지 않고 처리가 되면 좋겠다는 생각이 든다. 우리가 청원경찰이라고 알고 있는 로비매니저라는 직원이 은행에 있다. 이 로비매니저는 간단한 민원을 안내하거나 보안 업무를 봐주는 일을 한다. 은행 창구에 들르지 않고 로비매니저의 도움을 받으면 기다리지 않고 일을 처리할 수 있는 경우가 있다. 이용자의 번거로움을 줄여줄 수 있어 편리하다.

하루는 턱관절의 통증으로 한 중년 여성이 한의원에 왔다. 턱관절에 불편을 느끼던 이 여성은 한 달 전 OO병원 구강내과에 예약을 했단다. 한 달 동안 불편 증상을 느끼며 지내다가 예약 날짜에 맞춰 병원을 갔다. 그런데 담당 의사는 턱관절 교정기를 착용하라고 말하고 특별한 치료를 하지 않았다. 몇 분 정도 얘기하고는 진료가 끝났다. 그녀는 허탈함에 그냥 집으로 돌아왔다. 그래서 다시 인터넷 검색을 해보고 다른 치료가 있는지 알아보고자 우리 한의원에 내원을 했던 것이다.

나는 환자와 이야기를 나누면서 분명 그 병원에서 환자에게 최소한 턱관절에 대해서나 치료 과정에 대해 설명은 해주었을 것이라는 생각이 들었다. 하지만 환자의 입장에서는 다르게 느끼고 있었다. 교정기만 권하고 별다른 치료를 해주지 않은 것으로 기억하고 있었다. 한 달을 기다려 예약을 하고 갔는데 기다리면서 기대한 만큼 진료시간이 길지 않아 만족감이 떨어졌던 것이다.

한 번은 이런 일이 있었다. 디스크 증상으로 여기저기 치료하러 다녔으나 효과를 못 봤다는 분이 내원을 했다. 허리가 불편한 상황이라 의자에 앉아 있기도 힘들 수 있겠다 싶어 바로 침구실로 모셨다. 잠시 앉아서 면담을 했지만 통증으로 최대한 편히 베드에 누워보시라 했다. 허리가 아픈 환자는 엎드렸다. 그리고 원장님과의 진료 상담을 시작했다. 원장님은 서서 환자를 바라보고 있었고, 환자는 엎드려 벽을 바라보며 이야기를 나누게 되었다. 그러기를 한참! 다른 환자들이 치료를 받고 나간 지 시간이 꽤 흘렀던 것 같다.

상담과 치료를 같이 받고 나온 그 환자가 수납하러 대기실로 왔다. 조금 전보다 편해진 자세로 말이다. 그런데 그분은 침 치료만 하고 나온 걸로 여기는 듯했다. 여기서 내가 알게 된 것이 있다. 오히려 진료실보다 침구실에서 더 오랫동안 진료 상담을 했음에도 불구하고 그 환자는 침구실이라는 공간에서 엎드려 대화를 하다 보니 치료만 받고 나왔다는 생각이 든 것이다.

환자가 상담을 요청하는 경우가 있다. 진료실, 침구실, 대기실 등 환자와 마주하고 이야기할 수 있는 장소는 다 진료 상담을 할 수 있다. 한의원에서 환자가 침 치료와 진료 상담을 같이 해야 할 때는 침구실에서 상담과 치료를 같이 하게 된다. 이렇게 치료와 상담을 함께 받고 나왔는데 환자는 침구실에서 침 치료만 하고 왔다고 생각하는 상황이 참 재밌게 느껴졌다.

그런데 진료실에 들어와서 마주 앉아 진료 상담을 받으면 확실하게 상담을 받고 나온 걸로 여긴다. 장소가 다르지만 동일한 원장님이 환자들과 진료 상담을 했음에도 불구하고 전자는 침 치료를 받고 나온 걸로 느끼고, 후자는 상담을 하고 나온 걸로 느끼는 것이다. 왜 그런 걸까? 여러분은 이게 무슨 차이라고 생각하는가?

나는 마주 보고 대면하지 않은 결과라고 생각한다. 앞에 있었던 사례처럼 부득이하게 침구실에서 상담하며 진료를 보는 것이 더 나을 때가 있다. 꼭 상담하는 장소가 정해져 있는 것은 아니다. 어떤 경우는 침구실에서 상담하는 것이 환자를 위해서 더 낫기 때문이다. 지금 말하고자 하는 것은 얼굴을 대면하고자 하는 환자의 니즈에 관해서다. 짧은 시간을 상담하더라도 환자의 얼굴을 보고 진료를 하는 것이 환자의 만족도를 올릴 수 있는 일이라는 생각이 들었다.

### ✚ 얼굴을 마주하고 환자를 대하자

나는 누군가와 대화에서 문제가 생겼을 때 얼굴을 서로 대면하고 이야기해야 문제를 해결하기가 쉽다고 생각한다. 실제로 대화나 대면이라는 말의 뜻 또한 그런 의미를 가진다. '대화'나 '대면'의 '대(對)'자는 마주 본다는 의미가 있다. 나도 가끔씩 남편과 의견이 다르면 논쟁을 할 때가 있다. 남편도 의견을 굽히지 않고 나도 내 논리가 맞다 생각하니 서로의 입장에서 얘기를 한다. 얘기를 하다 보면 입장 차이로 의견에 충돌이 생기고는 한다.

하루는 언쟁을 벌이는 도중에 남편이 이상한 행동을 했다. 나는 남편을 보며 얘기하고 있는데 남편은 돌아서 벽이나 컴퓨터 모니터를 보고 얘기를 하는 것이었다. 의견이 좁혀지지 않아 감정이 격해지는 상황에서 남편이 나를 쳐다보지 않고 엄한 모니터를 보고 얘기를 하는 것이었다. 처음엔 화가 났다. 얼굴을 보지 않으니 남편의 표정을 알 수가 없었다. 이야기가 제대로 진행되지 않는다고 느꼈다.

시간이 흐르고 감정이 사그라들고 난 뒤 남편에게 물었다. 그렇게 다투는 상황에서 왜 얼굴을 보지 않고 얘기를 했느냐고 말이다. 남편은 감정이 격해져 있을 때 서로를 쳐다보면 표정과 모습이 다 보이니 감정의 골이 더 깊어질 수밖에 없다고 생각한다고 말했다. 그런 상황을 피하기 위해 그렇게 행동한단다. 나는 처음엔 이해가 안 되고 말도 안 된다고 생각했다. 나는 논쟁이 생겨 다투게 되더라도 얼굴을 보며 이야기를 해야 해결된다고 생각했던 사람이다.

남편의 행동이 처음에는 답답하고 이해가 안 되었지만 시간이 지나면서 논쟁이 벌어지면 남편의 그런 행동 때문인지 자연스럽게 언쟁이 줄어드는 것을 느꼈다. 내가 원하든 원치 않든 자연스럽게 타임아웃(농구나 배구 경기에서 선수 교체나 휴식, 작전 지시 등으로 심판의 지휘 하에 경기를 잠시 멈추는 것)이 되는 것이었다. 그만큼 얼굴을 마주 대한다는 것은 사람의 감정을 읽을 수 있고 대화를 이끌어내는 것이 용이하다는 것을 알게 되었다.

오래 전의 일이다. 진료실에서 원장님과 환자의 진료 상담이 시작되었다. 그 사이에 침 치료할 환자들이 침구실에서 대기하고 있는 상황이었다. 기다리는 동안 대신할 수 있는 치료를 몇 가지 하고 나서도 진료실에서 원장님이 나오시질 않고 있었다. 침구실에 있던 환자들의 대기 시간이 점점 길어지고 있었다. 의사가 아닌 이상 내가 더 이상 환자들에게 해줄 수 있는 것이 없었다. 양해를 부탁드린다는 말밖에 할 수가 없는 상황이었다.

기다리기 시작해 시간이 제법 지났기 때문에 이제는 돌려보낼 수도 없는 진퇴양난의 상황이었다. 그러다 결국 침구실에서 누워 기다리던 한 환자가 벌떡 일어났다. 기다리는 시간이 길어져 기분이 나빴던 것이다. 그러더니 치료복을 벗어던지고 옷을 갈아입으러 탈의실로 성큼성큼 걸어가는 모습이 보였다. 그때 노심초사 기다리던 진료실 문이 드디어 열렸다. 급하게 원장님이 침구실 쪽으로 나오는 모습이 보였다. 진료실에서 환자와 상담하고 있는 동안에도 침구실에 환자가 기다린다는 생각을 계속하고 있으셨던 것이다.

그 순간 탈의실에 갔던 환자는 옷을 다 갈아입고 나가려고 대기실로 나오고 있었다. 나는 혹시 그 환자를 놓칠 세라 급하게 뛰어가서 환자의 발걸음을 멈춰 세웠다. 그렇지 않으면 환자가 화가 난 상태로 곧장 나갈 태세였으니 말이다. 나가려는 문 앞에서 그분을 붙잡고 "원장님이 ○○님 침 치료하시려고 서둘러 나오셨다."고 말씀드렸다. 그리고 재빨리 침 치료를 받게 해드렸다. 발침(침을 뽑음)을 하고 나온 뒤에 나는 그분을 진료실로 보내드렸다. 원장님을 따로 뵙지 않고 기분이 나쁜 상태로 보낼 순 없었기 때문이다.

엎드려 침 맞는 분에게 환자는 엎드려 있고, 원장님은 서서 이야기를 해봤자 얼굴을 보지 못한 상태에서 깊어진 감정을 푸는 것은 좋은 방법이 아니라는 생각이 들어서였다. 진료실에 들어간 환자는 원장님과 이야기를 잘 풀고 나올 수 있었다.

그때 화가 난 환자가 만약 한참을 기다리고 침만 맞고 기분 나쁜 상태로 집으로 가게 되었다면 어떻게 되었을까? 침도 안 맞고 그냥 나갔을 수도 있다. 환자 입장에서는 무시당했다는 생각밖에 들지 않았던 것이다. 이런 상황일 때 대부분 환자들은 어떤 생각을 하는지 아는가? 쉽게 비유하자면 부모의 사랑을 받던 첫째 아이가 새로 태어난 동생으로 인해 부모에게서 버림받았다고 느끼는 것과 비슷하다. 과장이라고 생각할지 모르겠지만 부정할 수 없는 사실이다. 환자들이 의사를 기다렸다가 못 보고 가면 대접이나 인정을 못 받고 간다는 기분을 느낀다. 어느 환자가 직접 했던 말이다. 서로 기분이 설령 나빴더라도 얼굴을 보고 대화하면 오해를 줄일 수 있고 서로의 솔직한 마음을 알게 되면 이해할 수 있게 된다. 문제를 해결하기가 훨씬 쉬워지는 것이다. 환자와의 대면 시간은 그래서 중요한 것이다. 대면 시간이 길고 환자를 생각해주는 병원이라면 대접을 받는 느낌이 든다. 그러면 우리 병 · 의원에 오는 것이 즐겁지 않겠는가? 우리 병 · 의원의 충성 환자는 이렇게 만들어지는 것이 아닐까?

PART 4

# 영업 : 충성 환자를 만드는 8가지 영업 비밀

CHAPTER 01

# 실력 못지않게 홍보도 중요하다

해보지 않고는 당신이 무엇을 해낼 수 있는지 알 수 없다.

- 프랭클린 애덤(미국의 칼럼니스트)

## ✚ 환자들이 알아주지 않는 병원은 존재할 이유가 없다

주말이면 '뭐 맛있는 걸 먹을까?' 생각한다. 텔레비전 채널을 돌리면 여기저기서 '먹방(먹는 방송)' 프로그램을 어렵지 않게 만날 수 있다. 인스타그램, 페이스북, 카카오스토리, 밴드, SNS 등을 활용하는 것이 낯설지 않은 시대다. 사람들은 거의 모든 정보를 인터넷을 통해 얻는다. 그래서 온라인 마케팅으로 홍보가 제대로 되어 있지 않으면 사람들은 잘 모른다. 정보들이 너무 많기 때문에 눈에 잘 들어오지도 않는다.

누군가가 독자에게 맛집을 소개받았다고 해보자. 그럼 보통 우리는 어떻게 하는가? 무작정 그 맛집을 방문하는가? 아마 그렇지 않을 것이다. 소개를 받은 사람은 지인으로부터 알게 된 맛집을 컴퓨터나 모바일로 검색하고 원하는 채널을 통해 확인해볼 것이다. 마케팅 대행업체나 홍보성 광고보다는 소비자가 SNS를 통해 자연스럽게 소개하는 맛집을 더 선호한다. 더 사실적으로 느껴지기 때문이다. 그러니 이런 온라인 마케팅이 제대로 안 되어 있다면 가까이 있어도 잘 알지 못할 수 있다. 더구나 새로 개업한 식당은 더욱 치밀한 홍보가 필요하다. 그래야 SNS에서 정보를 얻어 식당을 방문하는 사람들이 늘어날 수 있기 때문이다.

병 · 의원의 홍보도 마찬가지다. 신설 병 · 의원은 말할 필요도 없고 기존의 기관들도 알리기 위해 끊임없이 홍보를 해야 한다. '1:5의 법칙'이 있다. 신규 고객을 유치하려면 기존 고객에 비해 5배의 비용과 노력이 든다는 것이다. 기존 고객에게 1만 원의 홍보비가 사용되었다면 신규 고객을 만들기 위해서는 5만 원의 홍보비가 발생한다는 것이다. 그만큼 신규 고객 유치에는 적지 않은 노력과 비용이 든다는 것을 의미한다. 또 이런 해석도 가능하다. 기존 고객은 신규 고객에 비해 비용과 노력을 그만큼 적게 들이고도 홍보 효과를 볼 수 있다. 그렇게 때문에 기존 고객을 잘 관리해야 한다는 것이다. 신규 고객 확보를 위한 홍보만 열심히 하면 자칫 더 소중한 기존 고객을 놓칠 수 있기 때문이다.

## ✚ 실력을 다져놓았다면 이제 알릴 차례다

어느 온라인 마케팅 광고 대행사가 블로그에 올린 글이다. 인스타그램으로 마케팅을 해야 할 필요성을 주장하는 내용이었다. "맛집을 알아볼 때 지역에서 맛있는 집을 검색한다. 검색 결과로 나온 음식 사진 중에서 인기 게시물에 나오는 제일 맛있어 보이는 사진을 클릭한다. 가게 이름이 나오면 그 가게의 블로그나 인스타그램 계정으로 들어간다. 음식 사진들이 정갈하고 맛있게 작업되어 있으면 대부분의 SNS 사용자들은 그 집을 맛집으로 받아들이고 찾아가게 된다."고 했다. 보이는 홍보가 그만큼 중요하다는 것을 말하는 것이다. 좋은 재료와 다양한 메뉴를 구비해 놓아도 제대로 홍보가 안 된다면 지금 시대에는 무의미하다는 것이다.

외식 사업을 운영하며 방송에도 출연하는 백종원 씨가 있다. 그가 진행했던 많은 먹방 프로그램 중에서 지금은 종영된 〈백종원의 3대 천왕〉이라는 프로그램이 있다. 각 지역의 맛집을 돌며 직접 맛을 보고 평가해서 '베스트 3'을 뽑는다. 베스트 3의 주인공들은 방송에 출연하게 된다. 식당 주인의 요리를 직접 스튜디오에서 만들어 맛을 보고 방청객과 패널이 최종적으로 최고의 식당을 선정하는 프로그램이었다. 한때 이 프로그램을 즐겨 본 적이 있었다.

나도 그 프로그램에서 소개했던 식당에 가본 적이 있었다. 운영한 지

40년이 다 되어가는 치킨집이었다. 이 집 치킨의 특징은 닭을 튀길 때 튀김옷을 두껍게 입히거나 양념 맛을 일부러 내지 않는다는 것이었다. 얇은 튀김옷을 입혀 치킨의 순수한 맛 위주로 조리하는 특징이 있었다. 치킨 무 또한 치킨집에서 직접 만드는데 자극적이지 않고 집에서 만든 음식 같았다. 심심한 맛에 가까웠다.

건강한 음식은 강렬한 자극이 없기 때문에 때로는 '너무 맛있다!'라는 생각이 안 들기도 한다. 보통의 치킨을 먹고 나면 속이 더부룩하고 소화가 잘 안 된다. 그런데 이 가게의 치킨은 속이 편안한 편이었다. 첨가물을 쓰지 않았다는 것을 짐작할 수 있었다. 이 가게는 흔히 말하는 '착한 식당'이었던 것이다.

치킨은 일단 튀기는 과정이 필요하다 보니 주문을 받으면 그때부터 튀기기 시작해 식탁에 놓이는 데까지 보통 30분 정도가 소요되는 듯했다. 줄을 서는 데도 한참이 걸렸고, 주문하고 기다리는 데도 한참이 걸렸다. 오랜 기다림 끝에 드디어 치킨을 맛보는 순간이 왔다. 첨가물이 들어 있지 않은 치킨이다 보니 담백한 맛에 가까웠다. 너무도 순한 맛에 반기지 않을 손님도 있었을 것 같다. 그럼에도 불구하고 기꺼이 사람들은 치킨을 먹기 위해 기다림을 자처하고 있었다. 이미 맛에서 많은 사람들에게 인정을 받은 데다가 방송에도 출연하면서 더 많은 사람들이 몰려든 것이다.

내가 방문한 것은 텔레비전 방송이 나가고 한참 뒤의 일이었다. 치킨집은 그때까지도 문전성시를 이루고 있었다. 줄을 기다리다가 입장하더라도 주문 후에 즉각 치킨이 튀겨져 나오다 보니 또 30여 분의 시간을 더 기다리는 것은 필수였던 것이다. 방송 후에 늘어난 것인지 전부터 그랬는지는 알 수 없지만, 내가 방문했을 때는 치킨을 튀겨내는 커다란 기름솥이 6개가 설치되어 있었다.

이처럼 이미 맛으로 승부를 본 가게가 방송으로 홍보까지 하게 되었으니 홍보 효과는 실로 대단했다. 맛을 떠나서 방송을 보고 직접 찾아가 보게 되었다는 것만으로 이미 홍보가 된 것이다. 물론 방송 프로그램에서 치킨집을 홍보하려는 목적으로 섭외한 것은 아니었을 테지만 말이다. 병 · 의원의 홍보도 마찬가지다. 오랜 기간 동안 실력을 잘 다져놓은 병 · 의원이라면 기성세대들에게는 입소문이 났을 것이고 젊은 세대들에게는 인터넷상에서 SNS 홍보가 자연스럽게 될 수 있는 것이다.

### ✚ 홍보가 제대로 되어 있지 않으면 환자들이 찾아갈 길이 없다

도로를 달리다 새로 생긴 식당의 간판을 보게 되었다. 매운 음식을 파는 곳이어서 관심을 갖지 않고 지나쳤지만 간판 이름이 특이해서 기억에 남았다. 가끔씩 매콤한 음식을 찾을 때가 있는 남편을 위해 식당 이름을 기억하는 정도였다. 그러다 인터넷으로 검색을 해보았다. 식당은 체인점으로 운영되는 곳이었다. 식당 회장이 음식의 차별화를 위해 노력한 과정에 대해 찍은 동영상을 접할 수가 있었다. 전국의 여러 음식점을 다니면서 좋은 재료의 좋은 배합으로 건강하게 먹을 수 있는 특허 받은 재료로 만든 음식이라는 내용이었다.

한 번도 방문하지 않은 식당이었다. 검색을 통해 홍보 동영상을 보고 블로그와 SNS에 올린 사진들을 보니 한 번은 가보고 싶다는 생각이 들었다. 어느 날 남편이 매운 음식을 먹고 싶다고 했다. 난 그 식당에 가보자고 했다. 그 얘기를 듣자마자 남편은 바로 인터넷으로 검색을 해봤다. 나와 같은 방법으로 여기저기서 블로그와 홍보 영상을 본 것이다. 결국 그 식당에 가보기로 했다. 이미 식당에 대한 좋은 정보를 알고 간데다 착한 재료를 쓴다는 이미지가 있으니 정말 그런 맛이 날까 궁금했다. 그에 걸맞게 좋은 재료의 맛이 느껴져서 맛에 만족하고 돌아올 수 있었다. 만약 내가 식당을 검색했을 때 검색된 내용이 없거나 홍보된 자료가 없었더라면 어떻게 되었을까? 굳이 거기까지 가서 먹어보려는 시도는 안 했을 것이다.

남편은 식당에 대한 정보를 얻기 위해 여러 채널을 검색하고 알아보는 과정을 거친다. 식당에서 많은 홍보를 해서 검색 결과가 좋았던 것에 비해 맛이 제대로 충족되지 않았더라면 아마 남편은 실망했을 것이다. 다행히 맛이 괜찮았다. 한동안 남편은 매운 음식이 생각나면 그 식당에 또 가고 싶다고 했다.

실력이 있고 좋은 음식을 제공해도 홍보가 잘되지 않으면 결국 손님들이 잘 찾지 못한다. 병 · 의원도 마찬가지다. 탄탄한 의료진과 좋은 의료 시스템을 구비하고 있어도 홍보가 제대로 되지 않으면 환자들이 찾아갈 길이 없다. 환자들을 우리 병 · 의원에 오게 하기 위한 가장 첫 번째 방법! 홍보에 신경을 쓰는 것이다.

CHAPTER 02

# 환자의 진료 후기를 홍보에 적극 활용하라

기쁘게 일하고, 해놓은 일을 기뻐하는 사람은 행복하다.

- 요한 볼프강 폰 괴테(독일의 문학가)

### ✚ 진료 후기는 만들어지는 것이 아니라 만들어내는 것!

유명 대학 출신인 치과의사가 시내에 개원을 했다. 개원한 지 1년이 조금 넘은 치과였다. 치과는 교정 전문, 구강 전문, 턱관절 전문 등으로 분야를 나누어 운영하는 경우가 많은데 그곳은 규모가 크진 않지만 신설 치과답게 교정, 구강, 일반 진료까지 다 가능한 것이 특징이었다. 개원한 지 오래되었거나 임상 경험이 많은 병 · 의원이라면 환자들의 치료 사례가 많았을 것이다. 치료 전후의 자료나 진료 후기는 의사가 공들여 치료한 산 결실이므로 병 · 의원에서는 어떤 것과도 바꿀 수 없는 아주 중요한 자산이 된다.

그런데 이런 신설 치과는 이제까지 내원한 환자 수가 적기 때문에 좋은 치료 사례들이 부족할 수밖에 없다. 치료 전후 자료와 진료 후기는 병원에서 만들어야 하는 것이다. 어떤 식으로든 빠른 시간 내에 환자를 유입시키는 것이 관건이다. 그래야 진료 후기 작성이라는 결실을 많이 만들어낼 수 있다. 좋은 결과를 만들기 위해서는 일단 치료 환자들의 자료가 많을수록 유리하겠다. 좋은 후기를 만들어낼 확률이 높기 때문이다.

그래서 이 신설 치과에서 생각해낸 것이 SNS 홍보였다. 치료 후기를 얻기 위해 인스타그램에서 이런 이벤트를 진행했다. 내원할 수 있는 지역권임에도 불구하고 내원하는 비율이 낮은 특정 지역을 선정했다. 또 치료 변화를 원하는 연령대를 지정했다. 상대적으로 학생이나 젊은 연령은 교정 치료를 많이 받기 때문에 치료 후기 또한 많다. 하지만 40~50대 이후는 치아 교정을 하는 사람이 많지 않다. 그래서 그들을 대상으로 교정 치료를 몇 퍼센트 할인해주는 이벤트였다. 좋은 아이디어라고 생각했다. 자료를 만들고자 한다면 연령대와 지역권이 골고루 분포될수록 환자들의 치료에 대한 거리감을 좁힐 수 있기 때문이다.

많은 병 · 의원들이 자신의 진료 분야에서 치료 전후 사진과 진료 후기를 만들어내기 위해 노력해야 한다. 시간이 지나면서 노력의 결과는 차곡차곡 쌓이게 된다. 이것은 치료 결과의 기록물이자 홍보를 위한 실질적인 자료가 된다.

과대광고를 하지 않고 치료 효과를 알릴 수 있는 방법은 뭐가 있을까? 광고비를 들이지 않고 치료 효과를 드러낼 수 있는 방법은 뭐가 있을까? 두 가지 질문에 대한 답은 바로 진료 후기다. 내가 근무하는 한의원도 치료 전후 사진과 함께 진료 후기가 부착된 파일을 대기실에 비치해놓았다. 당연히 100%의 사실적인 결과물이다. 환자들이 예정된 기간의 치료를 끝내고 나면 원장실에서 마지막 상담을 하게 된다. 상담이 끝나고 돌아갈 때는 진료 후기 작성을 부탁한다. 하지만 어떤 대가를 주기로 하고 작성을 바라지는 않는다. 그것은 환자의 입장에서도 마찬가지다.

우리 한의원에 오게 된 경로나 치료 받는 동안 느낀 점, 변화된 부분을 솔직하게 써달라고 부탁을 드릴 뿐이다. 그러면 다들 글재주가 없어서 글쓰기가 어색하다고 하면서도 성심성의껏 작성해주신다. '치료 효과를 보게 되어 감사드린다.', '치료를 받아야 하는 상황이라면 또 오겠다.', '소개를 한다면 이곳을 추천하겠다.', '치료 효과는 좋은데 시간이 없어서 더 못 하고 가는 것이 아쉽다.' 등 마음속에 있었던 말들을 여과 없이 기록해놓는다. 치료 전후 사진을 활용할 경우에는 당사자의 동의를 구한다. 그리고 사실 그대로 원본 자료를 하나도 고치지 않고 그대로 코팅해서 파일로 만들어 비치한다.

진료 후기는 이미 경험해본 환자가 아직 경험해보지 못한 불특정 환자에게 병 · 의원을 내원하여 치료 받고 느낀 바를 사실적으로 알려주는 실질적이고 주효한 메시지다. 그 내용에 거짓이 없다면 참으로 가치 있고 진실한 홍보를 하고 있는 것이다. 병 · 의원에 내원을 할 때 정직하고도 사실적인 결과물이 중요함을 다시 깨우쳐주는 대목이었다.

한 번은 이런 적이 있었다. 원장실에서 진료를 마치고 상담실에서 전반적인 상담을 한참 동안 하고 있었다. 그런데 불쑥 50대의 남자 환자가 이렇게 질문했다.

"그래서 이 한의원에서 나 같은 환자를 치료했던 적이 있습니까?"

"선생님 같은 환자분들이 오는 곳이 바로 여깁니다."

그리고는 그런 사례들이 얼마나 많은지 또 물었다. 나는 혹시 대기실에 비치해놓은 치료 후기 자료를 보셨는지 되물었다. 그는 봤다고 얘기했다. 그러면서 그는 "그 후기 내용이 사실인가요? 어디서 도용한 것 아닌가요?"라고 덧붙여 물었다.

지금이 어떤 시대인데 그런 중요한 의료 결과물을 도용하겠는가? 그렇게 하고도 병 · 의원이 오랫동안 운영될 수가 있겠는가 말이다. 치료 전후 자료와 진료 후기는 그 병 · 의원이 짧지 않은 기간 동안 치료를 하고 만들어낸 노력의 결실인데 말이다. 다른 병원의 것을 도용해서도 안 되지만 그 자료를 유출해서도 안 된다. 당연히 법에 저촉되는 부분이고 또한 환자와 병 · 의원 간의 약속이다. 물론 환자는 단순한 궁금증 때문에 질문했다고 생각하지만 믿을 만한 병원인지 확인하고 싶었던 것으로 이해했다.

사실 그렇게 꼼꼼하게 따지는 환자들은 여러 방면으로 확인했으니 치료를 시작하면 열심히 치료를 잘 받는다. 치료 결과도 대부분 좋다. 치료 결과가 좋은 환자는 마지막 상담을 하고 나서 좋은 내용의 후기를 남기고 떠난다. 참 감사한 일이다.

### ✚ 진료 후기는 실질적인 광고이자 강력한 메시지다

진료 후기를 작성하는 것에 대부분의 환자들은 크게 반감을 갖지 않고 사실적으로 느낀 점을 기록한다. 그동안 치료에 도움을 준 의료진에 대한 고마움도 있고 한국인 특유의 정이라고나 할까? 한 번은 이런 일이 있었다. 50대 중반의 여성이었는데 턱관절이 안 좋아 치료를 했다. 마지막 진료 상담을 마치고 돌아가는 길에 후기를 부탁했다. 잠깐 무언가를 하는가 싶더니 어디론가 전화를 걸었다.

전화를 끊고 나서 나에게 한마디를 던졌다. "진료 후기를 써주면 나에게 보답으로 얼마를 줄 건가요?"라고 단도직입적으로 말했다. 친구에게 전화를 했더니 후기를 써주면 돈을 주는 병원이 있으니 사례비를 받으라는 말을 했다고 한다. 그래서 나에게 그렇게 물었던 것이다. 몇 년 동안 진료 후기를 환자들에게 부탁드렸지만 단 한 번도 그런 조건식의 질문을 들어본 적이 없던 나는 적잖이 당황했다.

금전적인 조건으로 후기를 부탁을 드리지는 않는다고 완곡하게 말씀드렸더니 그러면 작성하고 싶지 않다고 한다. 치료 후기를 작성하고 선의로 자진해서 작은 선물을 드린 적은 있었다. 하지만 이렇게 환자가 조건적인 대가를 바라는 것은 아무리 좋은 후기라도 진실하지 않다고 생각한다. 비록 좋은 내용의 후기를 작성해준다고 하더라도 환자들에게 떳떳하게 알릴 수 없다는 생각이 들어서 후기를 받지 않기로 했다. 대부분 환자들은 치료가 종료되는 순간에 오랜 기간 동안 치료를 하고 최선을 다해줘서 감사하다는 훈훈한 이야기로 작별의 인사를 한다. 하지만 그때는 그러기가 어려웠다. 승강기 앞에 서서 정중히 마지막 인사를 하고 보내드리는데 약간은 서먹한 감정으로 배웅할 수밖에 없었다.

성심성의껏 치료를 하고 선의로 진료 후기 작성을 부탁드린 것이었는데 환자에게서 금전적인 요구를 받았다. 미묘한 감정에 사로잡혔다. 이런 경우는 지금까지 딱 한 번 있었다. 대부분은 느낀 바를 솔직하게 잘 적어주시는 편이다. 후기를 활용할 때는 환자의 치료 전후 사진을 모자이크 처리한다. 또한 치료 후기를 작성할 때는 개인의 신상을 비공개로 해서 원내 관리나 자료 연구용으로 활용될 수 있음을 꼭 알리고 동의서를 받는다.

이렇게 활용하기 좋은 진료 후기라 할지라도 블로그나 홈페이지, 카페 등은 전기통신 매체에 해당되므로 대외 자료를 함부로 올려서는 안 됨을 명심해야겠다. 블로그를 이용하여 글을 쓸 경우에는 치료 전후 사진은 올릴 수가 없고, 치료나 진료라는 단어를 공식적으로 쓸 수가 없다. 카페나 홈페이지는 회원가입한 사람에 한해서 치료 전후 사진이나 진료 후기를 볼 수 있도록 한다.

'의료법 56조'에 의해 의료광고에 위반이 되는 경우가 있다. '의료법 제56조'에서 말하는 의료광고는 "의료법인, 의료기관 또는 의료인이 그 업무 및 기능, 경력, 시설, 진료 방법 등 의료 기술과 의료 행위 등에 관한 정보를 신문, 인터넷신문, 정기간행물, 방송, 전기통신 등의 매체나 수단을 이용하여 널리 알리는 행위를 의미한다."라고 규정되어 있다.

어느 비뇨기과 원장은 수술 후 수술 후기를 쓰다가 위반 사례에 해당이 되었다. 어떤 피부과에서는 홍보를 위해 '할인 이벤트를 진행한다, 할인을 받을 수 있는 제휴카드가 출시되었다' 등의 비용적인 부분을 언급해 의료법에 위반이 되었다고 한다.

병·의원 운영을 하다 보면 시간이 지남에 따라 좋은 진료 결과가 나오게 된다. 좋은 결과가 있어도 시각적으로 보기 쉽도록 정리를 해놓지 않으면 활용할 수가 없다. 구슬이 서 말이라도 꿰어야 보배라는 말이 있지 않은가! 잘 정리한 후 파일을 원내에 비치하면 자신과 비슷한 상황이었던 환자의 자료는 꼼꼼히 읽는다. 그것을 보는 동안 궁금증도 생길 것이고 병·의원에 대한 신뢰도 생길 수 있다. 환자의 진료 후기를 홍보에 적극적으로 활용하도록 하자.

## 12 '난 정말 행복한 사람'이라고 생각하라

오래 전에 대학생 딸과 그녀의 어머니가 체형교정 치료를 받았던 적이 있었다. 몇 년의 시간이 흘렀다. 학생의 어머니는 몸이 안 좋아서 간간히 치료를 받으러 오셨다. 그리고 또 시간이 한참 흘렀던 것 같다. 어느 날 자동차 사고를 당하고 다시 치료를 받으러 오신 것이다. 사고 난 자동차 수리 견적이 1,500만 원이 나왔다고 하니 가히 얼마나 큰 사고였는지 짐작이 갔다. 그렇지 않아도 아픈 사람이 대형 사고를 당했으니 몸이 더 안 좋아졌을 수밖에 없었을 것이다. 하지만 열심히 치료를 받으러 다니시며 조금씩 회복되는 모습이 반가웠다. 하루는 어머니가 나를 보며 이렇게 말하셨다.

"오랜만에 여기에 왔더니 남아 있는 직원은 실장님 혼자뿐이네요. 실장님은 한의원에서 없어서는 안 될 사람 같아요."

그분은 언니 같은 분이여서 한 번씩 인사드리며 마음을 전하기도 했었다. 그런 이야기를 해주시니 고마웠다. 그래서 나는 이렇게 말씀드렸다.

"제가 이렇게 오래 있을 수 있었던 것도 원장님 덕분이죠. 원장님은 제가 하는 일을 말없이 지켜봐주신답니다. 게다가 ○○님이 이렇게 얘기해주시니까 제가 또 일할 마음이 불끈 생기는데요?"

그랬더니 그분은 이런 내 모습이 예쁘다며 또 칭찬을 아끼지 않으셨다. 언니의 마음으로 나에게 해주는 말이었지만 환자분들이 이렇게 나를 생각하고 있다는 것은 정말 감사한 일이다. 이럴 때 정말 일할 맛을 느낀다. 나는 이 맛으로 당당한의원에서 일하는 것 같다. 난 정말 행복한 사람이다.

CHAPTER 03

# 매출 중심의 병원 경영을 하라

빨리 가고 싶다면 혼자 가도 된다. 그러나 멀리 가고 싶다면 함께 가야 한다.

- 앙겔라 메르켈(독일의 총리)

## ✚ 병원 시장의 운영 흐름을 이해하자

대한민국은 이미 인구 감소 시대로 접어들었다. 몇 년 전만 해도 거리에서 삼삼오오 유모차를 끌고 다니는 아이 엄마들도 쉽게 목격할 수 있었는데 조금씩 사라지고 있음을 체감케 한다. 15~64세 생산 연령 인구도 역사상 처음으로 감소세로 전환되었다고 한다. 생산 인구가 줄어든다는 것은 소비 인구가 줄어든다는 뜻과 통한다. 세상이 변해도 정말 빨리 변해가는 것 같다. 시간이 흐르면서 행태의 변화는 계속 되고 있고, 해마다 배출되는 의사의 숫자는 4천 명에 가깝다고 한다. 외모에 대한 관심으로 성형외과, 피부과 등 호황을 누리는 과목을 제외하고는 병 · 의원

간의 살아남기 위한 경쟁은 더 치열해질 수밖에 없다.

건강보험평가원의 빅 데이터 자료를 바탕으로 2017년 8월부터 2018년 7월까지 1년간 일반 병·의원과 한방 병·의원의 개·폐원수와 폐원률을 조사했다.

| | 일반 병원 | | | | 한방 병원 | | | |
|---|---|---|---|---|---|---|---|---|
| | 개원수 | 폐원수 | 운영기관수 | 폐원률 | 개원수 | 폐원수 | 운영기관수 | 폐원률 |
| 2017년 8월 | 11 | 10 | 1,457 | 90.9% | 3 | 4 | 305 | 133.3% |
| 9월 | 14 | 11 | 1,461 | 79.0% | 14 | 11 | 308 | 78.6% |
| 10월 | 10 | 5 | 1,467 | 50.0% | 14 | 8 | 312 | 57.1% |
| 11월 | 14 | 12 | 1,467 | 85.7% | 9 | 8 | 310 | 88.9% |
| 12월 | 11 | 9 | 1,470 | 81.8% | 7 | 7 | 311 | 100.0% |
| 2018년 1월 | 16 | 16 | 1,468 | 100.0% | 6 | 3 | 315 | 50.0% |
| 2월 | 12 | 8 | 1,473 | 66.7% | 1 | 4 | 311 | 400.0% |
| 3월 | 10 | 9 | 1,471 | 90.0% | 8 | 9 | 310 | 112.5% |
| 4월 | 10 | 11 | 1,468 | 110% | 10 | 12 | 307 | 120.0% |
| 5월 | 10 | 13 | 1,464 | 130.0% | 9 | 6 | 309 | 66.7% |
| 6월 | 14 | 16 | 1,461 | 114.2% | 10 | 6 | 310 | 60.0% |
| 7월 | 12 | 9 | 1,353 | 75.0% | 8 | 5 | 312 | 62.5% |
| 합계(평균) | 144 | 129 | 17,480 | 89.4% | 153 | 83 | 3,720 | 54.2% |

| | 의원 | | | | 한의원 | | | |
|---|---|---|---|---|---|---|---|---|
| | 개원수 | 폐원수 | 운영기관수 | 폐원률 | 개원수 | 폐원수 | 운영기관수 | 폐원률 |
| 2017년 8월 | 78 | 60 | 8,756 | 76.2% | 81 | 63 | 14,117 | 77.8% |
| 9월 | 78 | 72 | 8,749 | 92.3% | 93 | 66 | 14,132 | 71.0% |
| 10월 | 66 | 49 | 8,698 | 74.2% | 94 | 55 | 14,155 | 58.5% |
| 11월 | 60 | 58 | 8,691 | 96.7% | 88 | 66 | 14,168 | 75.0% |
| 12월 | 56 | 62 | 8,679 | 110.7% | 92 | 79 | 14,177 | 85.9% |
| 2018년 1월 | 84 | 43 | 8,711 | 51.5% | 92 | 79 | 14,177 | 85.9% |
| 2월 | 50 | 59 | 8,691 | 118.0% | 94 | 84 | 14,172 | 89.3% |
| 3월 | 88 | 53 | 8,709 | 60.2% | 113 | 62 | 14,216 | 54.9% |
| 4월 | 65 | 51 | 8,725 | 78.4% | 125 | 78 | 14,242 | 62.4% |
| 5월 | 78 | 62 | 8,727 | 79.4% | 118 | 71 | 14,275 | 60.2% |
| 6월 | 88 | 65 | 8,740 | 73.8% | 113 | 84 | 14,294 | 74.3% |
| 7월 | 65 | 54 | 8,745 | 83.0% | 98 | 69 | 14,312 | 70.4% |
| 합계(평균) | 856 | 688 | 104,619 | 83.0% | 1,201 | 856 | 170,437 | 71.3% |

1년간 전국 일반 병원의 개원 수는 144개, 폐원 수는 129개로 89.4%의 높은 수치의 폐원 비율을 보이고 있다. 매월 개원하는 숫자에 가까운 숫자만큼 해마다 폐원하고 있는 실정이다. 한방 병원은 일반 병원과 비교했을 때 1년간 평균 개원 수 153개에 비해 폐원 수가 83개, 54.2%로 일반 병원보다는 나은 상황이지만 절반보다 높은 폐원 비율을 나타내고 있다. 1년간 양방 병 · 의원과 한방 병 · 의원의 폐원 비율은 양방 병 · 의원이 평균 89.4%와 83.0%로 한방 병 · 의원 54.2%와 71.3%에 비해 상대적

으로 높은 수치를 나타냈다.

현재 이렇게 각각 높은 폐원률을 보이고 있는 것이 현실이다. 치료를 하는 의료 기관이니까 아프면 환자들이 알아서 내원할 거라는 안일한 생각으로 지낼 수 없는 것이다. 기업처럼 생존과 성장이라는 경영 전략이 필요하다.

### ✚ 병원도 매출 중심의 경영이 필수다

환자들은 여전히 대형 병원을 가려고 고집하기도 한다. 큰 수술이 필요한 상황이라면 수술에 필요한 의료 장비가 잘 갖춰진 대형 병원에 갈 이유가 된다. 몇 달을 넘게 기다리는 것도 종종 있는 일이다. 시간 맞춰 예약 날짜에 병원에 가더라도 검사하고 그 결과를 기다리는 데 또 며칠의 기간이 소요된다. 결과가 나와서 의사를 만나면 정작 진료 상담을 받을 수 있는 시간은 얼마 되지 않아서 환자들은 아쉽다는 불평을 늘어놓기도 한다.

예전에는 의사의 진료 수준을 보고 병 · 의원의 차별성을 가늠했다. 의사의 존재가 병 · 의원 운영에 절대적인 요소가 되던 때가 있었기 때문이다. 그 다음으로는 첨단 의료장비가 차별화의 기준이 되기 시작했다. 지금은 병 · 의원이 이 두 가지로 차별화되는 것은 일반적인 요소가 되었다. 병원 선택에 큰 영향을 주지 못하는 것이다. 경쟁이 치열해지다 보니 마케팅과 경영이 병 · 의원 생존에 결정적인 영향을 미칠 수밖에 없게 된 것이 현실이다.

인건비, 물가가 하루가 다르게 오르고 있는 요즘은 운영 경비를 줄이기 위한 노력이 절실하다. 그럼에도 불구하고 생존을 위해 매출을 증가시키려면 매출 중심의 경영은 필수라 하겠다. 기업처럼 끊임없이 업무, 서비스, 제품의 경쟁력을 강화시켜야 한다. 업무, 서비스 향상은 끊임없는 직원 관리를 통해 이루어진다. 제품의 경쟁력에 해당하는 의술, 진료 수준 또한 더 나은 수준으로 끌어올리기 위한 노력이 필요하겠다.

### ✚ 환자 눈높이 대화가 매출 중심의 대화법이다

접수대에서 쉽게 생기는 사례를 보도록 하자. 문의 전화가 왔다. 한 직원이 받는다. “몸이 안 좋아서 치료를 좀 받아볼까 하는데요. 진료비는 얼마인가요?”라고 문의자가 질문을 던졌다고 하자. 그러면 “기본 진료비는 OO원입니다.”라고 말하게 된다. 물론 틀린 답변은 아니다. 하지만 병원 경영을 위한 답변을 하고자 한다면 좋은 답변이라고 말하기 어렵다. 단순하게 문의자가 한 질문의 답변으로는 더 이상 대화를 연결하기 어렵다. 문의자는 기본 진료비를 알게 되어서 궁금한 점을 해결했다. 궁금증이 해소가 되었기 때문에 통화를 더 지속할 이유가 없게 된다.

하지만 대답을 이렇게 했다고 해보자. “몸이 안 좋다고 하셨는데 어디가 아프세요?”라고 다시 물어본다. 그럼 “허리가 아파서요.” 또는 “베개를 잘못 베었는지 며칠 동안 목이 뻐근하고 잘 안 풀려서 치료 좀 받을까 해서요."라고 말할 수 있다. 그러면 치료를 하더라도 일반적인 진료뿐만 아니라 병 · 의원에서 시행하고 있는 효과적인 진료를 추가로 설명하거나 예약을 유도할 수 있다. 환자를 놓치는 확률을 줄일 수 있게 되는 것이다. 걸려 온 전화를 붙잡고 매번 상담을 하라는 것이 아니라 환자가 우리 병 · 의원에 관심을 갖고 내원하고자 하는 마음이 생길 수 있도록 안내하는 태도가 필요하다는 것이다. 모든 직원들이 상담을 할 수 있다면야 더없이 좋겠다. 그것은 가장 이상적인 병원 운영법이 될 것이다.

전화 문의가 오면 문의자의 묻는 질문에만 답하지 말고 아픈 곳이 어딘지 구체적으로 물어보고 예약할 수 있는 상황이 되는지도 파악하자. 만약 문의자에게 내원 의사가 없다고 하더라도 환자 위주의 질문을 해보자. 통상적인 답변만 하고 끝나는 일방적인 대화로 마무리되지는 않을 것이다. 문의자는 조금 더 전화 속 이야기에 귀 기울여 듣게 되고 우리 병 · 의원을 기억할 확률이 높아지게 된다.

치료실에서 환자가 치료를 받고 있는 상황에 대해 얘기해보자. 보통은 대화 없이 업무적인 의료 행위를 하게 된다. 하지만 치료실에서 시술을 하는 경우의 의료인들은 자신의 치료 업무만 열중하게 된다. 환자와의 공감대를 형성하기 어렵다. 하지만 대기실에서 접수하고 수납하는 담당자의 상황보다 치료실에서 환자 위주로 소통하는 관계는 조금 더 환자의 니즈와 정서를 공유하기 좋은 상황이 된다. 환자와 공감대가 생긴다면 치료 결과에도 도움을 줄 수 있다. 라포(Rapport)가 형성되기 때문이다. 만약 최선을 다했지만 치료 결과가 기대보다 낮게 나왔더라도 어느 정도 이해하는 폭이 생기게 된다.

환자가 치료를 받기 위해서는 의료에 대한 비용이 발생한다. 환자의 입장에서는 만족한 치료 결과가 나오기를 기대한다. 환자와 공감대가 형성되면 관계가 더 가까워짐을 느끼게 된다. 의료진의 마음을 이해하고 따르는 자세로 바라보게 된다. 의료 담당자가 치료에 관한 조언을 하면 환자는 의료진을 믿고 따른다. 필요에 의해 추가적인 치료를 권유받더라도 환자 자신을 위한 치료라고 느끼게 된다. 매출 중심의 병·의원 마인드가 있을 때 가능한 것들이다.

그러한 상황들이 생기면 상담실에서 매출이 발생하는 것에 국한되는 것이 아니라 치료실, 접수대, 대기실에서도 매출이 발생할 수 있다. 병·의원의 매출이 한 사람에게서만 이루어지는 것이 아니라 각각 맡은 분야에서 의식적인 노력을 통해 동시다발적으로 이루어진다면 병·의원의 매출 중심의 경영이 자연스럽게 이루어지게 된다.

### ✚ 의료를 판매하지 말고 제안하고 서비스하라

주의할 점은 병 · 의원을 찾아오는 환자들을 대상으로 물건을 판매하듯 의료 판매를 위한 행위를 하자는 것이 아니다. 필요한 환자에게 필요한 의료 혜택을 적절한 시기에 제안하자는 것이다. 환자의 여건이 되어 있는 상황이라면 오히려 왜 진작 알려주지 않았느냐고 환자가 말할 때도 있다. 환자가 의료 혜택을 받을 기회를 놓치게 되는 것이다. 추가 의료비가 필요하다는 것은 환자의 치료 효과와 만족도를 높일 수 있게, 환자를 위한 제안을 하자는 것이므로 부디 왜곡하여 받아들이지 않았으면 한다.

하지만 이러한 것도 진료 시스템이 잘 갖춰져 있을 때라야 가능한 부분이다. 의식 개선이 잘 이루어진 의료진이 많이 포진되어 있는 곳이라면 훨씬 수월할 수 있다. 시스템이 잘 돌아갈 수 있게 된 경우라면 매출 향상을 더 빨리 기대해볼 수 있다. 아파서 내원한 환자를 '매출 올리기'의 대상으로 바라보는 것에 나 또한 동의하지 않는다. 하지만 알아야 할 것은 치료를 받아야 할 사람은 어느 정도 비용을 소비해야 하기 마련이다. 치료를 받아야 할 상황이고 치료비 발생이 불가피하다면 다른 병 · 의원이 아니라 우리 병 · 의원에서 치료를 받도록 하자는 것이다.

병 · 의원은 주로 매출을 담당하는 직원이 있기 마련이다. 하지만 이렇게 전적으로 한 사람을 중심으로 일어나는 매출은 개인적인 실력에만 의존하게 되므로 한계가 있다. 한 사람의 역량에 따라 병원 매출이 좌우되기 때문이다. 한 사람이 병 · 의원 전체를 포괄해서 환자들의 니즈를 다

읽어내는 것은 한정된 면이 있다. 이런 병 · 의원 운영은 바람직하지 않다고 본다. 각각 맡은 위치에서 상호 인간적인 노력이 이루어진다면 상담실 외의 공간에서도 매출 발생이 이루어질 수 있다. 시작은 미약하고 어설플 수 있으나 지속적이기만 하면 환자에게 필요한 부분이 보이게 되고 환자를 위한 맞춤 상담이 가능해지고 자연스럽게 매출이 발생할 수 있다.

진료 시스템이 잘 갖춰진 경우라면 직원 관리를 통해 그 시스템을 활용할 수 있도록 해줘야 한다. 시스템 속에 자연스럽게 매출을 만들어낼 수 있는 방법을 강구해야 한다. 그리고 'M.O.T(Moments of Truth)'라는 진실의 순간들, 즉 환자들이 병원의 문을 열고 들어서는 그 시점부터 의료진과 순간순간 맞이하게 되는 그 접점을 잘 이용해야 할 것이다. 병원 경영은 매출 중심으로 이루어져야 함을 잊어서는 안 되겠다. 그래야 병 · 의원 존속의 의미가 있기 때문이다.

CHAPTER 04

# 마케팅의 핵심은 초진 환자 늘리기에 있다

당신이 만약 참으로 '열심히' 산다면 '나중에'라고 말하지 말고
지금 당장 이 순간에 해야 할 일을 시작해야 한다.
- 요한 볼프강 폰 괴테(독일의 문학가)

## ✚ 온라인 마케팅으로 초진 환자 늘리기에 힘쓰자

병원이든 식당이든 사람들이 많아야 운영이 된다. 사람이 북적대면 관심 갖는 사람도 많아지고 많은 사람들이 또 다른 사람들을 모으게 된다. 웃긴 이야기 같지만 사실이 그렇다. 병원도 마찬가지다. 환자가 많을 때는 오히려 찾아오는 사람들이 너 많아진다. 바쁠 때 더 바빠지는 것이다. 빈익빈 부익부 현상이라고 할까? 환자 내원이 많은 날은 대기실에 환자가 많아도 돌아가지 않고 계속 기다리는 경우가 많다. 물론 꼭 치료를 받아야 해서 그렇기도 하겠지만 자연스럽게 기다리는 형태가 된다. 이 책을 읽는 독자들도 유명한 맛집으로 소문난 식당을 한 번쯤은 가본 적이 있을 것이다. 한참 동안 줄을 서서 기꺼이 기다렸다가 식사를 하고 간다. 입소문을 내는 바이럴 마케팅이든 방송 출연으로 알려지든 초진 환자가 많아야 하는 것은 병원 운영에 있어서 가장 중요한 요소가 되겠다.

초진 환자가 늘고 있다는 것은 병원 운영이 안정적이라는 의미이다. 항상 예민하게 병 · 의원의 초진 환자의 비율을 확인할 필요가 있다. 온라인 마케팅으로 초진 환자가 꾸준히 늘어날 수 있도록 마케팅 업데이트를 계속해야 한다. 초진 환자의 내원 비율이 꾸준하려면 여러 가지 노력이 필요하다. 작은 병 · 의원이라도 갖가지 형태로 온라인 마케팅을 하고 있다. 오프라인으로만 환자 늘리기를 시도한다면 병원 운영이 어려울 수 있다. 오프라인은 재진 환자의 내원 비율을 높이기 위한 시도로 활용하면 효율적이다. 작은 병 · 의원이라도 병원 마케팅은 필수적인 운영 업무의 하나로 간주해야 한다.

대구에 있는 ○○한의원은 자체적으로 온라인 마케팅을 하지 않고 오랜 기간 진료를 하고 있었다. 오래된 병원이라 당시에는 소개만으로 초진 환자가 유지되고 있었다고 했다. 소개 환자가 계속 유지되고 있을 때는 괜찮았으나 시간이 지나면서 그렇지 못하는 날이 조금씩 늘어나고 있었다. 어느 시점부터 병원 매출이 급격하게 떨어지는 것에 심리적 부담을 느끼기 시작했다. 당시에 오랜 기간 동안 근무하고 있던 상담실장은 결국 퇴사를 하고 말았다. 원장은 한동안 한의원을 운영하기 어려워했다. 폐원하게 되는 위기까지 겪게 되었다. 극복하는 데 적지 않은 시간을 보내야만 했다. 재진 환자의 내원 비율이 높았더라면 얘기는 달라지겠다. 하지만 재진 환자 내원 비율이 높더라도 초진 환자의 유입이 계속되지 않으면 병·의원 운영은 불안정할 수밖에 없다.

이렇게 초진 환자가 하루에 몇 명이 오며 한 달에 평균 몇 명 정도 되는지 점검해봐야 한다. 그리고 그 숫자의 변동 폭이 커지지 않게 예의 주시해야 한다. 어느 날은 초진 환자가 몰릴 수도 있지만 어느 날은 그 수가 적을 수도 있다. 이런 수치의 한 달 평균을 잡아서 초진 환자의 흐름을 감지한다면 매출을 지속적으로 유지할 수 있을 것이다.

초진 환자를 늘리는 방법은 여러 가지가 있다. 첫 번째 인터넷 검색으로 홈페이지나 블로그를 보고 내원하는 경우, 두 번째 SNS를 통해 오는 경우, 세 번째 버스정류장이나 지하철역 내의 오프라인 광고를 보고 오는 경우, 네 번째 진료를 받은 환자가 치료에 만족하여 다른 환자를 소개하는 경우, 다섯 번째 병원에 근무하는 직원이 가족이나 지인을 소개하는 경우, 여섯 번째 가까운 거리에서 치료를 받기 위해 지나가다 오는 경우 등으로 볼 수 있다. 그런데 세 번째에서 여섯 번째까지는 초진 환자가 생길 수는 있어도 매달 그 수는 많지 않을 것이다. 이런 방법으로 초진 환자를 늘리는 것에는 무리가 있다.

입소문이나 지인의 소개만으로 병원의 매출이 유지될 수 있는 시대가 있었다. 다른 경로로 환자가 유출될 일이 거의 없었기에 가능했다. 지인의 소개로 온 환자는 같이 온 지인의 말을 신뢰하고 병원을 신뢰하며 결정하는 확률이 높았다. 정보가 많지 않은 시대였기에 가능한 부분이다. 하지만 지인의 소개로 곧바로 치료를 결정하는 것은 옛날 일이다. 지금은 환자가 이미 많은 것을 알고 내원을 한다. 소개를 받더라도 자신이 스스로 생각하고 결정하기를 원하기 때문에 상담자의 치료 동의 요청에 쉽게 응하지 않으려는 경향이 있다.

### ✚ 다양한 채널을 통해 우리 병원 운영에 맞는 마케팅을 하자

그렇다면 답은 인터넷 마케팅이다. 병원 마케팅을 잘하기 위해서는 인터넷 검색창에 검색어를 입력했을 때 우리 병 · 의원이 노출이 잘되도록 한다. 그리고 홈페이지와 블로그는 양질의 형태로 유지해야 한다. SNS 활용 또한 중요한 요소다. 나는 일을 하면서 인터넷 마케팅을 접하는 것에 대한 어려움이 있었다. 단순한 일상을 블로그에 쓰는 것에 그치는 것이 아니라 블로그를 통해 초진 환자들의 유입이 잘되기 위한 조건을 만드는 것이 필요했다. 블로그를 시작할 당시에는 병원 생활을 스케치하는 의미로 쓰기 시작했다. 하지만 블로그를 보고 초진 환자들이 내원하는 경우가 많아졌다. 그것은 온라인 마케팅이 꼭 필요하다는 의미였다.

공부를 잘하기 위해서는 공부 방법을 알아야 한다. 나무만 보고 숲을 보지 못하면 좋은 점수를 받을 수 없는 것과 마찬가지다. 아무리 홈페이지 관리를 잘하고 블로그 운영을 잘한다고 하더라도 환자가 유입될 수 있는 양을 늘리는 요령이나 방법을 알아야 할 필요가 있는 것이다. 요즘은 SNS에서 일어나는 내용들을 정규 방송에서 주요 뉴스로 다루기도 한다. 대낮에 광주에서 발생한 집단 폭행사건이 그 시발점이라 할 수 있겠다. SNS를 타고 많은 사람들에게 전해지면서 청와대 국민청원 며칠 만에 20만 명이 넘게 청원하는 기록이 나왔다. 그 상황들은 며칠 동안 뉴스로 전해지기도 했다. 너무 안타까운 일이지만, 최근에 발생한 강서구 PC방 살인사건은 순식간에 청원 60만 명을 넘기는 기염을 토하기도 했다.

시대의 흐름을 놓쳐버리면 결국 병원 운영에 차질이 생기게 된다. 트렌드라고 할 수 있다. 조금 더 전문적인 방법을 알아볼 수 있는 길이 있다면 비용을 지불하더라도 배우고자 하는 노력을 해야 한다. 병원 마케팅 시장 또한 빠르게 변하기 때문에 뒤처지지 않으려면 발 빠른 노력이 필요하다.

어느 날부터 초진 환자가 점점 줄어들고 있었다. 적잖이 염려가 되는 상황이었다. 진료나 치료에도 크게 문제가 없고 상담에도 문제가 없었다. 이유를 알아야 했다. 여러 가지 이유가 있었을 것이다. 명절이 가까우면 비용에 대한 부담으로 초진 예약률이 떨어지기도 한다. 비가 많이 오면 번거로워 내원을 하지 않는 경우도 있다. 휴가기간에는 사람들이 잘 안 오기도 한다.

하지만 이번 상황은 그런 것이 아니었다. 원인은 인터넷 마케팅이 제대로 안 된 것이었다. 초진 환자의 숫자는 병원 마케팅이 얼마나 잘 유지되고 있느냐에 따라 판가름 난다. 물론 마케팅만 잘한다고 되는 것은 아니다. 마케팅을 잘해서 환자가 우리 병원에 왔을 때 진료에 대한 만족을 지속적으로 느낄 수 있도록 하는 것이 먼저다. 그럼 초진 환자가 많다고 해서 병원 매출로 바로 연결될까? 결코 그렇지 않다. 초진 환자가 일정한 비율로 꾸준히 늘어날 때 재진 환자의 비율이 늘어나고 매출이 안정적으로 발생할 수 있다.

앞서 초진 환자 수를 늘리기 위한 방법을 몇 가지 언급했다. 인터넷 검색이나 SNS 활동으로 초진 환자의 유입을 늘리는 경우에는 주의해야 할 점이 있다. 인터넷 마케팅을 자체적으로 운영하기 어려운 병 · 의원의 경우 외부에 마케팅을 맡기는 경우가 있다. 물론 현 시대의 마케팅 흐름을 따라가기 어렵다면 외부에 의뢰할 필요가 있다. 또는 그만큼 시간을 할애할 수 없어 아웃소싱(외부에 위탁해 업무를 처리하는 것)을 하기도 한다.

하지만 아무리 노련하고 운영을 잘하는 마케팅 업체라도 우리 병원의 색깔을 진솔하고 깊이 있게 다루는 것은 불가능하다. 외부 업체가 병 ·

의원에 상주하기는 어렵기 때문이다. 그래서 요즘은 마케팅 업무를 보는 직원들이 병 · 의원에 상주하는 병 · 의원도 있다. 주변 동향을 파악하고 환자의 내원률을 올리는 데 예민하게 대응할 수 있기 때문이다.

병 · 의원도 기업을 경영하듯이 운영할 필요가 있다. 기업도 규모가 크면 클수록 더 세분화되고 전문화된다. 기업은 제품의 판매율을 늘리기 위해서 제품 연구와 더불어 동종 업체와의 제품 비교, 신제품을 만들어 내기 위한 연구개발 등으로 제품의 향상을 꾀한다. 더불어 소비자가 원하는 방향으로 가기 위한 시장 조사와 동시에 트렌드를 이끌기 위해 노력한다. 마케팅 부서에서는 전략적인 마케팅으로 소비자의 관심을 불러 일으키기 위해 다양한 홍보 채널을 운영하고 있다.

병원 운영에는 초진 환자의 지속적인 유입이 절대적으로 중요하다. 그렇지 않고서는 안정적인 병 · 의원 운영이 불가능하다. 초진 환자가 내원하여 접수를 할 때 환자가 어떤 경로로 어떻게 내원을 하게 되었는지 살펴보자. 검색창에 검색어를 뭐라고 입력했는지 확인해보자. 그 결과 제일 많이 나온 유형으로 집중적인 마케팅을 강화할 필요가 있다. 그리고 다양한 채널을 통해 초진 환자 늘리기에 집중해야 한다는 것을 명심해야겠다.

CHAPTER 05

# 카카오톡 바이럴 마케팅을 활용하라

인간은 항상 시간이 모자라다 불평을 하면서도, 마치 시간이 무한정 있는 듯 행동한다.

- 세네카(고대 로마의 철학자)

## ✚ 제품을 팔기 위한 광고를 하는 시대는 끝났다

지금은 의료 마케팅이 필수다 보니 마케팅 회사에 맡기거나 마케팅 관리 업무를 하는 전문 직원을 따로 두기도 한다. 검색창에 특정 키워드를 입력하면 항상 상위에 올라있는 병 · 의원이 있다. 마케팅을 꾸준히 하고 있다는 것이다. 바이럴 마케팅(viral marketing)이란 바이러스처럼 퍼지는 발 없는 말 즉, 입소문에 의해 광고 효과를 만드는 것을 말한다.

바이럴 마케팅의 종류를 몇 가지로 정하기는 어렵다. 모바일, PC 등의 매체는 모두 바이럴 마케팅을 할 수 있는 도구다. 그중에서 카카오톡은 환자들이 쉽게 병 · 의원에 문의를 할 수도 있고, 부담 없이 사진 등을 올려서 메시지를 전달할 수 있다는 것이 장점이다.

지금은 누구든 유튜브, 인스타그램, 블로그 등에 자신의 일상을 올리곤 한다. 유명 연예인만 사진을 찍어 블로그나 광고에 이용하는 것이 아니라 일반인들도 자신의 모습을 찍어 블로그나 인스타그램, 유튜브, 페이스북, 카카오스토리 등에 올리고 어느 날 갑자기 유명 스타가 되는 일도 적잖이 보인다. 그렇게 SNS에서 유명 스타가 된 경우는 끊임없이 올리는 게시글로 인해 그를 따르는 팔로워가 많이 생겨난 결과다. 특별한 전략이 있다기보다 주기적인 업데이트와 많은 양의 게시물들이 쌓여서 만들어진 것이다. 그 내용을 읽고 인간적인 느낌이 전해지거나 자신에게 흥미와 도움을 준다면 SNS에서 친구 요청하는 수나 팔로워의 숫자가 조금씩 늘어나게 된다. 방향이 자리를 잡는 것이다.

이제는 병 · 의원에 일하는 관계자도 자신의 모습을 일상처럼 올리고 병 · 의원의 이미지를 만들어야 한다. 요즘 광고를 눈여겨보라. 제품을 직접적으로 광고하는 시대는 끝났다. 이미지 광고가 대세다. 화장품, 전자제품, 휴대폰은 말할 것도 없고 대통령이나 국회의원 선거에서도 공약 선전과 동시에 인물의 표정이나 상징적인 사물, 사건을 통해 이미지를 부각하는 내용이 주류를 이룬다. 특히 블로그는 이미지를 잘 구성하여 보는 사람으로 하여금 감성적인 부분을 느끼게 한다. 블로그에서 보이는 모습들이 일상과 특별히 다를 바 없이 친근감을 주는 것이다.

환자가 몸에 통증을 느꼈다고 해보자. 그러면 제일 먼저 병 · 의원을 알아보기 위해 검색창에 검색어를 입력하게 된다. 검색 결과에 따라 홈페이지나 블로그, 여러 가지 웹문서 등을 읽어보고 환자의 마음에 드는 병 · 의원을 선택한다. 홈페이지나 블로그를 보다가 궁금한 사항이 생기면 문의 창구를 클릭해서 의료 상담을 원하기도 한다.

### ✚ 카카오톡은 비용을 들이지 않고 1:1 상담을 할 수 있다

한 번은 카카오톡으로 문의가 왔었다.

"상담 좀 할 수 있을까요?"

"예, 반갑습니다. 문의하실 내용이 어떤 건가요?"

"위가 안 좋아서요. 홈페이지를 보니까 내 증상이 담적병(잘못된 식사 습관으로 소화 기능에 무리가 되어 위장에 찌꺼기가 쌓이는 병, 만성 소화불량, 더부룩함, 속 쓰림 등의 증상이 있다.)인 것 같아서요."

"아! 그러세요? 혹시 통화가 가능하세요? 가능하시다면 전화로 상담을 해드려도 될까요? 전화번호를 남기시면 곧 연락드리겠습니다."

환자의 상황에 맞춰 제대로 된 상담을 하려면 전화 통화가 훨씬 유리하다. 환자의 현재 상황에 대해 통화를 하게 되면 글보다 더 잘 느낄 수 있기 때문이다. 그래서 통화를 하게 되었다. 결혼한 29세의 남성이었고 직업상 주 2회 정도 술을 마시는 상황이라고 했다. 술을 자주 먹는 것이

고민이긴 하지만 술 문제 때문에 회사를 옮길 수는 없다고 했다. 치료 효과를 보기 위해서는 음주량을 조절할 필요는 있을 것이다. 이렇게 해서 카카오톡으로 문의했던 이 환자는 전화 상담으로 이어져 예약을 하게 되었다. 그리고 내원을 하고 정확한 진단을 받았다. 얼굴을 본 것은 초진으로 내원한 그때였지만 이미 카카오톡에서 여러 차례 대화를 나누고 전화 상담으로 연결된 것이 치료를 받는 계기가 되었다.

환자가 홈페이지나 블로그를 보면 문의 전화를 하게 된다. 만약 카카오톡으로 환자와 문자를 주고받게 된다면 꼭 전화 통화가 가능한지를 물어보는 것이 좋다. 카카오톡으로 단순히 메시지를 주고받게 되면 서로 감정을 느끼기가 어렵다. 전화 통화로 연결되면 환자의 상태를 알기 쉽다. 단순한 궁금증에 연락을 하는 건지, 그동안 치료를 얼마나 오랫동안 받았는지, 치료 의사가 어느 정도인지도 가늠하기가 쉬워진다. 목소리로도 많은 정보를 얻을 수 있기 때문이다.

자! 이렇게 전화 통화가 된다면 마케팅의 50%는 이루어진 셈이다. 카카오톡과 전화로 상담이 이루어졌기 때문에 예약을 하고 병원에 오게 되면 치료에 동의할 확률이 높아진다. 카카오톡에서 주의할 점은 글을 쓸 때 최대한 완곡하게 표현해야 한다는 것이다. 글은 오로지 글자에만 내용을 담아서 전달하게 된다. 글자 자체만으로는 자칫 잘못하면 감정을 읽기 힘들어 오해의 소지를 줄 수도 있다. 만약 통화를 시도했을 때 상대방이 원치 않는다면 기본적인 내용에서 크게 벗어나기 어렵다. 카카오톡으로 문자를 주고받을 때 전화 통화로 연결이 안 되면 간략하게 글로써 마무리하되 다음에 또 문의할 가능성이 있으니 마무리하는 메시지에 전화번호를 남기는 것이 좋다.

### ✚ 마케팅 할 수 있는 채널을 다양하게 열어놓아라

동네의 작은 음식점들은 식당을 홍보하기 위해 어떻게 하는가? 작은 가게는 마케팅 비용을 많이 쓸 수가 없다. 큰 식당이라 해도 최소의 비용으로 최대의 마케팅 효과를 누리기를 원한다. 그래서 가장 단순하고 쉽게 할 수 있는 방법이 전단지 광고다. 발품을 팔아 아파트 단지를 돌아다니며 전단지를 뿌린다. 어느 가게의 주인은 이렇게 전단지를 뿌리고 나면 그 날은 전화 주문이 평소보다 많이 들어온다고 말했다. 그 날 매출에 영향을 미친다. 원시적이지만 바로 효과를 볼 수 있는 가장 간단한 방법이라 할 수 있다.

마케팅을 하는 이유는 제품(병원의 경우 무형의 의료 서비스)을 필요로 하는 소비자(환자)를 찾아 비용을 발생시켜 구매율을 올리는 것이 그 목적이다. 카카오톡은 데이터를 이용하기 때문에 환자가 유입될 수 있는 통로 중 비용을 들이지 않고 할 수 있다는 큰 장점이 있다. 또한 필요할 때 자신이 궁금한 내용을 남길 수 있기 때문에 환자(소비자)가 부담 없이 문의할 수 있다. 이 점을 잘 활용해야 한다.

마케팅 할 수 있는 채널을 다양하게 열어놓자. 시간이 지나면서 우리 병원과 진료 연령대, 지역 특성 등에 맞는 채널이 집중될 것이다. 그 채널을 병원 마케팅에 집중적으로 활용하라.

요즘 휴대폰은 사진 기능이 탁월하다. 셀프 카메라 기능은 기본이고 파노라마 기능, 빠른 속도로 찍힌 사진도 정지 화면처럼 깨끗하게 나온다. 대용량의 사진 저장이 가능하므로 얼마든지 찍을 수 있다. 동영상은 말할 것도 없다. 카카오톡에 프로필 사진을 올리는 것쯤은 어려운 일이 아니다. 병원 홍보를 위해 홍보하고자 하는 내용이나 병원 대표 사진을 찍어서 카카오톡에 프로필 사진으로 올려보자. 젊은 사람들이 이용하는 인스타그램도 마찬가지다. 여러 장의 사진을 올려서 검색하는 사람들은 언제든지 확인해볼 수 있다.

이벤트나 공지사항이 있다면 활용을 해도 좋다. 가정의 달을 맞이하여 부모님에게 혜택을 드린다든지, 휴무기간 안내를 카카오톡으로도 이용해도 좋겠다. 유입되는 환자가 카카오톡으로 집중되어 있다면 훨씬 유리하다. 또는 인스타그램도 마찬가지다. 자주 업데이트한다면 휴대폰 사진 폴더에 차곡차곡 쌓여 병 · 의원의 소장 자료로 남게 될 것이다. 환자들은 카카오톡에 올라와 있는 병 · 의원 사진 자료를 보고 문의를 하게 된다.

여기서 유념해야 할 점이 있다. 병 · 의원을 홍보한다고 병 · 의원의 진료방법 이야기만 한다면 "우리 병원은 진료만 잘합니다."라는 이미지를 줄 뿐 재미가 없다. 요즘은 마케팅도 좋은 이미지, 스토리가 있어야 어필이 된다. 병 · 의원의 공식적인 내용뿐만 아니라 환자와의 개인적인 에피소드, 직원들의 훈훈한 이야기 등이 같이 어우러지면 진료 잘하는 병원 이미지와 더불어 인간적인 이미지를 같이 보여줄 수 있다. 보이기 위한 모습이 아니라 일상의 모습을 자연스럽게 보여주자는 것이다.

병 · 의원에 문의가 올 수 있도록 채널을 많이 열어놓도록 하자. 블로그, 카카오톡, 인스타그램 등 말이다. 그러다 보면 우리 지역이나 연령대에 따라 주로 많이 이용하는 채널이 보일 것이다. 그것을 집중하여 마케팅에 집중해보자. 그중에서도 카카오톡은 대중들에게 많이 일반화되어 있다. 아직은 전화 문의가 훨씬 많기는 하지만 카카오톡 상담은 여러 연령대가 두루 사용할 수 있다는 것이 장점이다. 외국에 거주하는 한국인이 진료를 문의할 때 진행하기도 쉽다. 또한 통화를 원한다면 무료 통화도 바로 할 수 있으니 마케팅의 효자 역할을 하는 셈이다. 이를 통해 환자가 접촉할 수 있는 채널을 다양하게 늘려보자. 내원을 하도록 하는 것이 포인트다. 이렇게 사회에서 이루어지는 모든 경제 흐름은 보이지 않은 마케팅으로 소비가 이루어진다. 최소의 비용으로 환자의 내원을 원한다면 카카오톡이나 바이럴 마케팅을 활용하자.

CHAPTER 06

# 전화 상담, 온라인 상담 시 내원하게 하라

가장 유능한 사람은 배우는 것에 가장 힘쓰는 사람이다.

- 요한 볼프강 폰 괴테(독일의 문학가)

## ✚ 접점(M.O.T)의 순간을 잘 활용하자

매체를 통한 진료 문의는 전화나 온라인 형태로 상담이 가능하다. 온라인 문의는 홈페이지, 블로그, 카카오톡 등의 채널로 문의 글을 남기기도 하는데 전화 상담과 온라인 상담을 나누어서 이야기해보자.

근무 중 걸려오는 문의 전화! 내가 상담할 수 있는 여건이 된다면 언제든 전화벨이 울려도 상관없을 것이다. 통화를 편하게 할 수 있으니 말이다. 하지만 때로는 다른 업무를 처리하고 있거나 상담하기 어려운 상황일 때 문의 전화가 걸려오기도 한다. 일이 서툰 신입직원이 받거나 접수실 직원이 아닌 다른 담당 직원이 받을 때도 있다.

환자가 병 · 의원에 오기 전 문의 전화를 한다. 이때는 병 · 의원을 알게 되는 첫 접점이 된다. 접점이라는 말이 나왔으니 잠깐 이 단어에 대해서 짚고 넘어가자. 의료 서비스에서 접점은 'M.O.T(Moments of Truth)'를 뜻한다. 스칸디나비아항공사의 얀 칼슨 사장이 항공사에 도입한 M.O.T는 서비스의 가장 기본이 되고 핵심이 된다. 그는 1년 만에 800만 달러의 적자를 보던 항공사를 7,100만 달러의 흑자로 전환시킨 전설의 인물이다.

여기서는 병 · 의원 서비스로 한정 짓자. '진실의 순간들'이라고 일컬어지는 M.O.T는 환자(고객)가 병 · 의원에 들어오는 순간 의료 관계자를 만나게 되면서 스치는 느낌, 순간들을 말한다. 꼭 병 · 의원 내에서 일어나는 일이 아니더라도 병원 건물에 주차를 하다가 또는 병원 화장실을 이용하다 의료진을 만나는 등 모든 순간의 상황을 포함한다. 그런 순간 순간 숨기지 못하는 진실의 상황을 말한다. 의료 서비스를 하다 보면 이런 접점을 수시로 만나게 된다. 문의 전화를 받을 때, 치료실에서 의료진이 던지는 말이나 행동 하나, 치료실에서 쉽게 보는 치료 도구들, 대기실에 앉아 있을 때 보는 장면들, 접수실에서 우리가 응대하는 모든 것들은 환자(고객)들에게 와닿는 진실의 순간들이 되는 것이다.

만약 환자가 문의 전화를 하지 않고 내원을 먼저 했다면 접수대 앞의 직원과의 대화가 첫 접점이라 할 수 있다. 온라인 상담을 했다면 상담 댓

글을 확인하는 순간이라고 생각하면 되겠다. 전화 속 대화를 통해 어떤 느낌을 받고 우리 병 · 의원의 내원 여부를 판단하게 된다. 벨이 울려 전화를 받게 되는 직원은 그 순간만큼은 직원이 소속된 병 · 의원의 대표자가 되는 것이다. 중요한 시점이다.

전화 문의자의 상황을 몇 가지 유형으로 분류해볼 수 있다. 진료시간이나 위치를 물어보는 흔한 문의다. 예를 들어 "거기 ㅇㅇ병원이죠? 혹시 오늘 몇 시까지 진료하나요?"라고 질문을 했다고 하자. 오늘 저녁 7시까지 진료한다고 하면 대부분 "7시까지요."라고 대답할 수 있다. 7시까지 진료하니 당연히 '7시까지!'라고 얘기를 했는데 뭐가 잘못되었을까? 여러분은 어떻게 생각하는가! 뭐라고 답할 것 같은가?

오늘 진료가 7시까지인 것을 알고 나면 문의자는 궁금증이 해결되었으니 "예, 알겠습니다."라며 전화를 끊는 경우가 대부분이다. 또는 오늘 진료시간을 알았다면 전화 문의자가 내일 진료시간은 어떻게 되는지 또는 다른 날 진료시간은 어떻게 되는지 다시 물어볼 수 있다. 그럼 또 이렇게 말한다. "내일은 9시까지예요." 이렇게 말이다. 이렇게 통화했다면 이 환자가 언제 올지 알 수 없다. 최소한 문의자는 우리의 병 · 의원에 대해 관심이 있어서 전화를 했을 텐데 말이다. 그러면 어떻게 대답을 해주는 것이 좋을까?

여러분이 만약 문의자라면 어떤 대답을 듣기 원하는가? 이런 대답은 어떤가.

"예, 월요일부터 금요일까지는 야간 진료로 아침 10시부터 밤 9시까지며 토요일은 오후 3시까지 진료를 해요. 목요일은 정기휴진이라 진료가 없습니다. 점심시간은 1시에서 2시 반까지인데 혹시 무슨 요일에 진료를 원하시나요? 아님 어디가 불편하셔서(또는 어디가 아파서) 문의를 하셨을까요?"

여기까지 얘기하는 것이다. 환자는 아프거나 불편해서 치료를 받을 시간이 가능할까 여부를 타진해보는 것이다. 이때는 이왕이면 진료시간을 모두 알려주는 것이 좋다. 환자에게 내원할 수 있는 선택권을 늘려주는 것이다. 또 당일 하루 진료시간만 알려주면 그 다음 예상할 수 있는 질문은 다른 날의 진료시간이다. 답변자는 질문에 답을 해주고 최소한 어떤 일로 병원 진료시간을 알고자 하는지 한번 가볍게 물어보자.

두 번째 일반적인 문의는 위치를 물어보는 경우다. 처음 오는 환자의 경우 인터넷으로 목적지를 확인한다. 하지만 정작 병원의 정확한 위치에 대해서 전화로 문의하는 경우가 있다. 차나 지하철을 타면 어디에 내려 몇 번 출구로 나가 어디로 가야 하는지 또는 자가운전을 하고 갈 때 주차 관련 여부를 물어보는 것이다. 예를 들어보자. "○○병원이죠? 위치 좀 알려주세요."라든지 "근처에 온 것 같은데 어디로 가야 될까요?"라든지 말이다. 이런 질문을 받았다면 어떻게 대답하면 좋을까?

이런 대답은 어떤가? "어느 방향에서 오시나요? 네, 공업탑 로터리에서 법원 가는 방향 쪽 큰 도로로 오세요. 1.5km쯤 오다 보면 1층에 ○○ 햄버거 가게와 ○○은행이 있는 8층짜리 건물이 있습니다. 그 건물 3층이 저희 한의원이구요. 병원을 끼고 오른쪽으로 돌면 잠시 후 지하로 들어가는 주차장 입구가 보입니다. 주차하시고 3층으로 오시면 됩니다."라고 말이다. 굳이 거리 수치를 정확히 알려줄 필요까지는 없지만 처음 올 때 환자가 알 수 있는 근방의 랜드마크 지점을 기준으로 설명해주면 찾기가 더 쉬울 것이다.

위치에 대한 설명을 할 때는 최대한 구체적으로 말하면 문의자의 번거로움을 줄일 수 있다. 내비게이션이 있으니 그렇게 일일이 말할 필요가 있느냐고 할 수 있다. 맞다. 우리 병 · 의원 근방을 설명할 때 그 부분을 구체적으로 안내하자는 것이다. 그리고 만약 위치에 대한 설명을 즉흥적으로 말해주기가 어렵다면 위치를 묻는 문의는 종종 있으니 메모지에 미리 기록을 해놓자. 전화가 오면 당황하지 않고 설명할 수 있다.

자, 이렇게 얘기하고 끝나면 될까? 아니다. 이 문의자는 우리 병 · 의원으로 오는 중이고 거의 다 왔을 수도 있다. 위치를 알려준 뒤 바로 전화를 끊는 것이 아니라 성함을 물어보고 예약 여부를 확인할 필요가 있다.

"혹시 성함이 어떻게 되시죠? (예약 현황을 확인하며) 네, ○○님 그럼 1시간 뒤에 뵙도록 하겠습니다. 감사합니다."

또는 예약을 안 하고 가까운 미래에 내원하고자 위치를 묻는 경우도 있다. 그럴 때는 이때를 놓치지 말고 어디가 아픈지 물어보도록 하자. 그러면 "무릎 통증으로 고생하고 있는데 누가 이 병원을 추천해서요." 혹은 "이 병원은 저 같은 환자의 치료는 어떻게 하는지 궁금해서요."라든지 등의 질문을 한다. 문의자의 상황을 중심으로 얘기를 하게 되면 전화상으로 우리 병 · 의원에 오고 싶다는 생각이 조금 더 들 것이다.

치료나 진료 문의를 하는 경우가 있다. 간단한 진료 내용은 짧은 시간 동안 얘기할 수 있으나 조금 더 깊이 있게 통화를 해야 할 경우라면 어설프게 설명하다가 흐지부지되어 끊는 경우가 많다. 이럴 때는 시간을 조금 더 내서 상담을 해야 할 경우다. 바로 상담할 수 있는 경우라면 계속 통화를 해도 되겠지만 한창 다른 업무를 바쁘게 하다가 전화를 받았다면 통화에 집중하기가 어려울 때가 있다. 그때는 문의자에게 담당자에게 전달해서 다시 연락드리게 하겠다고 말하고 연락처를 받고 끊는 것이 좋다. 또는 본인이 상담할 수 있는 경우라면 급한 일을 처리하고 잠시 후에 상담이 가능한 시간에 곧바로 전화를 드리겠다고 하는 것이 좋다. 상담에 집중해서 설명을 할 수 있기 때문이다.

### ✚ 환자가 궁금해서 먼저 물어보면 적극적으로 하라

이때 접점에 문제가 생기지 않게 하기 위해 꼭 조심해야 할 사안이 있다. 처음 문의 전화를 받은 직원은 상담할 직원에게 이름, 전화번호, 통화했던 주 내용을 간략히 적어서 담당 직원에게 꼭 알려주어야 한다. 문의자는 전화를 끊고 기다리기 때문이다. 만약 직원과의 연결이 제대로 안 된다면 환자의 불쾌함을 초래하기 쉬운 접점이다.

다음으로 온라인 상담의 경우를 보자. 온라인 상담은 환자가 인터넷 검색을 통해서 알아보고 문의하는 글을 남기는 경우다. 홈페이지, 블로그, 카카오톡, 인스타그램 등 온라인 문의 창구는 다양하다. 환자가 원하는 시간, 원하는 곳에서 글을 남기기 때문에 정기적인 시간차를 두고 확인할 필요가 있다. 하루에 한두 번 정도로 아침 출근 시 또는 퇴근 1~2시간 전쯤 규칙적으로 확인해보는 것이 좋다.

온라인 상담이라고 해서 온라인으로 댓글을 남기고 마무리해서는 안 된다. 온라인 상담 문의 글이 남겨져 있으면 댓글을 달기 전 전화 통화를 먼저 시도해보자. 그리고 전화로 문의 내용에 대해 통화한다. 통화를 시도했을 때 부재중이라면 그때 댓글에 부재중이었음을 메시지로 알려준다. 환자가 전화할 수 있는 연락처를 다시 남겨놓을 필요가 있기 때문이다.

명절이나 여름휴가로 장기간 진료를 하지 않을 때가 있다. 그럴 때는 휴진을 하기 2~3주 전부터 대기실에 안내문이나 홍보용 모니터에 휴진 날짜를 알려준다. 홈페이지나 블로그, 카페, 인스타그램 등에도 휴진 날짜를 같이 공지한다. 환자가 내원할 스케줄을 짜는 데 도움을 줄 뿐만 아니라 환자고객가 잘못 내원하는 번거로움을 막을 수 있다.

병 · 의원 전화는 며칠 전에 음성 안내 서비스를 미리 신청한다. 필요한 상황에는 착신을 하는 것도 필요하다. 평일에 휴진을 하는 상황이라면 착신은 필수. 그것을 놓쳐버리면 전화 문의를 한 사람은 음성 안내 서비스로 진료시간을 안내받지 못한 상태에서 방문하는 경우가 생기곤 한다. 환자에게 불편을 준 격이다.

전화나 온라인 상담 문의는 소비자(환자)가 먼저 우리 병 · 의원에 대해 알고자 하는 행위이다. 문을 두드리는 노크와 같은 것이다. 소비자(환자)의 노크를 잘 알아차려 치료를 받아야 할 환자가 다른 곳으로 가지 않고 우리 병 · 의원으로 내원할 수 있도록 적극적이며 적절한 응대가 필요할 것이다.

## 13 문의 전화도 친구와 통화하듯 친근하게 받아라

입사한 지 며칠 안 되었을 때의 일이다. 문의 전화가 왔다. 체형이 틀어져서 어떻게 해야 할지 고민이 된다는 50대 환자분의 전화를 받게 되었다. 다리가 휘었는데 나이가 드니 더 휘어지는 느낌이 들어 고민이라고 했다. 주거니 받거니 하며 대화를 이어갔다. 그분과 대화를 하고 있는 모습을 출근길에 원장님이 보신 모양이었다.

전화를 끊고 한참 아침 업무를 준비하고 있는데, 원장님이 말씀하셨다.

"아까 통화하던 분이 이 선생이 아는 사람인가요?"

"아뇨, 문의 전화였어요."

친숙하게 대화를 해서 지인과 통화하는 줄로 알았다고 하셨다. 전화 문의는 서로 모르는 상태에서 목소리만으로 상대방의 느낌을 파악하게 된다. 전화한 사람의 입장에서 생각하고 대화를 하다 보면 상대방의 마음을 읽을 수 있고, 눈높이 대화가 되어 병 · 의원에 대한 좋은 인상을 줄 수 있다.

전화 상담에서 사실을 전달해주는 것은 중요하다. 그러나 보다 더 중요한 것은 공감을 형성하는 것과 문의한 사람의 현재 상황에 맞추어 상담을 하는 것이다.

CHAPTER 07

# 정확한 진단과 최고의 진료를 약속하라

가장 높은 곳에 이르기 위해서는 가장 낮은 곳부터 시작하라.

- 푸블릴리우스 시루스(고대 로마의 작가)

## ✚ 잦은 실수와 불분명한 진단은 충성 환자를 잃게 만든다

전화로만 안부를 전하다 오랜만에 부모님 댁을 방문했다. 이런 저런 얘기를 하다가 아버지가 얼마 전 한 의료 기관에서 건강검진을 받았던 이야기를 하셨다. 당뇨 검사를 받았는데 공복 혈당 수치가 180mg/dl이 넘게 나왔다고 한다. 정상인의 경우 공복 시에 수치는 70~110mg/dl이라고 한다. 그 수치가 120~130mg/dl이 넘으면 고혈당으로 판정이 된다고 한다.

아버지의 공복 혈당 수치는 높은 편이었다. 평소 아버지의 식습관이나 생활 패턴을 봤을 때는 그렇게까지 높게 나올 리가 없을 텐데 싶었지만 결과가 그렇게 나왔다니 나도 짐짓 놀랐다. 매년 정기검사를 받아 왔지만 크게 차이가 없었던 혈당 수치가 갑자기 높게 나오니 아버지는 뭔가 잘못되었다는 생각이 들었다고 했다. 그래서 옆 병원에 가서 다시 검사를 하셨다고 했다. 그랬더니 정상으로 나와서 안도의 한숨을 내쉬었다는 에피소드를 전하셨다.

중간에 어떤 일이 벌어졌는지 의료적인 부분에 대해서는 아버지에게서 자세히 들을 수는 없었지만 수치의 변동이 컸다면 한 번쯤 담당자가 검사를 다시 시도를 했다면 이런 번거로운 일이 없었을 텐데 싶었다. 또한 의료 기관에는 환자 입장에서 알지 못하는 변동 사항이 있을 수 있다. 그것까지 환자가 이해해주긴 힘들지만 정확한 검사를 할 수 없는 사항이 생겼다면 검사를 받는 사람에게 변동 사항을 알려주어 차선의 방법을 설명했다면 좋았을 거라는 아쉬움이 남았다. 이번 일은 쉽게 마무리된 일이어서 다행이지만, 더 큰 병의 오진으로 문제가 되었더라면 마음고생 좀 했겠다는 생각이 들었다.

나는 치아의 교합이 맞지 않는 3급 부정교합이다. 음식을 씹는 저작활동이 잘 안 되어 치아교정을 받아야 할지 한동안 고민한 적이 있었다. 언젠가부터 음식을 씹을 때 제대로 안 씹히는 불편함을 느꼈기 때문이다. 그래서 시간을 내어 치과에 예약을 했다. 시내에 있는 치과를 몇 군데 방문해보기로 했다.

첫 번째로 간 치과는 앞니의 각도를 크게 해서 아랫니를 덮을 수 있게 만들어 교합을 맞추는 교정을 해야 한다고 했다. 두 번째 치과에서는 양악수술을 해야 치아교정이 가능하다며 양악수술부터 하라는 권유를 받았다. 세 번째 치과는 아랫니를 뒤로 당겨서 최대한 어금니 위주로 맞추어야 한다고 했다. 대신 결과적으로는 윗니 아랫니의 교합이 맞을지는 변수라고 했다. 그리고는 두어 군데를 더 간 것 같은데 그 치과들에서도 서로 다른 설명을 들었다.

어느 한 곳도 같은 이야기를 해준 곳이 없었다. 내 구강 구조상 어려운 치료가 될 것이라는 것은 어느 정도 짐작이 갔다. 당연히 보는 각도에 따라 의사들의 진단이 다르게 내려질 수 있다는 생각도 들었다. 문제를 푸는 데에 한 가지 방법만 있는 것이 아니지 않는가! 방문한 치과들의 공통점이 있었다면 어디에서도 쉽게 교정할 수 있다는 말은 하지 않았다는 것이다. 하지만 진료를 잘한다는 곳을 알아보고 갔던 나에게 하나같이 다른 방향의 진단이 내려지니 치료를 받아야 할지 말아야 할지 심히 고민이 되었다. 결국은 나는 교정하겠다는 마음의 결정을 내리지 못하고 돌아섰다.

진단이 다르면 결과가 달라진다. 나의 치아 구조는 똑같지만 어떤 의사를 만나 어떤 치료로 접근하느냐에 따라 치료 결과가 다르게 나오게 될 것을 생각하니 머리가 너무 복잡해졌다. 그들의 진단이 잘못되었다는 것을 말하는 게 아니다. 어떤 것이 나에게 가장 적절한 과정인지 알고 싶었다. 그러나 그 답을 들을 수 없다는 것이 안타깝고 답답했다. 만약 내가 한 치과를 결정하고 내려진 진단대로 치료를 진행했다면 어느 만큼의 변화가 생겼을지 또한 궁금했다.

이것은 지인이 겪었던 사례다. 한동안 소화가 잘 안되고 윗배가 아프기 시작했단다. 계속된 통증이 있어서 아무래도 큰일이 나겠다 싶어 평소에 자주 가던 병원을 가게 되었다. 그 병원은 평소에 지인이 오랫동안 치료를 받던 병원이었다. 그만큼 담당 의사와 인간적인 관계도 좋았다고 했다. 그는 내과에 검사를 받으러 갔다. 복부에 초음파 검사를 했는데 검사 결과 담석증이라는 진단이 내려졌다. 수술을 해야 한다는 소견을 들었다고 했다. 소견을 듣고 지인은 며칠을 고민했다고 한다. 수술도 걱정이 되었지만 그 당시 지인은 당장 보살펴야 할 가족이 있었기에 당장 수술할 수 있는 처지가 아니었다고 했다.

어떻게 해야 할지 며칠을 고민하던 찰나에 친구에게서 담석증 치료를 잘하는 병원이 있다는 소개를 받았단다. 거기서 한 번 더 진단을 받아보고 수술을 결정하기로 했다. 소개받아 갔던 병원에서도 복부 초음파 검사를 하게 되었다. 그런데 담석증이 아니라는 말을 들었다고 했다. 스트레스를 받다 보니 소화불량이 오래 진행되어서 위장에 문제가 생겼다는 것이었다. 하마터면 수술을 받고 쓸개를 떼어내야 하는 상황이었는데 말이다. 그때 오랫동안 치료 받아왔던 병원에 대한 믿음이 싹 사라져버렸다고 했다. 그 뒤로 지인은 그 병원을 다시는 찾지 않게 되었다고 말했다.

지인은 그때 "쓸개를 떼어내는 수술을 받았으면 어떻게 되었을까?"라며 지금도 생각하면 아찔하다며 손사래를 쳤다. 오진으로 판명되면서 그동안 쌓아왔던 병원과 환자와의 신뢰 관계는 한순간에 무너져버리게 되었다.

### ✚ 확실하지 않은 진단은 한 소녀의 인생까지도 바꿔놓았다

지난겨울 아침 평소와 다를 바 없이 출근 준비를 하고 있었다. 텔레비전에서 놀라운 뉴스가 흘러나오고 있었다. 뇌성마비(강직성 하지마비) 판정을 받고 13년 동안 누워서 지냈던 소녀가 이틀 만에 일어나서 걸었다는 소식이 전해졌다. 무슨 일이 있었는지 귀를 쫑긋 세우고 들었다. 만 3세 때 아이의 걸음걸이에 이상이 느껴져 아이 부모는 대구의 한 대학병원을 찾았다가 뇌성마비 진단을 받았다고 한다. 아이의 부모는 당시에 중국과 미국에 있는 병원까지 찾아가 알아보았지만 차도가 없었고, 똑같은 병증으로 진단을 받았다고 했다. 결국 뇌병변장애 2급에서 1급으로 판정을 받기까지 했다.

그런 생활을 몇 년간 해오다가 2012년 서울의 한 병원에서 재활치료를 하던 물리치료사가 뇌병변이 아닌 것 같다는 의문을 제기했단다. 소녀의 가족은 대구의 대학병원을 찾아가 검사를 받게 된다. 검사 결과 뇌성마비가 아닌 '도파 반응성 근육긴장이상'이라는 진단을 받았다. 이 질병은 신경전달물질을 합성할 때 관여하는 효소의 이상으로 도파민 생성이 감소하게 되어 나타난다고 알려져 있는 질병이었다.

이 질병을 일본의 소아과의사 마사야 세가와가 처음 학계에 보고한 이후부터 '세가와병'이라 부른다고 한다. 근육이 긴장되는 현상으로 뇌병변(뇌성마비)과 혼동된 것으로 예상했다. 이 질병은 소량의 도파민 약물을 투여하면 치료가 가능하다고 한다. 치료제를 복용한 지 이틀 만에 소녀는 기적같이 일어나 두 발로 걸어 다녔으며 지금은 정상적인 생활을 하고 있다는 믿기 어려운 뉴스였다.

13년 전, 뇌성마비라는 진단을 받았을 때는 세가와병을 쉽게 진단할 수 있는 시대는 아니었다고 하니 그 당시 진단을 내린 의사를 탓하기도 애매한 노릇이라고 했다. 하지만 그 소녀의 13년 인생은 송두리째 사라져 버렸으니 그 소식 또한 안타까웠다. 한편으로 생각하면 지금이라도 일어서서 움직일 수 있게 된 것은 축복이고 기적 같은 이야기임에 틀림없다. 지금도 그 소녀와 같은 사례로 똑같이 치료되고 있는 사람들이 있다고 하니 불행 중 다행한 일이다.

현대 사회에서 암 환자의 수는 꾸준히 늘어가고 있다고 한다. 암에 걸렸다고 하면 삶과 영영 이별해야 하는 불치병으로 알던 시절에서 지금은 조금씩 변화가 생기고 있다. 이제는 이 불치병이 점점 정복되고 있다고 한다. 암 발병률이 높아지고는 있지만 치료율 또한 높아지고 있다는 반가운 소식이다. 게다가 우리나라에서 개최된 평창동계올림픽 때 경기에 출전한 국내 선수들뿐만 아니라 외국 선수들에게 한의 치료를 한 결과 치료에 대한 만족도가 아주 높은 것으로 평가받았다고 한다.

우리나라의 의료 시스템과 의료진은 선진국 못지않은 수준이라고 한다. 환자들에게 정확한 진단으로 최고의 진료를 약속할 수 있도록 끊임없는 노력을 해야겠다.

PART 5

# 직원 :
# 행복한 직원이 충성 환자를 만든다

CHAPTER 01

# 열심히 하기보다 잘하도록 동기부여하라

만일 당신이 배를 만들고 싶다면,
사람들에게 목재를 가져오게 하거나, 일을 지시하고 일감을 나눠주는 일은 하지 마라.
대신 그들에게 저 넓고 끝없는 바다에 대한 동경심을 키워줘라.
- 생텍쥐페리(프랑스의 소설가)

## ✚ 직원들에게 열심히 하라, 잘하라고 부추길 수만은 없다

20대 초반의 직원이 입사했다. 이제 직장생활을 시작하는 햇병아리 같은 직원이다. 직원을 보면 나의 20대 모습이 그려졌다. '나도 저렇게 풋풋할 때가 있었을 텐데….'라는 생각이 든다. 여러 연령층의 직원들과 같이 직장생활을 하다 보니 나름 나이대별로 업무 스타일의 특징이 있었다. 연령대로 나누어보자면 이렇다. 내가 느낀 연령대별 업무 스타일이 잘못되었다고 생각하는 독자가 있을 수 있지만 지극히 주관적으로 느낀 부분을 적은 것이니 재미 삼아 읽어주길 바란다.

사회 초년생인 20대 초반의 직원은 사회 경험이 없다 보니 일을 배우는 데 있어 선입견이나 고정관념이 없다. 직장에 들어오기 위해 갖춘 스펙들이 있기는 하나 실무에 실질적인 영향을 주기 위해선 숙련의 과정이 필요하다. 따라서 하나하나 가르쳐주어야 한다. 습득하는 데 시간이 좀 걸리는 편이다. 하지만 여러 번 반복하여 인지가 되면 빠른 속도로 성장한다. 해야 할 일인지 아닌지 구분 짓는 것은 아직 서툴다. 알고 있는 바를 환자에게 어디까지 전달해줘야 하는지 모르는 경우가 종종 있다. 환자를 대면할 때 표정 관리가 잘 안될 때가 많다.

20대 중후반 직원의 경우다. 일 처리 속도는 좋다. 방향을 잡아주면 거침없이 해내는 능력이 있다. 자칫하면 자신감이 넘쳐 지나칠 때가 있다. 하지만 그때도 순서를 정해주고 차근차근 설명하면 잘 알아듣고 시행한다. 실수가 많이 줄어든다.

30대 초반의 직원일 경우다. 그동안 직장생활을 해왔다면 어떻게 해야 하는지 눈치껏 알고 있다. 어느 정도 알 거라 생각하고 업무만 가르치면 규율을 뒤늦게 가르쳐줘야 하는 때가 종종 생긴다. 자신만의 스타일로 업무를 하려는 경향이 생기려 한다.

물론 소속된 직장 분위기에 따라가는 거겠지만 잘 유지되는 전통이 있는 회사나 병 · 의원은 그들만의 규율과 규칙은 꼭 지켜나간다. 이런 제도적인 면이 회사를 원활하게 이끌어나갈 수 있는 원동력이 되기 때문이다. 요즘은 가족이 있어도 혼자 사는 1인 가구가 늘어나고 있다. 바쁘게 돌아가는 세상이다 보니 밥상머리 교육이라는 것은 찾아보기 힘들다. 대기업처럼 직원 교육이 시스템적으로 운영되는 직장이 아니고는 규칙적으로 직원 교육을 하는 것은 쉬운 일이 아니다.

다음은 30대 중반의 직원일 경우다. 직장생활을 해온 직원이라면 일머리가 생긴다. 우선순위를 알아서 해낼 수 있다는 뜻이다. 업무 속도가 가장 빠른 시기다. 분별력이 생긴다. 하지만 업무 성향이 분명해서 직원들끼리 호불호가 갈리는 것이 특징이다.

40대는 책임감이 강해 맡은 일을 잘 해내려는 노력을 한다. 어떤 상황에 대처할 때 유연한 사고를 가지고 있고 대체로 업무에 집중을 잘하는 편이다. 어려운 작업보다 단순한 업무를 처리하는 속도가 20~30대에 비해 조금씩 느리다. 선입견을 가지는 경향이 있다.

이렇게 다양한 연령대의 직원들과 함께 지내면서 열심히 하라고만 부추길 수 없다. 그렇게 한다면 사실 따라오고 싶지도 않을 것이다. 예전처럼 상사의 말이면 무조건 따르는 구시대적 사고를 가지고 있는 직원은 없다. 어떨 때는 잘못된 부분을 정확히 말해줘야 하는 상황이 있을 수 있다. 어떨 때는 마음을 열고 다독여줘야 하는 상황이 되기도 한다. 하지만 이런 행동도 본인이 잘못을 인정했을 때 가능한 것이다.

침구실 정리를 잘하자, 환자를 보면 미소로 대하자, 대기실에 환자가 오랫동안 기다리게 하지 말자, 서로서로 도와가며 일하자 등의 이야기를 할 수 있겠지만 같은 이야기를 반복하게 되면 서로 기분이 좋을 리 없을 것이다.

하루는 평소와 다르게 깔끔하게 분리수거가 잘 되어 있었다. 한눈에 봐도 정리가 잘 되어 있었다. 누군가 분리수거를 해놓은 것이다. 누구일까 궁금했다. 짐작이 가는 직원이 있긴 했다. 혹시나 싶어 조회 때 직원들에게 물어보았다. 칭찬을 해주고 싶었기 때문이다. 알고 보니 예상했던 직원이 아니었다. 의외라고 생각했다.

나는 직원의 자발적인 행동에 동기부여를 주고 싶었다. 그런 행동들이 병원을 좋은 방향으로 움직여가는 것이라고 생각했다. 이런 직원을 나는 '우리 한의원의 숨은 조력자'라고 이야기하며 박수를 쳐주었다. 그리고 직원들 앞에서 선언했다. '숨은 조력자'를 찾아서 한 달에 한 번은 조력자인 직원과 단둘이 식사를 하러 가겠다고 말이다. 모두가 보는 곳에서 약속을 했다. 그리고 그 직원과는 둘만의 식사를 하며 오붓하게 대화를 나눌 수 있었다. 병원이 아닌 다른 장소에서 둘만의 시간을 보내니 훨씬 개인적으로 가까워지고 이해의 폭이 넓어지는 것을 느꼈다. 한 달에 한 번씩 식사를 하러 가는 약속은 아직도 지켜지고 있다.

그 직원이 분리수거를 한 것은 평소와 다르지 않은 행동이었을 수 있다. 하지만 사람이기 때문에 누군가가 알아주지 않으면 서운한 법이다. 조용한 이미지의 직원이라 눈에 잘 띄지 않았다. 그것을 계기로 직원들에게 동기부여를 하고자 나는 보이지 않는 노력을 하고 있다.

업무 중에 유난히 물건을 잘 떨어뜨리는 직원이 있었다. 열심히 하려는 모습은 보였다. 하지만 물건을 자주 떨어뜨리는 것은 부주의하다고 느껴졌다. 병 · 의원은 사람이 아파서 오는 곳인데 물건 떨어뜨리는 소리로 환자들을 놀라게 할 수 있었다. 적어도 내가 환자라면 편하게 누워 있기는 힘들 것 같았다. 신경이 쓰였다. 한편으로는 '몸이 안 좋아 팔의 힘이 자꾸 빠져서 그런가?'라는 생각도 들었다. 근무력감이 생겨 기운이 없고 팔에 힘이 빠질 수도 있기 때문이다. 그래서 조용히 직원을 불렀다. '혹시 물건을 자주 떨어뜨리는 것을 알고 있느냐?'고 물었다. 자신의 행동을 의식하지 못할 수도 있기 때문에 조심스러웠다. 다행히 자신도 느끼고 있었다. 자꾸 떨어뜨리니 그러고 나면 본인도 '아차' 싶어서 미안한 마음이 드는 듯했다. 본인도 그것을 깨달았고, 노력하려는 마음이 있었기에 동기부여를 해주고 싶었다.

그 직원은 평소 점심시간에 식사를 잘 하지 않았다. 배가 부르면 일에 집중하기가 어려워 먹지 않는다고 했다. 그렇다 보니 배고프고 힘이 없으면 과자로 보충하는 모습을 보게 되었다. 직원의 건강이 염려되었다. 건강을 챙겨주기 위해 작은 통에 견과류를 담아 주었다. "힘이 없거나 배고파서 과자를 먹는다면 이 아몬드로 보충해봐요. 건강에 조금은 좋지 않을까요?"라고 말했다. 그 한마디에 직원은 얼굴에 미소를 보이며 표정이 밝아졌다. 그리고는 한결 밝고 씩씩해졌다. 직원에게 내 진심이 전해져서 마음이 편했다.

내가 만약 "물건을 자꾸 떨어뜨리니 다른 사람들에게 피해가 갑니다. 조심하세요."라고 말했다면 그 직원은 "예."라고 대답은 했겠지만 기분이 썩 좋지는 않았을 것이다. 하지만 나의 진심이 직원에게 전달되었고, 직원은 더 조심해야겠다는 생각을 했던 것이다. 직장에서 우리의 진심이 서로 잘 전달되고 자연스럽게 개선이 되면 좋겠다.

### ✚ 직원과 병원이 함께할 수 있는 기회를 갖자

혹시 우리는 누군가의 눈치를 보며 일하고, 누군가의 지시에 의해 움직이는 직장생활을 하고 있지는 않은가! 그렇다면 병·의원 운영에 있어 손해를 보고 있다. 본인 또한 시간을 허비하고 있는 것이다. 그런 수동적인 직원이라면 같이 일하는 동료도 힘들 수 있다. 병원은 그 시간에 오히려 더 좋은 사람을 고용하는 것이 더 나을지도 모를 일이다.

또한 한 직원이 근무하는 시간에 엉뚱한 일을 하며 시간을 허비하고 하루를 보내고 있다면 그 또한 자신의 인생을 낭비하는 셈이다. 근무를 하는 동안에 상사는 부하 직원들이 업무에 집중하기를 원한다. 그런 모습을 보며 하나라도 더 가르쳐주고 싶고 도와주고 싶다. 병원과 함께 동반 성장하기를 원한다.

직원들에게 동기부여를 하고 싶은 마음은 그들이 스스로 개선하고자 하는 순수한 의도가 있을 때 더욱 효과를 발휘한다. 일을 할 때 하고 싶은 일만 하고자 하는 사람은 옆 동료에게도 피해를 주게 된다. 동기부여라는 단어는 의미가 없게 된다. 그리고 직원을 관리하는 나 또한 함께하고자 하는 마음이 생길 때 동기부여와 응원을 할 마음이 생긴다.

직원들이 열심히 일했으면 하는가? 그렇다면 열심히 하자고만 외치지 말고, 동기부여를 시켜보자. 직장 업무의 선순환 고리가 만들어지도록 말이다.

CHAPTER 02

# 직원들에게 가슴 뛰는 비전을 심어줘라

명랑해지는 첫 번째 비결은 명랑한 척 행동하는 것이다.

- 윌리엄 제임스(미국의 철학자)

## ✚ 비전은 가까이 있다

내가 직원들에게 하는 말이 있다. 반복되는 직장생활을 무의미하게 보내지 말라는 것이다. 직장에서 스스로 성장하고 비전을 가지며 직장과 함께 커나가자고 말이다. 나는 그렇게 계속 직장에서 비전을 가지고 움직였던 것 같다.

내가 처음 근무를 시작했을 때는 선배들이 나보다 훨씬 어렸다. 직원들은 대부분이 첫 직장이거나 20대였다. 이미 경력자들도 근무하고 있는 상황이었지만 그래도 내가 제일 연장자였다. 나이 많은 것이 자랑은 아니다. 직장에서 직원을 뽑을 때는 대체로 나이를 배제하기가 힘들다. 내가 근무하는 한의원은 경력자라고 해도 40세를 넘지 않았다. 지금은 업종에 따라 채용 형태와 트렌드가 많이 달라지고는 있다. 하지만 당시 나의 입사 조건은 그렇지 못했다.

나이도 많고 마지막으로 입사한 직원이라서 나 스스로 자격지심이 생겼다. 사실 나는 나이 때문에 지원 자격에 맞지 않았다. 지원할 수 없는 조건이었지만 용기를 내어 도전했고 그 결과 입사를 할 수 있었다. 해낼 수 있으리라는 자신감이 있었다. 입사 당시에 나 말고 20대 초반의 동기가 한 명 더 있었다. 원장님의 지원 아래 다른 지점에 교육도 같이 받고 왔지만 잘할 자신이 없다며 그 동기는 시작하기를 포기했다. 그래서 나만 혼자 남게 되었다.

첫 출근하는 날부터 나는 마치 내 몸에 맞지 않는 작은 옷을 입은 것처럼 몸과 마음이 움츠러들었다. 처음 지원한 때의 자신감은 온데간데없이 사라졌다. 안 그런 척하려고 했지만 눈빛과 말투에 자신감이 없었다. 그도 그럴 것이 전 직장에서는 교육 상담을 하고 지역 지점장으로 지내며 지시를 하고 보고를 받는 형태로 일했다. 그런데 근무 업종을 바꾸면서 처음부터 배워야 하는 신입이 된 것이다. 물론 경력 지원이긴 했지만 낯선 업무를 시작하다 보니 정당한 내 자리를 잡기 위해선 시간이 필요했다. 더구나 내가 입사했을 때는 이미 총괄업무를 맡고 있는 부서장이 있었다. 나는 새로운 업무를 시작하는 것이기도 해서 익숙해질 때까지는 불가피하게 다른 직원들의 도움을 받아야 했다.

분명 알고 있던 내용도 막상 혼자서 하려니 익숙하지 않아 실수가 생겼다. 그럴 때마다 직원들에게 부탁 아닌 부탁을 하게 되었다. 어떤 직원은 친절히 가르쳐주니 오히려 미안하기도 하고 고마웠다. 어떤 직원은 동생을 꾸짖듯이 야단을 치는 직원도 있었다. 그때는 컴퓨터 업무가 미숙할 때였다. 그도 그럴 것이 예전 직장에서는 내가 컴퓨터 업무가 미숙해 그것을 대신해주는 직원을 고용하기도 했었다. 내가 처리하기 힘든 부분은 직원에게 맡겨서 해결했었다.

하지만 이제는 그렇게 할 부하 직원이 없었다. 띠동갑이 훌쩍 넘어가는 직원에게 "이런 것도 못 하세요?"라는 면박 아닌 면박을 들으면 나는 귀까지 벌겋게 달아올랐다. 농담으로 던진 말일 수 있지만 그때는 작은 농담에도 신경이 쓰일 수밖에 없었다. 어린 직원들에게 이런 말까지 들어가며 왜 이 일을 하려고 하는지 회의감이 들기도 했다. 그렇지만 누구도 나를 알아줄 사람이 없었다. 처음부터 시작하려고 했던 것은 나였으니까. 오로지 스스로 버텨내야 하는 것들뿐이었다. 내가 그만둬도 병원은 아무 일 없던 것처럼 잘 돌아갈 텐데 말이다.

그러니 출근길에 몸이 먼저 반응했다. 아침에 일어나면 온몸이 쑤시고 아파 말을 안 들었다. 학교 가기 싫어서 배탈 난 어린 아이처럼 말이다. '다른 직원들에게 피해를 안 줘야 하는데, 내가 폐를 끼치는 건 아닐까?

퇴사하는 게 맞을까?'라고 생각했다가도 '아냐, 조금만 더 익숙해지면 분명 나만 할 수 있는 일이 생길거야!'라고 마음을 다잡았다. 나 자신을 다그치고 출근길 차 안에서 일부러 신나고 즐거운 음악을 들으며 내 마음을 일으키고 끌어올렸다. 몸이 천근만근 무거워도 일단 한의원으로 들어서면 언제 그랬냐는 듯 분주히 움직였다. 그리고 웃으려고 노력했고 일 외에는 아무것도 생각하지 않았다. 아니 생각할 틈이 없었다. 출근과 동시에 눈과 귀를 크게 하고 일을 빨리 배우려고 했다. 매일 아침 출근 시간 30~40분 전부터 나와서 전날 못한 것 위주로 연습을 해보고 또 잘 안 된다 싶으면 점심시간을 이용하여 반복적으로 연습했다.

그러던 때가 엊그제 같은데 시간이 이렇게 흘렀다. 이제는 병 · 의원 코디네이터, 병원 및 직원에 관련된 책을 쓰고 있다. 내가 지금까지 버틸 수 있었던 이유는 단 하나! 내가 이곳에서 해야 할 역할과 비전을 느꼈기 때문이다. 젊은 직원들이 주류인 이곳에서 직원 관리에 생기는 문제들이 보였다. 직원들과 운영자의 입장을 연결하는 역할이 필요했다. 젊은 직원들의 잦은 퇴사율도 문제였다. 그런 문제들을 해결하지 않으면 병원 운영이 자칫 더 힘들어질 수 있었다. 그 역할을 할 사람이 필요했다. 안정적인 직원, 환자 관리와 병원 운영이 필요했다. 그 자리에 내 역할이 보이기 시작했다.

주어진 업무 외에 내가 할 수 있는 것을 자꾸 찾게 되면 그것이 나의 비전이 되고 내가 성장할 수 있는 것들이 보인다. 무의미한 시간을 보내는 직장인들은 맡은 업무만 반복적으로 한다. 그리고 시간이 남으면 인터넷 쇼핑을 하거나 의미 없는 시간을 보내기도 한다. 물론 개인적인 시간이야 필요하겠다. 하지만 그런 행동이 매일같이 지속되는 직원은 운영자도 본인도 그다지 덕이 될 것이 없다. 그런 직원들은 일을 배우는 어느 정도의 기간이 지나면 더 이상 배울 게 없다고 생각하는 경우가 있다. 일이 재미가 없다고 느낀다. 기계적인 업무만을 반복하니 재미없는 것은 당연한 일이다. 그러면서 다른 직장, 더 나은 근무 조건이 있는지 관심을 갖는다. 그 직원은 다른 직장에 가도 일을 어느 정도 손에 익히면 또 다 배웠다고 생각하고 또 다른 직장을 전전긍긍하며 찾아다닌다. 정작 자신의 모습을 바라보지 못한다. 일을 습득하는 기간이 업종마다 짧거나 길 수 있겠지만 그게 다가 아니라 그 때부터가 시작이라는 것을 알아야 한다. '나'이기 때문에 할 수 있는 일을 내가 몸담고 있는 곳에서 찾아보고 개선시키고 발전해나가야겠다.

기본적인 업무가 좀 익숙해지면서 내가 할 수 있는 또 다른 일을 시도했다. 그때까지만 해도 나는 상담 파트를 맡지 못한 상태였고 특별한 역할이 없는 직원이었다. 그래서 상담이 끝나고 나온 환자들이 혹시 더 궁금한 것은 없는지 물어보았다. 환자가 치료 결정을 못 하고 가면 부족했던 부분을 다시 설명하고 보내드렸다. 환자가 관심을 가지고 물어보는 것은 적극적으로 응했다. 환자가 문의할 때는 더 정확한 정보를 주기 위해 한의원에서 다루는 업무 관련 책들을 찾아 집에서 공부하기 시작했다. 약 2년 정도는 주말마다 업무에 관련된 서적을 찾아 공부하며 거의 시간을 다 보낸 것 같다.

한의원을 위한 나의 노력은 계속되었다. 한동안 이런 일들이 있었다. 직원들은 근무시간이 끝나면 빨리 집으로 가고 싶어 했다. 강요 아닌 강요로 진행됐던 퇴근 후의 잦은 회식은 오히려 직원들을 힘들게 했다. 부서장은 하루 동안 수고한 직원들에게 맛있는 음식을 먹이고 단합을 시키려는 의도였지만 정작 직원들의 마음은 그게 아니었던 것이다.

초기에 직원들은 묵묵히 따라와주었다. 그런데 횟수가 잦아지고 전날 회식을 하고 나면 다음 날은 출근해서 일을 마치면 피곤해서 집으로 빨리 가고 싶어 했다. 그중 잦은 회식으로 살이 쪄서 다이어트를 하겠다고 마음먹은 직원이 있었다. 하지만 회식 자리를 피하고 싶어도 그럴 수 있는 상황이 안 되니 여러 번 속상해했다. 계속되는 늦은 회식 자리에 직원들은 말도 못 하고 조금씩 지쳐가기 시작했다.

시간이 지나면서 직원들의 볼멘소리가 여기저기서 들리기 시작했다. 이런 일이 반복되다 보니 상사 앞에서는 못 이기는 척 끌려가는 듯했지만 직원들의 생각은 부서장의 의도와는 반대로 흘러가고 있었다. 부서장과 직원들의 마찰이 생기기 시작했다. 직원들이 받은 부당함을 나는 공감하고 이해할 수 있었다. 직원들에게 언니나 누나 같은 마음이 있었기에 충분히 이해가 갔다. 하지만 "분명 부서장은 이유가 있어 직원들에게 그랬을 것이다. 조금만 더 이해하자."라고 말했다. 부서장의 입장도 이해가 되었으니 말이다. 지금은 사회의 회식 문화가 많이 변했지만 당시에는 그렇지 못했다.

시간이 지나면서 나는 자연스럽게 직원들과 부서장과의 관계에서 중재자 역할을 하고 있었다. 사실 직원은 조직 운영에 있어 운영자와 같은 생각으로 바라보기는 어렵다. 직원은 직원으로서의 입장이 있으니 말이다. 근무시간에 업무량이 많거나 자신에게 불이익이 생기면 불만을 제기하는 것은 당연하다. 관리자나 운영자 입장에서는 무조건 직원의 불평을 들어주고 원하는 대로 다 해줄 수가 없다. 운영과 직원 관리에 있어 어느 한쪽만 보고 갈 수 없기 때문이다. 그러다 보니 그런 충돌은 불가피했다.

### ✚ 운영자와 직원의 마음을 이해하라

교육 사업을 하며 직원 관리를 해본 나는 한의원에서 운영자와 직원의 마음을 쉽게 이해할 수 있었다. 하지만 이 모든 것들은 사람의 일이라 서로 공감하고 소통되지 않으면 아무리 좋은 의도라 해도 좋은 방향으로 나가긴 어렵다. 인적 관리는 서로의 눈높이를 맞추고 소통이 되었을 때 공감할 수 있다.

문제가 생기는 것은 서로의 눈높이 차이가 너무 크기 때문이다. 직원과 운영자의 눈높이가 차이가 나는 것은 당연하지만 그 폭이 크면 상생이 어렵다. 맞추기 위한 노력을 해야 하고 그것을 묵인하고 지나칠 땐 분명 양쪽에게 다 상처가 생긴다.

이런 일들을 경험하면서 앞으로 내가 직장에서 해야 할 역할들을 더 잘 알게 되었고, 진짜 내 직장에 소속되었다는 마음이 들었다. 그때 느꼈던 신입직원들이 가지는 애로사항, 직원 관리에 있어서 필요한 것들, 환자를 대하는 법, 조직 생활을 할 때 갖춰야 할 기본 소양, 병원의 기본 매뉴얼 등은 이론이 아니라 모두 현장에서 만들어진 것이다. 이런 것들을 책으로 담고 싶었다. 병 · 의원 근무에 관심을 가지거나 병원에 근무하는 사람들이 보면 도움이 되는 책으로 말이다. 스스로 만들어낼 수 있고 병원에 비전을 가지고 오랫동안 근무할 수 있게 도와주고 싶었다. 더불어 내가 속한 한의원이 발전하는 데 작은 보탬이 되고 싶었다.

시간이 점점 흐르면서 나의 자리는 조금씩 변하고 있었다. 처음엔 신입이었다. 그러다 팀장이 되어 직원 관리를 하게 되었다. 그러다 실장이 되었다. 지금은 병원 운영에 관한 많은 부분을 원장님과 공유하게 되었다. 원장님은 나에게 그런 자질이 진작 있었다고 했다. 하지만 처음부터 하나씩 밟아나가는 상황이 오히려 나에게 더 많은 자극이 되었던 것 같다. 꾸준한 노력의 결실이었다고 생각한다.

나는 아직도 내 직장과 나 자신을 위한 비전을 만들어가고 있다. 이 글을 읽는 여러분에게도 말하고 싶다. 현재 몸담고 있는 직장에서 '나'만이 할 수 있는 일을 찾고 나의 열정을 직장에서 불태워보자. 내 모습과 함께 병·의원이 동반 성장하는 변화를 맛보게 될 것이다.

CHAPTER 03

# 원장이 행복하면 직원들도 행복하다

낙관주의자는 장미에서 가시가 아니라 꽃을 보고,
비관주의자는 꽃을 망각하고 가시만 쳐다본다.
- 칼릴 지브란(레바논의 작가)

## ✚ 병원 식구들을 기쁘게 해줄 수 있는 것들을 고민하라

나는 출근할 때마다 이런 생각을 한다. 매일 보는 얼굴, 반복되는 일상에 단비와 같은 즐거운 일이 생기면 얼마나 좋을까? '오늘은 직원들에게 어떤 이벤트를 만들어줄까?'라는 고민을 한다.

하루는 시내에 나갔다가 다양한 종류의 양말들을 파는 곳을 지나게 되었다. 여러 종류의 양말들을 보니 한의원 직원들에게 선물하고 싶단 생각이 들었다. 한 명 한 명 얼굴을 떠올리며 이미지에 맞는 양말을 한 켤레씩 골랐다. 왼쪽에 있는 양말을 들었다 놨다 오른쪽 물건을 골랐다 말았다 하면서 어떤 무늬가 좋을지 곰곰이 생각했다. 혼자 상상의 나래를 펼치며 한참을 골랐던 것 같다. 그렇게 종류별로 원장님을 포함한 전 직원의 양말을 한 켤레씩 샀다.

한 꾸러미를 손에 들고 나니 이왕 선물할 거면 편지도 같이 주면 좋겠다는 생각이 들었다. 집으로 돌아와 직원들을 생각하며 일일이 손 편지를 쓰기 시작했다. 그동안 나와 대화가 많았던 직원들에게는 편지에 쓸 내용이 많았다. 그렇지 못했던 직원에게는 무슨 내용을 써야 할지 한참을 생각했다. 그 직원과 더 친해져야겠다는 생각이 들었다.

그 다음 날은 오후 출근이었다. 햇살이 비껴드는 자동차 속에서 햇살보다 내 마음이 더 따뜻해짐을 느꼈다. 출근길이지만 근무시간에 살짝 일탈을 하는 느낌이랄까? 나는 직원 중에서는 출퇴근 거리가 제일 멀었다. 그래서 나는 출근 시간을 맞추려고 조금 이른 시간에 나오는 습관이 생겼다. 그날도 조금 일찍 직장에 도착했다.

평소와 다름없이 오전 진료가 끝난 점심시간이었다. 대기실은 조용하고, 직원들 또한 식사를 하고 나서 오후 진료를 준비하는 듯했다. 살짝 문을 열고 들어가 여느 때와 다름없이 직원들과 인사를 했다. 그리고 내가 준비했던 양말과 손 편지를 하나씩 들고 먼저 원장실로 갔다. 민무늬 양말과 손 편지를 말없이 건넸다. 출근 인사인 줄로 알았다가 뭔가를 꺼내는 나의 모습에 무슨 일인지 의아해하셨다. 그러더니 한 번 더 나를 쳐다보셨다. 머쓱한 표정으로 씽긋 웃고 나왔다. 그리고 다른 직원들에게도 출근 인사를 하고 같은 방법으로 한 명씩 양말과 편지를 건넸다. 뒤늦게 사실을 알고는 다들 만면에 미소를 띠며 감동의 인사말을 건넸다. 나의 작은 이벤트에 다들 기뻐했다. 보는 내가 더 흐뭇했다.

지금은 정확히 기억나지 않지만 원장님에게 썼던 내용은 대략 이랬다. '존경하는 원장님!'이라는 호칭으로 반복되는 일상 속에 작은 즐거움을 드리고자 마련했다는 내용으로 앞으로도 열심히 하겠다는 내용이었다. 퇴근할 때쯤 되어 원장님 또한 친히 손 편지로 격려의 답장을 주셨다. '친애하는 이미정 팀장님'이라는 호칭을 쓰면서 말이다. 당시에 나는 팀장이었다.

비싸지 않은 작은 마음의 선물이었다. 하지만 각자의 성향에 어울리는 양말을 고르는 시간은 나를 설레게 했다. 한 사람 한 사람을 떠올리며 적은 손 편지는 내게도 받는 사람에게도 더 관심을 갖게 하는 순간들이었다. 마음을 전달할 수 있어서 좋았고, 나로 인해 병원 분위기가 화사해진 것 같았다. 그날 하루는 환자들에게도 분명 좋은 기운이 전달되었을 것이라 믿는다.

어느 직장에서든 또래나 동기들과의 관계는 시간이 지나면서 형성이 된다. 물론 서로 성격이 맞지 않아 불편한 관계도 있겠다. 하지만 상사와 부하 직원과의 관계가 자연스럽지 못하다면 그것은 반쪽짜리 사회생활을 하고 있는 것이다. 주변 사람과 유연하게 교류하고 소통이 잘되기 위한 노력을 해야 한다. 그것들은 서로의 노력에 의해 신뢰가 형성된다. 직장에서는 상사와 부하 직원과의 관계를 개선시키기 위한 소통의 노력이 필요하다.

조직생활에서 직장의 막내가 주축이 되어 분위기를 이끌 수도 있다. 또는 중간 관리자가 그 역할을 할 수도 있다. 이런 노력이 지속되어 서로 즐거운 관계가 형성된다면 원장과 직원들이 함께 행복할 수 있다. 환자들은 그러한 분위기를 접점에서 순간적으로 느낄 수 있다. "병원 분위기가 좋은데…."라며 말이다. 환자를 떼어놓고 직원끼리만 즐거운 관계를 만들라는 것이 아니다. 서로가 융화되는 분위기를 말하는 것이다. 내가 환자라면 그런 편안한 병 · 의원에 가고 싶어지지 않을까? 원장이 행복하면 직원들도 행복해질 수 있다. 그런 직원들이 있는 곳에는 환자들도 편안한 마음으로 병원에 오고 싶어질 것이다.

병 · 의원의 최종 책임자는 원장이다. 진료 과정에서 생기는 작은 일에서부터 중대한 일까지 마지막 책임을 벗어날 수 없다. 환자들이 하루에도 수십, 수백 명이 드나드는 병 · 의원은 디테일한 것을 놓치면 여기저기 보이지 않는 손실이 나타난다.

여러 차례 치료를 받던 환자분이 하루는 화난 얼굴로 병원 입구에 들어섰다. 그러고는 다짜고짜 자신의 통장을 안내 접수대 쪽으로 던지며 이런 말을 했다. "내가 치료하고 치료비를 안 주고 간 적이 있는지 통장에 적힌 날짜를 한 번 보세요. 의심할 걸 의심해야지, 내가 겨우 몇 천 원을 떼먹고 갈 사람으로 보여? 내가 연봉이 얼마인 사람인데 감히 나한테 치료비를 안 냈냐고?"라며 흥분을 감추지 못했다.

대기실에 앉아 있던 모든 사람들의 이목이 일제히 그 사람에게 집중되었다. 도대체 무슨 일일까? 상황을 알아보기 위해 얼른 대기실로 나갔다. 환자가 그렇게 화가 난 이유는 예전에 치료비를 결제하지 않았다는 오해를 받은 것 때문이었다. 치료를 받고 나서 제때 비용이 지불되지 않았던 적이 몇 번 있었던 터였다. 그날도 접수대 직원이 몇 번 빠졌던 비용을 알려주기 위해 설명하는 과정에서 환자의 기분이 상했던 것이다.

환자가 치료비를 결제했든 그렇지 않았든 사실 여부를 떠나 이미 원내 분위기는 싸늘해져 있었다. 상담실로 모시고 와서 진정시켜드리고 싶었지만 막무가내였다. 이미 엎질러진 물이었다. 도통 마음을 열 기미가 안 보였다. 무슨 일이었는지 그분은 아침부터 술까지 마시고 온 것 같았다. 그런데 하필 그때 직원의 한마디가 그 환자의 감정을 상하게 했던 것이다. 이유가 어찌되었건 환자가 치료를 마치는 과정에서 예상치 않게 벌어진 상황이었다. 일단 환자를 믿지 못한다고 느끼게 한 것에 대해 대신 사과드렸고, 오해였다는 것을 한 번 더 말씀드렸다. 화가 안 풀린 환자는 인터넷에 소문을 내겠다는 협박까지 했다. 어떻게 해야 할지 모르는 담당 직원은 구석에 쪼그리고 앉아 힘이 다 빠져 있었다.

그 일이 있은 후 며칠 뒤 그분이 다시 내원했다. 그때 소란을 피워서 미안한 생각이 들었다고 했다. 당시에 취한 상태로 내원을 했는데 자신이 심했던 것 같다며 사과를 했다. 하지만 그 충격의 파장은 며칠 동안 지속되었고, 원장님뿐만 아니라 모든 직원들의 마음을 무겁게 했다.

환자와 의도치 않은 마찰은 언제 어디서든 생겨날 수 있다. 병원뿐만 아니라 사회 어디서나 말이다. 예기치 않은 상황이 발생하더라도 유연하게 대처하는 자세가 필요하다. 하지만 말처럼 쉽지 않다. 사람은 감정의 동물이다 보니 사소한 무언가에 기분이 상할 수 있다. 불과 몇 천 원밖에 안 하는 치료비에 기분이 상했던 앞 환자의 경우처럼 말이다. 그때 환자에게 유연하게 대처했더라면 며칠 동안 원내 분위기가 가라앉지는 않았을 것이다.

## ✚ 직장도 한 가족과 다르지 않다

아침에 출근하면 항상 원장님과 직원들의 얼굴빛을 살피는 것이 나의 첫 일과다. 엄마가 가족을 챙기듯이 말이다. 밤새 원장님은 잘 주무셨는지 직원들은 별일 없었는지. 컨디션이 안 좋아 보이면 비타민차를 권하기도 한다. 날씨가 흐려서 분위기가 가라앉는 것 같으면 가벼운 대화를 주고받기도 한다. 어떨 땐 간식을 챙겨주기도 한다. 그리고 아침 미팅 때는 직원들의 표정을 살피고 일일이 눈을 마주친다. 처음에 눈 맞춤이 익숙지 않던 직원들은 날 쳐다보는 것이 어색한 듯했다. 인사를 할 때 굳이 눈을 맞춰야 하는 이유를 못 느끼고 있었다.

나는 매일같이 얼굴을 들이밀며 먼저 인사하고 안색을 살핀다. 때로는 직원을 보면 반가워 끌어안으며 인사를 한다. 그렇게 안부를 묻는 모습이 이제는 자연스러워진 것 같다. '싸운 남자친구와 화해는 잘 했느냐? 어제 갔던 식당 음식은 맛있었느냐? 아프다고 했던 송편이(반려견 이름)는 이제 괜찮은지?' 등의 시시콜콜한 것들을 이야기한다. 그러면서 직원들의 컨디션을 살핀다. 서로의 컨디션을 살피고 아픈 직원은 따로 챙기고 좋은 일이 있는 직원은 축하해주면서 우리의 행복을 공유한다.

한 가정이 잘되려면 가족이 화목해야 한다. 직장도 마찬가지인 것 같다. 어쩌면 가족보다 더 많은 시간을 같이 지내고 식사를 하는 관계가 아닌가! 식구나 다름 없다. 그런 직장에서 당연히 구성원들은 행복할 권리가 있다고 생각한다. 원장의 행복이 직원의 행복에 필요충분조건이 되는 건 아니지만, 그런 필요충분조건이 되기 위해 같이 합심하는 병 · 의원을 위한 노력이 필요하다. 우리 원장님이 행복하고 우리 직원들이 행복해질 수 있도록 나는 오늘도 내일도 또 그 다음날도 안색을 살필 것이다.

## 14 직원들에게 추억을 만들어줘라

토요일은 다른 요일에 비해 바쁘고 정신이 없는 날이다. 환자들이 갑자기 몰려들 때가 많기 때문이다. 특히나 일이 서툰 나에게는 더 그랬다. 입사한 지 5개월이 되었을 때의 일이다. 아침에 출근하면 퇴근할 때까지 오로지 일을 익히고 내 것으로 만들어야 한다는 마음으로 생활하던 때였다. 그날도 어김없이 많은 환자들을 소화해내고 퇴근 시간이 거의 다 되어가는 상황이었다. 한참 정리를 하고 있는 중이었다. 다른 직원들도 각자 자신의 일을 하고 있었으리라. 하지만 나는 옆에서 뭘 하고 있는지조차 깨닫지 못할 정도로 집중하고 있었던 것 같다. 한참 차트 정리를 위해 책상 위 모니터를 쳐다보고 있었다. 그런데 어디선가 노래 소리가 들렸다.

"생일 축하합니다~! 생일 축하합니다~!"

그제야 고개를 들고 노래 소리의 출처를 찾았다. 두리번거리며 말이다. 촛불이 켜진 케이크 상자를 들고 나에게 다가오고 있는 것이 아닌가? 주변에 있던 직원들은 나를 향해 노래를 부르고 박수를 치고 있었다. 아무런 인기척도 못 느낀 나는 그제야 그날이 내 생일인 걸 깨달았다.

정말 갑작스런 이벤트였다. 내 생일이라는 것도 잊었을 정도로 바쁜 날이었다. 생각지도 못한 상황이 펼쳐졌다. 케이크가 내 앞까지 오자 나는 그들의 마음의 울림을 느꼈다. 미처 내가 기억하지 못했던 생일을 직원들과 원장님이 챙겨주셨다. 그 후로도 여러 차례 생일치레를 받았다. 하지만 첫 생일의 기억은 아직도 생생하게 머릿속에 남아 있다. 안타깝게도 그때의 직원들은 원장님을 제외하곤 아무도 없다. 그때 그 직원들은 다 잘 지내고 있을까?

CHAPTER 04

# 행복한 직원이 충성 환자를 만든다

세상이란 사람들이 생각하고 있는 것처럼 그렇게 즐거운 것이 아니다.
즐거운 것도, 나쁜 것도 오직 자신에게 달려 있다.
- 기 드 모파상(프랑스의 소설가)

## ✚ 나는 '당당한의원'의 행복한 직원이다

누군가 아파서 찾는 병 · 의원은 남녀노소, 지위고하와는 아무 상관이 없다. 어린 아이가 아프기도 한다. 젊은이가 아플 수도 있다. 누군가의 부모님이 편찮으셔서 내원하기도 한다. 그렇기 때문에 병 · 의원에 근무하는 직원들에게는 다양한 역할이 필요하다고 생각한다. 어떨 땐 아이를 돌보는 언니나 오빠가, 젊은이가 아프면 친구가, 부모님이 편찮으시면 자식이 되어 그들을 보살피는 자세가 필요하다.

파킨슨병이 있는 한 여성이 6개월째 열심히 치료를 받으러 오신다. 연세가 70세가 넘었다. 파킨슨병은 신경퇴행성 질환이라 손 떨림이나 근육 경직의 증상이 있다. 그렇기 때문에 자세나 행동이 불안정하다. 근육이 유연하지 않다 보니 걸을 때 뒤에서 누군가가 떠미는 것처럼 종종걸음으로 다니게 된다. 이런 근육 경직을 개선시키기 위해서는 자주 움직여야 하고 체계화된 운동이 필요하다.

그분은 요일을 정해서 며칠은 기타를 배우고 며칠은 요가를 배우고 또 2~3일은 치료를 받으러 오는 부지런함을 보이신다. 게다가 그 불편한 몸으로 친정어머니를 봉양하기까지 하신다. 버스를 타고 치료 받으러 오는 과정도 결코 쉽지 않으실 텐데 주변의 도움도 마다하고 직접 차를 타고 오신다. 젊은 사람도 그런 스케줄을 소화하며 어머니를 모시는 것이 쉽지 않을 텐데 참 대단한 분이라는 생각이 든다. 아직도 소녀 같은 열정과 엄마 같은 마음에 더 정이 가는 분이다.

그래서 그분이 치료 받으러 오시면 더 반갑게 맞이해드리곤 했다. 마치 딸이 어머니를 맞이하듯이 말이다. 미국에 큰딸이 살고 있는데 나를 보면 큰딸 생각이 난다고 했다. 내원했을 때 혹시 내가 다른 장소에 있어서 그분을 못 뵈었다면 그분이 치료 받는 곳에까지 가서 인사를 드렸다. 그러면 그분 또한 반갑게 인사해주셨다. 반대로 내가 업무를 보다가 얼굴을 마주치지 못했다면 가시는 길에 꼭 나를 찾아 인사하고 가실 정도로 서로의 안부를 묻게 되었다.

어느 날도 어김없이 서로 반갑게 인사를 하고 탈의실로 옷을 갈아입으러 가시다 나를 돌아보며 말씀하셨다. "여기는 밝게 웃어주는 사람이 있어서 자꾸 오고 싶어! 기분 좋게 맞아주니 이 맛에 내가 자꾸 오는 것 같아!"라며 연거푸 말씀하셨다. 나에겐 너무 반가운 얘기였다.

큰딸은 이민을 갔으니 자주 못 만나 많이 아쉬운 듯했다. 대신 작은딸은 엄마를 위하고 잘 챙겨준단다. 그러면서 직원들에게 주려고 빵이나 간식거리를 자주 사주신다. 한 번은 제주도에 여행을 갔다 와서 들렀다며 오메기떡 한 상자를 들고 나타나셨다. 제주도에서도 우리 직원들 생각이 났다며 공항에서 내리자마자 차를 타고 바로 오셨다고 했다. 굳기 전에 먹으라고 말이다. 치료하는 날도 아니었는데 말이다. 어머니 같은 마음으로 직원들을 자식같이 대해주시는 모습을 보며 감사했다.

그분은 불편한 몸을 이끌고 치료를 받으러 오시지만 항상 밝은 표정이다. 나는 환자들을 대할 때는 최대한 밝게 인사드리려 노력하는 편이다. 그런 모습을 보고 대단하다고 말씀하시는 분들도 있다. "어찌 그렇게 웃고 지내느냐?"고 말이다. 하지만 나는 환자들을 만나 이야기하고 일상을 공유하면서 더 좋은 기운을 얻는 것 같다. 그것이 환자의 치료 결과에 좋은 영향을 미칠 수도 있다는 걸 알고 있다.

세련된 어머니와 딸이 체형교정 상담을 받았다. 상담 후 학생은 체형교정 치료를 받기로 결정했다. 1주일에 1~2회씩 치료를 받으러 내원했다. 교정 치료는 최소 몇 달의 치료 기간이 필요했다. 학생의 어머니가 시간이 되면 한 번씩 한의원에 딸을 태워주기도 하고 가끔은 혼자 치료를 받으러 오기도 했다.

그때마다 나는 꼭 아는 체를 했다. 물론 담당 직원이 학생을 잘 챙겨주었지만 한 사람이라도 더 반겨주면 내원이 어색하지 않을 거라는 생각에서다. 그래서 일부러 그 학생에게 관심을 가져주었다. 우연히 학생과 내가 같은 브랜드의 팔찌를 착용하고 있는 것을 알았다. 대학에 합격한 기념으로 어머니가 사준 팔찌라고 했다. 우리는 팔찌를 매개체로 가벼운 대화를 이어가면서 친해졌다. 학생의 교정 치료가 끝날 무렵 대학생활이 시작되었다.

그 후에도 학생의 어머니는 가끔씩 한의원에 들러 치료를 받곤 했다. 대학생이 된 그 학생은 학교생활로 바쁜 나날을 보내고 있다고 했다. 대신해서 어머니가 안부를 전해주었다. 어머니는 종종 차를 마시며 나와 얘기도 편하게 나누었다.

한동안 내원이 뜸했다. 그러다가 얼마 전부터 학생의 어머니가 다시 치료를 받으러 오기 시작했는데, 영 얼굴이 수척해 보였다. 요즘 딸 없이 혼자 왔다가 치료실에서 치료만 하고 가시는 모습이 왠지 무거워 보였다. 안부가 궁금해 이야기를 나누게 되었다. 상담실에서 그 어머니의 근황을 들을 수가 있었다.

가정상황이 갑자기 안 좋아졌다고 했다. 가족들을 위해 앞만 보고 열심히 달려왔던 그녀가 정신적인 어려움을 겪게 된 상황이었다. 한참 동안 이야기를 들어주기도 하고 고개도 끄덕였다. 어떤 부분에서는 안타까워하기도 했다. 그녀는 20년 가까이 결혼 생활을 하면서 한 번도 가족들에게 소리를 질러본 적이 없었다고 했다. 그동안 자신의 감정을 너무 표현하지 못하고 사셨던 것 같아 마음이 아팠다.

들어주고 공감해주는 것일지라도 어머니에게 작은 위로가 되었으면 했다. 내가 해줄 수 있는 것은 이것뿐이었다. 그렇게 나에게 한참 동안 마음을 털어놓고 나자 그녀의 표정이 훨씬 편안해진 것을 느낄 수 있었다. 아니 그 표정은 내가 바라는 것이었을지도 모르겠다. 하지만 마음을 나누고 들어줄 수 있어서 좋았다. 용기를 북돋아드리고 싶었다. 그렇게 그녀는 씩씩하게 극복해나가고 있는 듯했다.

하지만 그녀의 몸에서 통증이 나타나기 시작했다. 손가락 관절이 아프기 시작한 것이다. 관절이 아프니 아무것도 할 수가 없었다고 했다. 아니 할 의지가 안 생긴다고 했다. 웬만큼 견디는 것에는 이골이 났던 그녀가 너무 아파서 참다 못해 어제는 진통제를 먹었다고 했다. 견디기가 힘들었던 것이다. 그녀에게도 치료가 필요했던 것이다.

그리고 그녀의 아들이 체형교정 상담을 받게 되었다. 그녀의 아들은 어찌나 성격이 서글서글한지 여느 고등학생과 다른 면이 있었다. 보통 병원에 오는 중 · 고등학생들은 필요한 말 외에는 말을 잘 하지 않는다. 아니 어떨 땐 필요해도 말을 안 하려고 할 때가 있다. 사춘기라 그런지 말을 시키지 않으면 마치 하루 종일 말을 안 할 것 같다. 그리고 대화할 때 눈도 잘 안 맞추는 편이다. 특히 남학생은 더 그렇다.

그런데 그녀의 아들은 어떤 질문에도 곧잘 대답하는 참 사교적인 학생이었다. 허리 통증으로 다리에 저림 증상이 생겼다고 했다. 증상에 맞춰 이 학생도 교정 치료를 받고 있는 중이다.

처음엔 여고생의 치료에서 시작되었다. 단순히 환자와 상담자의 관계였다. 하지만 조금씩 환자의 상황을 이해하게 되었다. 내가 상대방 입장이 되기도 했다. 같이 화를 내기도 했고, 같이 슬퍼하고 안타까워하기도 했다. 그럴 수밖에 없었다. 그들이 진정으로 건강하고 행복해지길 바라기 때문이다.

### ✚ 언니, 동생, 때로는 엄마가 되라

환자와 대화를 하다 보면 나는 언니가 되기도 하고 동생이 되기도 한다. 때로는 엄마가 되기도 한다. 환자와 나의 관계는 더 이상 몸을 치료하기 위해 만난 사람들이 아닌 것 같다. 나는 진심으로 환자를 이해하기 위해 노력하고, 치료 효과를 보길 원한다. 환자들이 기분 좋게 치료가 잘 되기를 바란다. 그리고 웃으며 병원을 나가는 모습을 고대한다.

나는 정말 행복한 사람이라고 생각한다. 아픈 사람들이 와서 치료를 받는 이곳은 저마다 인생 이야기를 가지고 온다. 내가 알고 있는 부분은 극히 일부지만 그들에게서 삶의 이야기를 들을 수 있다. 통증이 시작되면서 환자가 겪는 고통, 그런 환자를 지켜보는 가족 이야기 등을 들을 수 있다. 그들의 이야기를 통해 인생을 배우고 또 내 삶에 감사를 느끼게 된다. 또 나는 환자들에게 치료에 관한 사례, 지식과 지혜를 알려드린다. 환자들이 치료를 받고 배워가면서 변하는 모습을 보면 마치 내 일인 양 행복하다.

환자들은 나를 보며 잘 웃는다고 이야기를 한다. 환자들을 대하는 곳이기 때문에 가식적으로 대할 수가 없다. 하지만 환자들에게 아픈 부분이 조금이라도 개선될 수 있다는 희망을 주고 싶다. 몸과 마음은 하나로 연결되어 있기 때문에 몸이 건강하려면 마음도 건강해야 한다. 이런 나의 진실한 마음이 환자들에게 잘 전달되어 치료의 효과가 있기를 바란다.

'플라시보 효과'라는 말이 있다. 의사가 환자에게 가짜 약을 주면서 효과 있는 치료약이라고 말한다. 환자가 의사와 의료진을 신뢰하면 환자에게 긍정적인 믿음이 생긴다. 가짜 약이지만 의사의 말을 믿고 자연스럽게 병이 치료되는 것이다. 물론 실제로 환자에게 가짜 약을 주면서 낫는다고 말하는 병 · 의원은 없을 것이다. 그만큼 환자와 의료진 사이의 정신적인 신뢰 관계가 중요함을 말할 때 사용하는 말이다. 행복한 직원은 플라시보 효과와 같이 환자의 치료에 믿음을 주고 신뢰를 준다. 그러면 그 환자는 더욱 병원을 신뢰하게 될 것이다.

# 15 보람을 느끼며 일하게 하라

치료를 진행 중인 환자와 한 번씩 치료실에서 만나게 될 때가 있었다. 위가 좋지 않아 꾸준히 치료를 받고 계신 50대 초반의 남자 환자분이었다. 갑자기 나에게 적성이 딱 맞는 일을 하고 있는 것 같다는 말을 하셨다.

"그런가요? 어떤 부분이 그렇게 느껴지셨어요?",

"실장님은 환자들과 자연스럽게 대화하는 것이 몸에 배어 있는 것 같습니다. 환자의 마음도 잘 읽어내고 환자 입장에서 필요한 것에 대한 이야기도 잘하는 것 같으니 말이죠. 참 친근하게 해주시네요."

상담을 하다 보면 불가피하게 환자들에게 부담을 주게 되는 경우도 있다. 반대로 환자들의 이야기를 듣다가 내 마음이 힘들어지는 경우도 있다. 내가 그들을 대신해주지 못하니까 말이다. 하지만 그때마다 환자의 입장에서 생각하며 대화하려고 노력하는 편이다. 그것을 알아주시는 분이 있을 때 나는 일하는 보람을 느낀다. 참 감사한 일이다.

CHAPTER 05

# 직원들에게 성장 기회를 제공하라

학습이란 이미 알고 있는 것을 재발견하는 것이고, 행동은 아는 것을 실천에 옮기는 것이다.

- 리처드 바크(미국의 작가)

## ✚ 시간이 지나면 초심은 왜 바뀌는 걸까?

한의원 구성에 결원이 생기면 직원 보충을 위해 면접을 볼 때가 있다. 승강기 문이 열리고 "면접 보러 왔습니다."라는 말만 들어도 대충 그 직원이 같이 생활하고 싶은 사람인지 아닌지의 여부는 어느 정도 판가름이 날 때가 있다. 그리고 대기실에서 기다리는 동안 그들의 자세나 행동만 봐도 느낌이 전해져 올 때가 있다.

면접 전 대기실에 앉아 있는 모습은 각양각색이다. 스치면서 보는 모습이 있다. 접점(진실의 순간)인 것이다. 그중에는 면접을 보고 싶지 않은 지원자도 있다. 분명 면접을 보러 온 자리인데 앉아서 다리를 꼬거나 흔들기도 한다. 모바일 삼매경에 빠져 있는 사람, 면접 보는 장소와 맞지 않는 여름 바캉스 차림으로 오는 사람, 주변을 의식하지 않고 큰 목소리로 통화하는 사람 등이다. 지원자의 자세가 안 갖춰진 경우라고 본다. 개인적인 행동이야 뭐라 탓할 수 없지만 그런 행동들은 그 사람이 가진 기본적인 마음의 자세로 나타나는 것이기 때문이다.

속으로는 그런 사람들은 면접 보지 않고 그냥 돌려보내고 싶을 때가 있다. 일단 면접을 보기로 약속이 되어 있으니 인사 후 가볍게 얘기하고 돌려보낸다. 면접 이야기가 나왔으니 황당한 면접 에피소드 하나를 소개할까 한다.

경력자 면접이었다. 성격이 활달하고 웃는 얼굴이었다. 한참 질문과 답변을 주고받았다. 그때까지는 여느 면접과 특별할 것이 없었다. 참 의아한 부분으로 기억에 남는 일인데 지원자는 뭐든 편하게 하는 걸 좋아한다고 했다. '편안한 성격이라는 건가?'라는 생각을 하고 있는 찰나 앉은 자리에서 의자에 다리를 올리는 것이다. 양반다리를 하듯이 말이다. 마주 보고 있던 나는 갑자기 그 지원자의 돌발 행동에 갑자기 말문이 막혔다. 그는 전 직장에서는 원장과의 사이가 좋았고 환자들과도 허물없이 지냈음을 강조했다.

전 직장에서 인정받았다는 것을 어필하고 싶었던 건지 자신이 편한 사람이니 편하게 대해달라는 건지. 하지만 그런 모습은 오히려 자신의 자질이나 인격을 스스로 낮추는 행동으로밖에 안 비춰졌다. 당연히 그 직원은 나와 함께 근무하지 않는다. 돌려보내고 나서도 한동안 충격적인 기억으로 남았다.

어떤 경우에는 정말 채용하고 싶은 사람이 있다. 말투나 행동, 눈빛, 생각들이 진실하고 일을 잘할 것 같아 보이는 사람이 있다. 그러면 나는 "구인을 하는 병 · 의원은 많은데 왜 우리 한의원에 지원했는가?"라고 물어본다. 대부분의 직원들은 "이곳은 체계적인 것 같고 배울 점이 많을 것 같아서 지원했다."라고 말한다. 무엇을 배우고 싶으냐고 다시 질문하면, "선배들이 하는 모든 것을 배우고 싶다."고 답한다. 나는 또 각오나 하고 싶은 말이 있는지 질문한다. 대부분 "최선을 다하겠다. 열심히 하겠다." 하며 꼭 채용해달라는 말을 빠뜨리지 않는다.

채용이 되고 몇 달 정도는 열심히 한다. 왜일까? 알아야 본인이 답답하지 않으니까 일이 손에 잡힐 때까지는 정말 최선을 다하는 듯하다. 처음에는 모르는 것이 있으면 수첩을 들고 다니며 기록하기도 하고, 따라다니며 묻기도 한다. 그런 적극적인 행동에 마음속으로 높은 점수를 매기게 된다. 어느 정도 시간이 지나면 제법 일에 익숙해지기 시작한다.

초심은 시간이 지나면서 조금씩 흐려진다. 처음에는 자투리 시간이 날 때 수첩에 빼곡히 기록하는 모습을 보이며 더 배우려고 했다. 그러나 이제는 인터넷 사이트에서 관심 있는 물건이나 맛집을 검색하는 모습을 보인다. 처음에는 환자가 찾아오면 먼저 맞이하려는 적극적인 태도를 보였다면 이제는 다른 직원이 대신 맞이해주길 바라는 권태로운 모습으로 조금씩 바뀌어갔다.

시간이 지나면서 초심은 왜 바뀌는 걸까? 이유는 간단하다. 이미 알고 있다고 생각하니 여유가 생기는 것이다. 나도 마찬가지일 것이다. 반복되는 업무 과정이 익숙해진다. 직원은 업무를 소화해내는 일이 목적이라고 느끼기 때문이다. 물론 그것은 기본적인 업무다. 그리고 조금이라도 자신을 희생하거나 더 많은 일을 하게 되면 추가 수당이 필요하다거나, 굳이 더 일을 할 필요가 없다는 생각을 하게 된다. 단순히 시간을 채우고 월급 받아가기를 원하는 사람이 되어간다. 시간이 지나면 일이 재미없거나 월급을 올려주지 않아서 그만두고 싶다고 한다.

그런데 왜 그런 생각을 하게 될까? 이유가 뭘까? 그것은 직원들에게 성장할 기회가 없기 때문이다. 심지어 어느 경력 직원에게 이런 질문을 한 적이 있었다. 어떤 비전을 가지고 직장을 다니느냐고 말이다. 그 직원이 "비전을 가지고 일하지 않는다."라고 했을 때 나는 더 이상 대화를 이어갈 수 없었다.

### ✚ 배우는 자세는 성장의 기회를 부른다

그런 직원들이 얼마만큼 병 · 의원이라는 직장에 대한 직업의식을 가지고 일할 수 있을까? 단순히 '시간 채우기 = 월급'이라는 계산이 맞을 수도 있겠다. 물론 돈을 벌기 위해 직장에 들어온 것은 확실하다. 나 또한 그렇다. 하지만 적어도 틀에 박힌 업무만을 반복하는 시간을 보내지 않았으면 한다.

그러려면 어떻게 해야 할까? 직원에게 성장의 기회가 있어야 한다. 신입 직원이 배울 것이 많을 거라는 기대를 가지고 처음엔 직장에 들어왔다. 어느 정도 시간이 지나 배울 점이 없다고 가정한다면 더 이상 이 직장에 있을 이유가 없다. 퇴사를 생각하게 된다. 하지만 '배울 것이 없다'라는 것에는 두 가지 함정이 있다.

첫째는 배울 것을 가르쳐주지 않아서 배울 것이 없다고 느끼는 것, 둘째는 본인 스스로가 다 배웠다고 생각해서 배울 마음을 갖지 않는 것이다.

첫째 배울 것을 가르쳐주지 않아서 배울 것이 없다고 느끼는 것은 스스로 배우려는 자세를 가져야 한다. 사회는 스스로 배우고 터득해나가야 하는 곳이다. 입 벌리고 있으면 감을 집어넣어주는 사람은 아무도 없다. 요즘은 그렇게 하는 부모도 잘 없는 것 같다. 직장이라는 것을 명심해야 한다. 내가 알기 위해 선배를 찾아야 하고 내가 알기 위해 상사에게 물어야 한다. 그래야 답이 나오고 성장할 기회가 생긴다.

둘째 본인 스스로가 다 배웠다고 생각해서 배울 것이 없다는 것은 자만인 것이다. 세상에 배우려고 하면 배울 게 얼마나 많겠는가? 눈을 뜨고 찾으려는 노력이 필요하다. 두 가지 함정을 헤쳐 나와야 한다. 비전을 만들고 키워나가는 것은 스스로의 몫이다. 대신 스스로 성장하고자 하는 직원에게만 비전이 보이고 성장할 기회가 올 것이다.

노력하는 직원에게는 배울 수 있는 기회를 제공하고 병 · 의원에서 기량을 펼치고 더 나은 모습이 될 수 있도록 코치를 해줄 필요가 있다. 경력자라고 해도 새로운 직장에 오게 되면 신입과 다름없이 움직여야 한다. 전 직장과는 다른 환경이기 때문이다. 경력자는 일이 익숙해지면 변화를 맞는 것을 두려워하는 경향이 있다. 똑같은 하루를 보내고 월급날을 맞이하는 것에 익숙해지기 때문이다.

경력자 또한 스스로가 비전을 만들어가야 한다. 자신의 업무 능력은 자신이 평가하는 것 외에 객관적인 평가가 요구된다. 면접을 보고 어느 정도의 수준이 된다는 것을 인정하고 시작하는 자리다. 하지만 그동안 해왔던 일을 현 직장에서의 근무 패턴을 그대로 답습하고 있다면 결코 그 자신도, 그들이 속한 병 · 의원도 발전할 수 없게 된다.

신입직원은 입사를 하면 먼저 병 · 의원의 전체적인 분위기를 따르고 배워야 한다. 미숙한 부분을 빨리 익히기 위해 노력해야 한다. 상사는 그 모습을 잘 파악해서 그 직원이 비전을 가지고 성장할 수 있도록 도와줄 필요가 있다. 새로운 것을 지속적으로 알려주는 코칭이 필요하다. 그러면 조금씩 자신의 역량을 키워가며 책임감을 느끼게 된다. 직원이 아니라 병 · 의원의 주인이 되어가는 것이다.

마흔의 나이에 전 직장에서 일을 해왔던 나의 경력을 병 · 의원에서 바로 적용하기에는 시간이 필요했다. 하지만 나는 일을 하면서 매일매일 변화하기 위한 나의 비전을 만들어갔다. 주말이면 업무에 관련된 책을 읽으며 공부를 했다. 병원 관련 세미나나 교육이 있으면 일요일도 아랑곳하지 않고 참석했다. 배우면 내 것이 되기 때문이었다. 병원 업무의 이해를 돕기 위해 자격증을 따기도 했다.

나의 동료는 20대의 어린 직원들이었다. 나의 직속 상사는 나와 동갑내기였다. 위로를 받거나 의지할 수 있는 동료가 없었다. 나를 이해할 수 있는 사람은 직장에는 아무도 없었다. 직원들이 나를 이해하거나 공감할 수 있는 나이대가 아니었기 때문이다. 그때 원장님은 내가 적응하기 힘들어 조만간 퇴사할 거 같다는 생각을 했을 수도 있겠다. 하지만 나는 끊임없이 직원들과 소통하고 오히려 내가 직원들의 눈높이에 맞춰 소통을 위해 시도했다.

내가 선택한 직장인 이상 난 혼자 이겨내야 했고, 스스로 터득했어야 했다. 사람들이 결국 스스로 극복해나가야 하는 것처럼 말이다. 하지만 그럴 때마다 나의 표정은 점점 굳어갔고, 몸도 점점 지쳐갔다. 직장을 그만두면 모든 것이 해결될 수 있었지만 그만두지 않았다. 해내야겠다는 오기가 생겼기 때문이다. 그리고 할 수 있다고 믿었다.

첫 걸음마를 배우는 아이처럼 기본적인 것부터 시작하겠다고 결심했다. 반복적으로 하다 보면 시간이 좀 걸려도 할 수 있다는 것을 알았다. 하지만 익숙해지는 데는 다른 사람에 비해 시간이 필요했다. 느려서 상사가 답답하기도 했을 것이다. 나의 이런 행동들이 환자들이나 직원들에게 피해를 주는 것은 아닐까 미안한 마음이 들기도 했다.

그만둬야 할까 하는 고민도 했지만 그때마다 나는 참고 견뎌냈다. 성장 기회가 있다고 느꼈기 때문이다. 여러 가지 일 중에 나만이 할 수 있는 일이 있다는 걸 알았다. 만약 그때를 견디지 못하고 다른 직장을 구하거나 예전 직장으로 돌아갔다면 지금 나는 어떻게 생활하고 있을까라는 생각이 든다.

병 · 의원 운영이 지속적이고 안정적이려면 직원에게 성장 기회를 제공해야 한다. 그전에 먼저 행해져야 할 것이 있다. '좋은 직원'을 채용해야 하는 것이다. 직원 채용에 있어 이것이 제일 중요한 요소다. 좋은 직원은 잘 갖춰진 직원을 말한다. 정의하자면 이렇다. 배우려는 자세가 되어 있는 직원, 자신의 실수를 줄이려는 직원, 열정이 있는 직원, 남을 배려하고 소통할 줄 아는 직원, 병 · 의원의 발전을 위해 노력하는 직원이다. 이런 직원이 어디 있냐고? 이런 직원이 우리 한의원이나 병원에 오겠냐고? 올 것이다! 왜? 좋은 직원이기 때문이다.

CHAPTER 06

# 가족적인 분위기가 행복을 전염시킨다

다른 사람이 가져오는 변화나 더 좋은 시기를 기다리기만 한다면
결국 변화는 오지 않을 것이다.
우리 자신이 바로 우리가 기다리던 사람들이다.
우리 자신이 바로 우리가 찾는 변화다.
- 버락 오바마(미국의 제44대 대통령)

## ✚ 직원이 환자들을 편하게 대하도록 하라

남편과 저녁 식사를 하며 이런저런 얘기를 하는 중이었다. 남편은 지인에게서 소개받은 치과를 다녀왔다고 했다. 어떤 곳을 소개받았는지 궁금했다. 내가 사는 동네에서 그리 멀지 않은 곳이었고, 직원들은 10명 내외인 것 같다고 했다.

정성을 다한다는 단어가 들어가는 병원이라고 했다. 처음에 그 이름을 알려주며 설명을 해주는데 왠지 내 얼굴에서 미소가 흘렀다. 다녀온 소감이 어땠는지 물어보았다. 검사가 필요하다고 해서 검사를 했단다. 원장이 치아 상태를 전체적으로 점검해주고 상세히 설명했다고 한다. 치료

비용이 많이 나올 수 있는 상황이었다. 남편은 원장의 인간적이고 자상한 면에 좋은 인상을 받은 듯했다.

치료실에서 치료를 하는 직원이 실수를 했는데 원장은 나무라지 않고 점잖게 알려주었다고 했다. 한 번씩 치과에 가면 환자가 누워 있는데 원장이 직원을 야단치는 모습을 가끔 볼 때가 있다. 그럴 때면 누워 있는 내가 다 민망할 때가 있었다. 물론 원장은 치료에 최선을 다하기 위해 직원에게 화를 낸 것이긴 하겠다. 하지만 환자가 있는 곳에서 그런 모습이 보이면 환자들은 어떻게 생각하겠는가? 환자가 없는 곳에서는 더 심하게 직원을 나무라는 것은 아닐까라는 생각을 먼저 하게 된다. 적어도 나는 그렇게 생각한 적이 있다.

상담실에서 상담을 했는데 다들 편하게 설명을 하고 접수대 직원들도 편하게 대하는 모습이 인상적이었다고 했다. 그러면서 거기서 치료 받겠다고 이야기했다. 얼마가 지나고 나서 딸의 치과 치료가 필요할 때가 있었다. 다른 병원을 알아보고 싶었지만 알아볼 시간이 없었다. 남편이 갔던 치과에 가보기로 했다.

동네 치과라 규모가 크거나 시설이 좋다는 느낌은 없었다. 대기실에 기본적으로 세팅되어 있는 잡지, 책, 신문 한두 종류, 그 옆으로 몇 가지 마실 거리, 분주히 왔다 갔다 하는 직원들 외에 특별하게 눈에 들어오는 것은 없었다. '도대체 어떤 느낌을 받았기에 소개했을까?'라는 생각이 맴

돌았다.

딸아이 차례가 되어 검사를 했다. 그리고 아이에게 진료 의자에 누워 기다리라고 했다. 환자가 좀 밀린 상황인 것 같았다. 아이 수준에 맞는 볼거리를 모니터에서 보여주고 있었다. 나도 대기실에서 기다리고 있었다. 조금 있으니 보호자를 찾았다. 진료실에 들어가서 원장의 이야기를 들었다. 그리고 상담실로 들어가서 치료비용에 대한 이야기도 들었다. 병원에 온 느낌이라기보다는 이웃집에 온 느낌이 들었다. '남편이 이런 걸 느꼈다는 걸까?'라는 생각이 들었다.

치료를 받으러 가는 병원 중 가장 가기 싫은 곳이 치과다. 치료 받을 때 나는 기계 소리가 저절로 환자들을 공포에 떨게 하는 게 그 이유일 것이다. 그런데 이 병원에는 그런 딱딱한 느낌이 없었던 것 같다. 원장은 환자를 치료하면서 환자의 상황을 살펴주는 모습이 느껴졌다. 원장과 직원의 관계가 부드럽다는 것도 느껴졌다. 그러니 업무적으로 환자를 대하는 것이 아니라 환자가 가족이 된 느낌이라고 할까? 그게 그 치과의 특징이라는 사실을 알게 되었다. 그것은 원장과 상담실장만 그런 것이 아니었다. 앞에 있는 접수대 직원들도 마찬가지였다.

접수대에 있는 직원뿐만 아니라 치료실 안에서 일하는 직원들도 대화를 주고받는 상황이 자연스럽고 가족 같은 느낌이 들었다. 이런 분위기가 만들어지는 것은 모든 병원 구성원들의 노력이 있지 않았나 싶다. 더불어 환자나 보호자 입장으로 병원에 있었을 때도 마음 편히 앉아 질문하기도 부담이 없었던 것 같다.

### ✚ 환자는 무심한 의료진의 모습에 실망한다

동료가 피부 치료를 받고 싶어 피부과 상담을 받고자 했다. 이번에 시내에 명문대학 출신 의사가 개원했다고 했다. 나도 요즘 들어 부쩍 피부가 처지고 잔주름이 생겨서 고민이 되었던 터라 동료와 함께 상담을 받으러 갔다. 퇴근 후 동료와 시내를 갔다. 토요일 오후 차창으로 비치는 햇살은 마음을 들뜨게 했다. 개원한 지 얼마 안 된 병원이다 보니 어떨지 궁금했다. 실내 테이블이나 안내 책자에서 새것이라는 느낌이 물씬 풍겼다. 실내 인테리어도 피부과에 걸맞게 화려했다. 그동안 피부 관리에 무신경했던 나를 자책하며 상담을 받아보고 마음에 들면 치료를 받아야겠다는 생각으로 병원으로 향했다.

병원 문을 열고 들어섰다. 토요일 진료시간이 1시간 정도 남은 상황이라 그런지 조용했다. 다른 환자가 없었다. 여직원들이 왔다 갔다 하고는 있었지만 기계적인 접수 절차, 표정 없는 설명, 보기에도 딱딱한 느낌이 드니 왠지 서먹한 느낌까지 들었다. 병원도 경쟁 시대인데 인테리어 내부에서 나는 새 제품 냄새 외에 별 다른 점은 없어 보였다.

접수를 하고 대기실에 앉아 있었다. 도움이 될 만한 정보를 찾아보았다. 명문대 출신 의사인데다 시술 재료가 남다르다는 것을 광고하고 있었다. 우리 차례가 되어 진료실에 들어갔다. 새로 나온 시술법에 대해 설명하며 동료와 나에게 맞는 시술을 설명했다. 시술을 받으면 좋겠다는 생각을 했다. 하지만 의아하게도 진료 받게 될 나의 얼굴을 쳐다보지 않은 채 설명을 하고 있었다. 내 모습이 보기 싫었던 걸까? 모니터만 주시하면서 설명을 하는 것이었다. 원장의 무심함에 당황했다. 원장과의 대면이 꼭 있어야 하는 것은 아니겠지만 표정이 없는 모습에 나도 모르게 마음이 닫혔다. 환자라면 이렇게 소심해진다는 걸 알게 되었다. 하지만 마주 보고 얘기를 하지 않는데 어떻게 대화를 할 수 있을까라는 생각이 들었다. 의사에겐 굳이 대화가 필요하지 않을 수 있겠다. 일방적으로 설명하면 되니까. 하지만 요즘 시대에 그런 병원이 과연 살아남을 수 있을까라는 생각이 들었다.

상담실로 안내받고 들어갔다. 상담 직원이 우리를 기다리고 있었다. 조금은 편하고 자세한 설명을 들을 수 있을지 마지막 기대감을 갖고 들어갔다. 시술한 자신의 모습을 보여주며 설명을 해주었다. 시술 후 얼마의 기간이 흘렀는지 모르겠지만 시술 전후의 모습을 가늠하기가 어려웠다. 내가 시술 경험이 없어서 그런가 하는 생각도 했다. 게다가 상담실 직원의 피곤한 모습이 더욱 안쓰럽게 느껴졌다. '상담을 할 때 나도 그런 모습으로 비춰질까?'라는 생각이 들어 평소 몸 관리가 중요하다고 생각했다.

우리가 찾아간 건 토요일 진료시간이 끝나기 1시간 전이었다. 최대한 빠른 시간에 맞춰 예약을 하고 간 것이 그 시간이었다. 진료를 마치기 1시간 전에 갔기는 했지만 직원들의 눈치가 느껴졌다. 설명을 듣고 있는 중에 궁금증이 있으면 물어보고 싶었다. 이해할 수 있는 답을 듣기를 원했다. 병원이 내 집처럼 안락하기를 바란 것은 아니었다. 하지만 기대를 많이 하고 가서 그랬던 걸까? 내가 얻고자 하는 것은 얻지 못하고 돌아온 느낌이었다. 큰 마음먹고 시술을 받아보려는 마음이 있었는데 시도도 못 하고 돌아왔다.

그들에겐 그것이 최선의 모습이었을 수 있다. 각 직원들은 맡은 바 자기 일을 열심히 하고 있었고, 원장도 현재 내게 필요한 시술에 대해 설명을 해주었을 뿐이었다. 본연의 업무에 열중한 것이다. 그래서 또 한 번 느끼게 되었다. 병 · 의원에서 편안하고 가족적인 느낌을 만든다는 것은 인위적으로 만들려고 해도 될 수 없다는 것을 말이다.

병 · 의원에서 자연스러운 소통을 하려면 서로의 얼굴을 바라볼 수밖에 없다. 얼굴을 보면서 직원들과 감정 공유가 잘된다면 가족 같은 분위기는 자연스럽게 생겨나게 될 것이다. 명문대 출신 의사가 시술하는데도 나는 결정을 위한 마음이 열리지 않았던 것처럼 말이다.

제품에 대한 분석은 이성적으로 한다. 하지만 소비자는 이성적으로 판단함에도 불구하고 최종 결정을 내릴 때는 감정에 치우치게 된다. 병원이 개원한 지 얼마 되지 않아서 그런지 진료는 하고 있으나 감정이 느껴지지 않는 진료 상담을 받은 것 같았다. 상담을 받아보고 나쁘지 않으면 시술을 받을 생각을 하고 갔는데 말이다. 결정을 내리지 못하고 나온 데는 여러 가지 이유가 있었겠지만 결정적으로 내 감정이 안 움직였던 것이다. 서로의 마음을 나누고 원장을 포함한 모든 직원들이 가족적인 분위기가 잘 이루어진다면 행복한 마음으로 치료를 받을 수 있지 않을까 생각했다.

어느 리서치에서 이런 질문을 했다고 한다. "살면서 최고의 순간과 최악의 순간이 언제였는가?" 독자 여러분은 최고와 최악은 언제였는가? 내가 갖고 싶은 차를 샀을 때가 최고의 순간이었는가? 아니면 승진시험을 쳤는데 떨어졌을 때가 최악의 순간이었는가? 조사 결과 최고의 순간은 내가 좋아하는 사람이 나의 가치를 알아봐주고 인정할 때였고, 최악의 순간은 사랑하는 배우자나 가장 친한 친구를 잃게 되었을 때였다고 한다.

최고의 순간, 최악의 순간은 어떤 사건이나 시점이 아니라 '사람'으로 인해 받는 감동과 '사람'으로 인해 받은 상실감으로 나타난 것이다. 가족적인 분위기는 이벤트가 아니라 '사람', 곧 구성원 모두가 만들어가는 것이라는 것을 알게 해주는 대목이었다.

## 16 직원들끼리는 얼굴을 보며 인사하라

출근을 하면 직원들은 서로 "안녕하세요?"라는 말로 인사를 한다. 어제도 보고 오늘도 보는 매일 만나는 얼굴들이다. 전혀 새로울 것 없는 얼굴! 서로의 안부를 묻는 이 인사말에서 언젠가부터 얼굴을 보지 않고 말만 하고 지나치고 있다는 느낌이 들었다. 똑같은 일상에 똑같은 얼굴들이니 그냥 지나치는 게 이상할 리 없다. 각자 자신의 핸드폰을 보거나 딴 곳을 보며 인사를 하는 것이다.

그런 행동은 환자가 와서 접수를 할 때도 크게 다르지 않다. 인사의 의미가 퇴색하는 느낌이 든다. 서로의 눈빛을 교환하고 얼굴을 보며 인사를 하는 것이 바람직하다. 그 전에 우리 직원들끼리 먼저 얼굴을 보자. 그래서 하루에 한 번은 얼굴을 보고 인사를 해보자고 했다. 막상 서로의 얼굴을 보고 인사를 하면 누가 먼저라고 할 것 없이 처음엔 어색해하고 불편해한다. 하지만 마지막에는 멋쩍은 마음에 서로 웃음을 보이게 된다. 이런 웃음이라도 좋다. 서로 좋은 에너지를 나눌 수 있기 때문에 말이다.

나는 아침에 출근하면 직원들에게 일일이 한 사람씩 얼굴을 보고 이름을 부르며 인사를 한다. 가끔은 장난치는 느낌으로 껴안기도 한다. 기분 전환을 위해서 개인적인 대화를 시도하기도 한다. 이런 나의 행동들이 부담스럽게 느껴지기도 할 것이다. 하지만 나는 이런 행동들이 직원들과 소통하기 위한 '기본'이라는 생각을 한다. 조금씩 지나다 보면 직원들의 기분이 좋아지는 것이 느껴지고 그러면 환자들에게도 좋은 기분을 전달해줄 수 있기 때문이다.

CHAPTER 07

# 최고의 성과는 직원 행복에 있다

자신이 하는 일에 열중할 때 행복은 자연히 따라온다.
무슨 일이든 지금하고 있는 일에 몰두하라.
그것이 위대한 일인지 아닌지는 생각하지 말고,
방을 청소할 때는 완전히 청소에 몰두하고 요리할 때는 거기에만 몰두하라.
- 오쇼 라즈니쉬(인도의 철학자)

## ✚ 내가 좋아하는 일, 내가 잘할 수 있는 일

사회생활을 하면 스트레스를 받는 것은 피할 수 없다. 직장 연차가 높아지면 일의 양과 책임감은 더 늘어나게 되어 있다. 병원 운영에 있어 매출에 대한 압박감 또한 피할 수 없다. 매출이 좋은 날은 직원이지만 하루 종일 밥 안 먹고 일해도 기운이 넘칠 때가 있다. 근무시간이 지나도 피곤하지 않다. 환자가 많이 늘고 매출이 많으면 나도 덩달아 기분이 좋다. 병원에서 일어나는 일은 모두 내 일이라고 생각하니 한 가지 일이라도 허투루 지나치기가 어렵다.

한 사람만 열심히 한다고 병원 운영이 잘되는 것이 아니다. 시대의 흐름과 소통을 위한 직원 교육이 지속적으로 필요하겠다.

처음 한의원에 근무하기 시작했을 때 나는 혼자 할 수 있는 일이 하나도 없었다. 다른 업종에선 운영자의 위치였지만 개인적인 일로 더 이상 회사를 다닐 수가 없었다. 모든 것을 다 내려놓고 퇴사를 했다. 그동안 나를 믿고 이끌어주었던 상사에게 죄송했다. 상사는 당시 어려운 나의 상황을 물심양면으로 도와주고 지지해주었던 분이다.

나는 다른 지역으로 훌쩍 떠났다. 처음부터 다시 시작하는 마음으로 하고 싶었다. 그리고 내가 좋아하는 일이 무엇인지, 내가 잘할 수 있는 일이 무엇인지 찾기 시작했다. 모든 것을 다 내려놓고 그제야 내면의 '나'를 찾기 시작했다. 새로운 직장을 구해야 했다. 적성 테스트라는 것을 해보았다. 나의 성향은 어떤지 알아보았다.

병원코디네이터라는 직업이 내 적성에 부합한다는 결과가 나왔다. 수치상으로 100점 만점에 99점이 나왔다. 믿을 수 있는 수치인지 아닌지 알 길은 없지만 지금까지 일에 대한 애착을 가지고 있는 걸로 봐서 영 잘못된 수치는 아닌 것 같다. 그리고 내 적성을 찾았다는 게 행복했다. 그리고 기존에 했던 일과 접목시키면 잘할 수 있을 것 같았다. 진정한 행복은 내가 좋아하는 일, 내가 할 수 있는 일을 하는 데 있다고 생각했다. 그리고 나는 행복해야 할 이유가 있었다.

일이 서툴고 낯설지만 시간이 흐르면 곧 해낼 수 있을 거라는 확신이 있었다. 세상의 이치는 모두 똑같다는 것을 어렴풋이 깨닫기 시작할 때였으니까. 사람이 생활하는 조직 사회에는 항상 정해진 업무 패턴이 있기 마련이다. 병원에서는 환자가 오면 접수를 하고 진료실에 가서 진료하고 치료를 받는 것, 마지막은 수납하는 과정. 이렇게 기본적인 패턴에 좀 더 디테일한 업무들을 반복하면 되는 것이다. 그리고 그 속에서 내가 할 수 있는 것들을 조금씩 쌓아나가는 것이다. 열정으로 끊임없이 노력하면서 변화하고 다음 단계를 위해 공부하는 것이다.

입사를 하고 처음 병원생활을 하면서 어설픈 행동과 익숙하지 않던 표현들이 조금씩 자리를 잡기 시작했다. 시간이 지나면서 서서히 내 자리가 보이기 시작했다. 원장님은 점심시간 외에는 환자와의 진료와 상담만으로 긴 하루를 다 보내고 있었다. 중간 관리자인 부서장은 병원을 알리고 확장시키기 위한 대외활동에 많이 치우쳐 있었다. 규모가 크고 이름이 난 병원을 만들고자 했기 때문이다. 틀린 말은 아니었다. 하지만 환자들은 단지 규모와 간판만 보고 병원을 선택하지는 않는다. 직원들은 자신에게 주어진 일만 했었다. 각자의 자리에서만 열심히 일하고 있을 뿐이었다.

그 속에서 부재된 역할의 필요성이 느껴졌다. 천을 짤 때 씨실가로실과 날실세로실이 있다. 씨실만 엮거나 날실만 엮는다고 천이 만들어지지 않는다. 그런데 한쪽의 씨실만 엮고 있는 것 같았다. 누군가 날실을 엮는 역할이 필요했다. 병원이 밖으로는 대외적으로 성과를 이루고 있었지만 안으로는 직원들과의 소통이 필요했다. 나는 그 역할 또한 중요하다고 생각했다. 세심하게 관찰하고 그 관계를 개선시켜나가야 했다. 직원들과의 소통이 잘 이루어져야 환자들의 치료가 원활하게 된다. 환자들의 치료가 원활하면 당연히 치료 만족도가 높아지고 병원의 운영이 잘된다고 생각한다.

직원 관리는 퇴근 후에 술 한 잔씩 기울이고 파이팅 한다고 해결되는 것은 아니다. 소통이나 공감이 되지 않은 상태에서는 서로를 이해하지 못하기 때문이다. 소통이 된 상태에서 업무 중에 부족한 부분을 그때그때 알려줘 고칠 수 있도록 피드백을 줘야 한다. 잘하는 부분은 칭찬하고 발전하기 위한 동기부여가 되어야 하는 것이다.

### ✚ 항상 거창하고 원대한 꿈을 꾸라

매일 집을 나서는 출근길에 나는 상상의 나래를 펼친다. 내가 근무하는 한의원이 더 많은 사람들에게 널리 알려지기를, 환자들이 우리 한의원에 와서 치료 효과를 많이 얻고 가기를, 다른 사람들에게도 좋은 소문이 많이 나기를, 외국에도 이 같은 병 · 의원이 생겨서 네트워크가 형성되기를, 그리고 그 지점들에 직원 관리 교육을 하러 다니는 내 모습 등을 말이다. 이런 거창한 꿈을 꾸며 한의원에 들어선다. 그러나 다시 현실이다. 오늘 내원할 환자 스케줄을 확인하고 미팅 준비도 해야 한다. 직원들에게 잔소리 아닌 잔소리를 해야 한다. 하지만 단 1%의 실현 가능성일지라도 최고가 되기 위해 나는 또 꿈꾸기 시작한다. 더 많은 것들을 해내고 싶은 욕심과 그에 따르는 책임감이 생긴다.

실존주의 철학자 사르트르는 '인생은 B와 D 사이에 있는 C다.'라고 말했다. 인간의 삶에 있어 출생(Birth)을 하게 되면 죽음(Death)을 맞이하는 순간까지 끊임없이 선택(Choice)하며 살아간다는 것이다. 살아오는 동안 미처 예상하지 못한 여러 일을 겪기도 한다. 그 과정에서 때로는 기쁘기도 하고 때로는 힘들기도 한 삶을 살아간다. 겪는 많은 일에서 교훈을 얻고 앞으로 나갈 방향을 다시 설정하기도 하며 계속 달려가고 있다. 그 모든 것들은 다 내가 내린 선택(Choice)이었다. 그 선택이 항상 좋은 결과를 가져오진 못했다. 하지만 나는 그 결정이 최선이었다고 생각하고 살아간다.

하루는 한의원에 관련된 교육이 있었다. 일요일 새벽잠을 깨며 KTX를 타고 서울로 향했다. 흔들리는 차창 속에서 유리창에 비친 내 모습이 보였다. 짧지 않은 시간을 한의원에서 보내며 나는 참 많이 울기도 했고 웃기도 했다. 내가 직원 관리를 할 때가 오면 진정 직원들을 위한 직장이 되기를, 환자들을 위한 한의원이 되기를 꿈꿨다. 그렇다고 갑자기 바뀌고 변하지 않는다는 걸 잘 안다. 쉽지 않지만 지금도 진행 중이다. 하지만 누군가는 해야 할 일이다.

어느 날 남편과 산책을 하다가 말했다. 한의원에 근무하는 동안 병·의원에 관련된 책을 한 권 쓰겠다고 말이다. 항상 지지해주고 내가 세상에서 최고의 여자라고 말해주는 남편이다. 하지만 그날은 "직장생활을 하면서 글을 쓰는 것이 그렇게 쉽게 되겠냐?"라고 말했다. 한의원에서 내가 책임을 지고 있는 업무의 부담과 약한 체력에 대한 염려 때문이었다.

하지만 내가 의지를 가지고 쉬지 않고 간다면 시간이 좀 걸리더라도 충분히 할 수 있는 일이라 생각했다. 책만 놓여 있던 나의 책상 위 여기저기에 메모지에 적어두었던 손 글씨 흔적들이 쌓여갔다. 조금씩 기록물이 생기기 시작했다. 그러기를 하루가 이틀이 되고 이틀이 한 달이 되고 어느덧 몇 년의 시간이 훌쩍 흐른 것 같다.

환자분이 나를 찾아주는 모습에 기분이 좋았던 기억도 많다. 때로는 환자가 직원에게 상처를 주는 경우도 있었다. 동료와의 깊은 갈등으로 슬럼프에 빠졌던 적도 있었다. 병원 매출이 오르지 않아 도망가고 싶을 때도 많았다. 지금은 아기를 키우는 엄마가 된 동생 같은 직원에게 위로를 받으며 하루하루를 이겨내기도 했었다. 그 직원은 퇴사를 했지만 아직도 한의원에 가끔씩 내원하며 안부를 전하기도 한다. 내가 언니처럼 누나처럼 토닥여주고 안아주고 싶었다. 그들이 누가 되었던 한의원에 관련된 직원이든 환자든 말이다.

어느 날 상담실장들의 이야기를 들을 수 있는 기회가 있었다. 어느 실장은 매출에 대한 스트레스와 압박으로 정신과 치료를 받고 있는 중이었다. 어느 실장은 더 이상 정신적인 고통으로 직장을 다니기 힘들다고 울면서 오래 다녔던 직장을 그만두었다. 너무 슬프고 안타까웠다. 이 모든 것들이 매출을 올려야 한다는 부담감과 부서 직원들과의 원활하지 않은 관계로 인해 만들어진 결과였다. 그것이 상담실장 혼자만의 문제라고 생각했기에 너무 많은 부담을 안고 지냈던 것이다.

그렇다! 상담실장들은 병원 매출에 대한 심리적인 부담을 매일 안고 지낸다. 매출이 적으면 적은 대로 많으면 많은 대로. 나 또한 하루에도 여러 번 그런 불안 심리를 느낄 수밖에 없다. 하지만 병원 매출은 혼자 만들 수 있는 것이 아니다. 환자의 결정이 어디서 정해질지는 누구도 알 수 없다. 우리는 환자의 결정이 나타날 수 있는 모든 접점을 잘 관찰하고 신경을 쓰고 노력할 수 있을 뿐이다. 모든 접점을 어찌 다 확인하며 신경을 쓴단 말인가?

하지만 그것을 유연하게 해결할 수 있는 방법이 있다. 바로 직원들이 행복하면 된다. 행복한 직원들은 서로 관계가 좋다. 어렵고 불편한 상황이 생기더라도 대화를 통해 이해하고 극복하기가 훨씬 수월하다. 동료와의 문제가 없고 상사와의 관계가 좋은 직원이라면 그 직원은 환자와의 관계도 좋다. 좋은 직원과의 좋은 관계가 있으면 더 이상 문제가 없다. 직원들의 행복은 병·의원의 발전을 도모하는 일이 되고 이것은 병·의원의 충성 고객을 만드는 지름길이 됨을 기억해야 할 것이다.

EPILOGUE

# 잘되는 병원에는 사소하지만 특별한 1%가 있다

상담실에서 상담을 하다 보면 한번씩 듣는 질문이 있다. "혹시, 원장님 사모님 되세요?"라는 질문이다. 한의원에는 실장의 업무를 원장 사모님이 도맡아 하는 경우가 있었다. 근무를 하면서 알게 된 사실이다. 처음에 환자에게 그 말을 들었을 때는 자존심이 상하기도 했고 한편은 기분이 좋기도 했다. 자존심이 상했던 것은 내가 직원이라는 점이었다. 어떤 일을 하더라도 직원처럼 일한다고 생각해본 적이 없었으니까. 최소한 적당히 퇴근 시간만 기다리는 그런 직원은 아니라고 생각했기 때문이다. 기분이 좋은 이유는 내가 직원이 아닌 주인으로 평가받는다는 생각이 들었기 때문이다.

나는 한의원 직원들을 식구라고 생각한다. 좋든 싫든 미우나 고우나 우리는 한 장소에서 많은 시간을 보내게 된다. 같이 밥 먹고 텔레비전 보고 이야기하는 가족처럼 말이다. 그도 그럴 수밖에 없는 것이 환자의 히스토리를 공유해야 하는 경우가 많기 때문에 서로 친밀하게 지낼 필요가 있다. 직원 수가 많지 않아 가능했을 수도 있다. 직원 수가 적다고 쉬운 것 또한 아니지만 말이다.

한의원에 근무하면서 그동안 많은 직원들이 스쳐갔다. 오랫동안 근무하다가 결혼을 하게 되어 그만둔 직원이 있었다. 갑자기 연락을 끊고 잠수를 타버린 직원도 있었다. 한의원 운영을 위태롭게 만들었던 직원도 있었다. 어떤 여직원은 결혼 날짜를 잡고 기대에 부풀어 직장생활을 하다가 불과 2~3주 사이에 예상하지 못한 암 선고를 받고 저 세상으로 가버렸다. 그 직원이 회식 자리에 결혼할 예비 남편을 데려와 인사시키며 수줍어하던 모습이 아직도 생생하게 그려진다. 나는 그 직원을 캔디라고 불렀다. 집안 형편이 썩 좋은 편이 아니었는데 구김이 없었다. 힘든 일이 있어도 항상 밝고 얼굴에 웃음을 가득 띤 예쁜 직원이었다. 그런 상황을 잘 아는지라 동생처럼 살뜰하게 챙겨주었다. 그런데 너무 일찍 세상을 떠난 것 같아 지금 생각해도 마음이 아프다. 어떤 직원은 다른 구성원들과 적응을 못 해 그만둔 직원도 있었다. 참 많은 직원들의 얼굴이 주마등처럼 지나간다.

그들 한 명 한 명의 이야기들은 한의원에 처음 입사한 후 조금씩 업무를 배우기 시작해 지금의 내가 되기까지 많은 것들을 깨닫게 해주는 자양분이 되었다. 그리고 이런 일들은 나를 더 고민하고 공부하게 만들었다. 앞으로 병원 운영과 직원 관리를 어떻게 해야 될지 방향을 정하고 올바른 결정을 할 수 있게 도움을 주었다.

나는 환자가 없거나 상담이 없는 날은 밥을 먹어도 힘이 빠지고 기운을 내려고 해도 우울해진다. 내가 월급을 받는 직원이라는 생각만으로 일을 했다면 환자가 없거나 일이 없을 때 오히려 편하게 느껴야 하지 않을까? 그러나 나는 환자가 많고 바쁘면 몸이 좀 힘들고 식사 때를 놓치게 되더라도 오히려 기분이 좋고 힘이 난다.

직업병일까? 그건 아니라고 본다. 내가 몸담고 있는 일이 그만한 가치가 있다고 느끼기 때문이다. 한가할 때는 환자나 보호자들과 대화를 나누기 위해 상담실이나 대기실에 앉아 편하게 이야기를 나누기도 한다. 환자의 몸 상태에 대한 이야기 외에 개인적인 이야기도 주고받는다. 환자들은 의료진에게 관심받기를 원하고 또한 관심을 가져주는 것이 내 일이기도 하다. 그러고도 시간이 남으면 직원들의 컨디션은 괜찮은지 수시로 체크한다. 원장님도 마찬가지다. 원장님은 병원을 이끌어가는 우리 한의원의 대장으로서 제일 중요한 인물이다. 아침에 출근을 할 때 내 몸은 힘들어도 우리 식구들을 체크하는 것이 나의 첫 일과가 되었다.

직원 교육을 위해 찾아본 자료에 이런 말이 있었다. "직원몰입 : 직원이 자신의 일, 조직, 관리자, 동료에 대해서 느끼는 높은 수준의 정서적, 지적 유대감으로 인해 자신의 업무에 대해 자발적인 노력을 하는 상태를 말한다. 즉, 몰입은 내면에 뿌리가 깊고 흔들림 없는 강력한 헌신, 자부심, 충성심을 포괄하는 개념이다."

몰입이라는 단어는 집중, 열정이라는 단어와 의미를 같이하는 것 같다. 한의원에서 나는 필요한 직원이 되려고 노력했다. 업무에 도움이 될 만한 교육이나 세미나가 있으면 휴일을 반납하고 자진해서 찾아다니며 참여했다. 그런 행동은 지금도 마찬가지다. 그러다 보면 아이디어가 솟구친다. '우리 한의원에 이것을 도입해보면 어떨까?'라고 고민하다 밤을 샌 적도 있다. 내 노력의 결실들이 한의원의 성장에 도움이 되기를 바라는 것이다.

고민의 원천은 어디에서 나왔을까? 원장님의 진심 어린 지원과 함께 직원들이 잘 따라주었기 때문이라는 생각이 들었다. 아니 어쩌면 내가 그들과 잘 동화된 것이었을까? 어느 것이 먼저 시작되었는지는 잘 모르겠다. 확실한 것은 병원이 잘되기 위해서는 사소하지만 놓쳐서는 안 되는 무언가가 있다는 걸 깨달았기 때문이다. 병원 구성원들의 소통이 잘되고 희생과 헌신, 자부심과 충성심을 가지고 몰입하는 직원들이 많을수록 그 병원은 더욱 잘될 수밖에 없다고 생각한다. 나는 이 단어를 직원들에게 주인의식, 애사심이라고도 표현한다.

40시간 근무제 도입으로 칼퇴근을 하는 것이 당연시되는 분위기다. 나 또한 근무시간이 줄어들면 행복할 직원 중 한 사람임에는 틀림없다. 사실 직장인들의 당연한 권리라고 할 수 있다. 직원이 40시간을 주장하며 권리를 내세울 때 병원의 경영 사정이 어려워 문을 닫게 된다면 어떻게 하겠는가? 칼퇴근을 자처하며 자신의 취미 활동이나 여가 시간과 자유를 위해 직장 문을 나가겠는가? 만약 "예스"라고 대답한 사람은 최소한 '직원몰입'을 하는 직원은 아닐 것이다. 그 책임은 자신과는 무관하다고 생각할 테니까 말이다.

작은 힘일지라도 직원몰입을 하는 사람들이 직장에 많다면 서로 힘을 보태고 먼저 나서서 일할 것이 분명하다. 그 직장은 운영이 위태로워지는 시기가 있더라도 다시 일어설 수 있는 여지가 충분하다고 생각한다. 원장 혼자서 이끌어가는 병원은 결코 오래 살아남거나 발전할 수 없다. 같이 호흡하고 같은 생각과 방향을 공유해야 성공할 수 있다. 병원은 구조상 그런 단결력이 부족한 조직 중 하나다. 그래서 그런 노력이 더욱 필요하다. 그런 노력만이 특별한 1%를 만들어낼 수 있으리라 본다.

병원 개원을 준비하시는 분들이나 관련 종사자들, 예비 경영자분들이 이 책을 통해 '잘되는 병원, 잘되는 업체 운영'에 도움을 받았으면 한다. 직원들이 이 책을 한 권씩 공유하며 병원 운영의 아이디어와 방향을 같이 나누고 진정한 소통을 할 수 있기를 바란다.

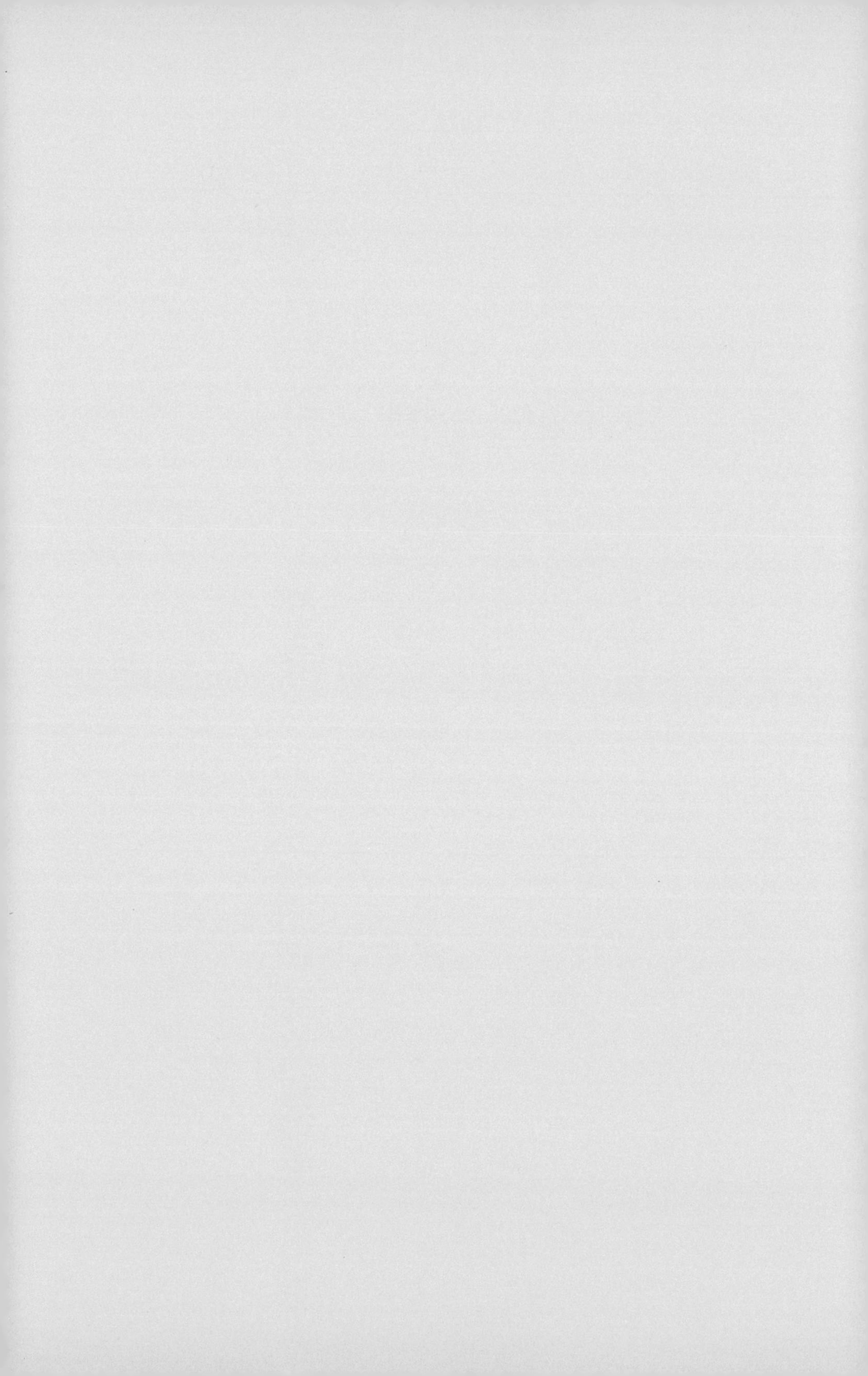